U0743175

地方高校师范生
乡村学校任教问题研究

于海英　甄　莹　等著

北　京
冶金工业出版社
2023

内 容 提 要

　　本书从理论研究和实践数据分析的角度，对地方高校师范生乡村学校任教问题进行探讨并提出建议。主要内容分为四部分：第一部分讨论乡村学校师资队伍建设的价值；第二部分讨论地方高校师范生乡村学校任教的内在学理；第三部分分析地方高校师范生职业发展基本现状，并从高校、家庭、乡村学校、政府、社会就业市场等视角分析师范生乡村学校任教的影响因素；第四部分为地方高校师范生乡村学校任教问题解决提出政策建议。

　　本书可供高等教育、基础教育领域相关管理者、高校师生，以及关注乡村教育的人群阅读参考。

图书在版编目 (CIP) 数据

　　地方高校师范生乡村学校任教问题研究／于海英等著 . —北京：冶金工业出版社，2023. 6

　　ISBN 978-7-5024-9583-1

　　Ⅰ . ①地…　Ⅱ . ①于…　Ⅲ . ①高等师范教育—学生—关系—农村学校—师资队伍建设—研究　Ⅳ . ①G451. 2

　　中国国家版本馆 CIP 数据核字 (2023) 第 140154 号

地方高校师范生乡村学校任教问题研究

出版发行	冶金工业出版社	电　　话	(010)64027926
地　　址	北京市东城区嵩祝院北巷 39 号	邮　　编	100009
网　　址	www. mip1953. com	电子信箱	service@ mip1953. com

责任编辑　曾　媛　美术编辑　燕展疆　版式设计　郑小利
责任校对　范天娇　责任印制　禹　蕊
北京建宏印刷有限公司印刷
2023 年 6 月第 1 版，2023 年 6 月第 1 次印刷
710mm×1000mm　1/16；16.25 印张；315 千字；247 页

定价 89. 00 元

投稿电话　(010)64027932　投稿信箱　tougao@cnmip. com. cn
营销中心电话　(010)64044283
冶金工业出版社天猫旗舰店　yjgycbs. tmall. com
(本书如有印装质量问题，本社营销中心负责退换)

前　言

　　《中国教育发展报告（2020）》指出，"近年来，我国农村教师队伍不断加强，农村教师待遇整体上得到改善，但发展并不平衡，仍存在一些薄弱地区，各地乡村教师招聘频频遇冷的现象时有发生"。作为每年补充进各级各类学校师资的最大基数群体——高校师范生，其乡村任教意愿及趋向在很大程度上对乡村教育的发展有着重要的影响。对于师范生而言，其当前职业发展基本现状如何？涉及师范生乡村学校任教的影响因素如何对其乡村学校任教意愿产生影响，如何影响？本书将从以上几个设问入手，深度剖析地方高校师范生乡村学校任教问题。从师范生未来即将融入的乡村教师队伍建设的价值入手，探析地方高校师范生进行职业选择时的内在学理，以量化研究为思路，清晰呈现涉及师范生乡村学校任教影响因素的外部现实作用效果，从内在学理与外部现实两方面入手，探析地方高校师范生乡村学校任教意愿提升策略。

　　乡村学校师资队伍建设价值：现代教育之所以存在，是因为在现代经济和社会条件下，个人只有接受系统完整的教育，才能实现完善自身素质和服务社会的有机统一。具体而言，现代教育自诞生以来一直朝着专业化、系统化、制度化和终身化的方向发展，主要是由于社会分工的出现、人类社会知识和经验的积累以及学科的不断分化，需要运用一定的社会保障制度，并通过大量的专业技能，将学有所长者的学习内容系统地传递给新一代，科学施教、严格训练，积极影响新生一代的认识和品德，从而实现个体社会化与社会发展进步的有机统一。古今中外教育的产生与发展事实雄辩说明，教师是一切教育活动的主体和领导者，也是一切教育行为的实践者和改革者，加强高素质师资队伍建设具有基础性、全局性的重要战略意义。乡村教师作为推进乡村振兴、建设社会主义现代化强国、实现中华民族伟大复兴的重要力量，同样是我国农业大国背景下，广大基层群众中关键性、根本性的存在。由此，围绕乡村振兴定位之需、地方高校发展之需、师范人才培养之需三个方面展开讨论，探讨建设高质量乡村师资队伍的重要价值是具有重要意义的。

地方高校师范生乡村学校任教：高校师范生作为知识型人力资本，若能投入到乡村地区任教，人力资本发挥作用，来培养未来其他行业的潜在人力资本，继而能够实现师范生人力资本价值的最大化。师范生在面临是否进入乡村学校任教的时候，实质是在对日后的职业进行选择的过程，而职业选择的背后，有作为自然主体人与社会主体职业进行匹配的过程，同时职业选择也受到多种内外在因素的影响，师范生选择是否到乡村学校从教更是受到乡村等多方面因素的影响。师范生进行是否选择到乡村学校任教的抉择时，实质上会受到多重推力和拉力的影响，推力、拉力的作用也会对师范生乡村学校任教的决定产生巨大影响。由此，就内在学理而言，人力资本理论、职业选择理论、推拉理论在师范生乡村学校任教的意愿和行动中起到指导作用。

影响地方高校师范生乡村学校任教的因素：地方高校师范生因其所处的自然环境和社会环境等因素的不同会表现出不同的乡村任教意愿。地方高校师范生职业发展的状况、高校因素、家庭因素、乡村学校、政府政策、社会就业等多方面都在其中产生重要影响。依据现实数据分析地方高校师范生职业发展的整体情况及其组成要素的状况，以及在不同背景下的师范生乡村学校任教情况，以期对地方高校师范生职业发展的基本现状有一个正确的认知。在此基础上，通过现实数据的反应，以相关、差异、回归的视角多角度进行剖析，期望通过统计分析进一步揭示各个影响因素与地方高校师范生乡村学校任教意愿的关系，更好地为提升地方高校师范生乡村学校任教意愿提供有价值的参考意见。

地方高校师范生乡村学校任教意愿提升：不难发现，影响地方高校师范生乡村学校任教的因素多种多样，师范生职业发展现状、高校因素、家庭因素、乡村学校因素、政府政策因素、社会就业因素等方方面面都作用其中。如果能够统筹协调各方因素，在地方高校师范生进行职业选择时发挥作用，那么对于乡村教师队伍的建设，进而对于乡村学校，乃至于乡村教育的整体发展都将是功在当代、利在千秋。因此，在探讨地方高校师范生乡村学校任教意愿提升策略时，就需要综合考虑多方面的因素，在国家政府层面要优化外部环境、在专业发展层面要提倡发展"新师范"、在地方高校层面要强化师范生农村从教能力、家庭支持层面要提升家庭支持力度、在师范生个体层面要挖掘其乡村从教内生动力，多面发力，提升地方高校师范生乡村学校任教意愿。

由此，本书在问题的引领之下，逐一探究，理论分析与调查实践相结合，对地方高校师范生乡村学校任教问题进行探究，旨在为地方高校师范生培养以及乡村教师队伍建设尽微薄之力。

本书由于海英、甄莹整体设计。撰写具体分工如下：第一章由张雨、于海英撰写；第二章、第十章由甄莹、于海英撰写；第五章由夏文静撰写；第六章由刘婷撰写；第七章由张萌撰写；第三章、第四章、第八章、第九章分别由研究生马文莹、黄文权、王宇、崔雨珊撰写。全书由于海英、甄莹统稿。

本书系国家社会科学基金 2021 年度教育学一般项目"乡村教师留任机制研究"（课题批准号：BHA210137），以及黑龙江省哲学社会科学 2021 年度研究规划项目"乡村振兴战略背景下高校师资培养与农村基础教育需求对接研究"（课题批准号：21EDC199）的研究成果。

由于时间、水平及研究条件所限，难免对其中有些问题研究得不够深入，望各位读者批评指正。

著　者

2022 年 9 月

目　　录

第一章　乡村学校师资队伍
建设的价值思考

乡村学校师资队伍作为乡村教育的核心力量，一直是乡村教育振兴探讨的核心话题，国家通过政策倾斜的保障条件、潜在舆论的教育宣传，使得乡村师资队伍一直处于不断发展与优化之中，但是长期根植于乡村师资队伍建设的问题一直有待解决，以及在未来乡村教师个人与集体问题的不断碰撞下，继续探讨乡村师资队伍建设的理论与实践经验因此存在应有的价值。建设完善的乡村师资队伍不仅能够直接影响于乡村教育的质量，对乡村振兴、地方高校发展、师范人才培养也有着直接或间接的影响，以下是对三个主要影响价值的详细探讨。

第一节　乡村振兴定位之需

乡村振兴是一项庞大而复杂的社会系统工程，本质上是实现乡村发展和乡村现代化。虽然乡村地区已全面脱贫，但发展不平衡、不充分的矛盾依然存在。解决这一问题的前提是弥补乡村发展的"短板"，从当前实际情况来看，基础设施建设、产业发展和乡村教育是制约乡村发展水平的三大"短板"，如果乡村教育的"短板"无法补齐，就难以实现乡村振兴的均衡发展和全面发展。在我国，乡村师资数量不足、质量偏低、结构不合理是引起乡村教育落后的固有问题，也是乡村师资建设的核心问题。

关于师资数量，为了解决流入城市儿童的就学问题，地方城市的学校数量、班级数量不断扩大，相应的与乡村师资数量愈加拉开差距，除此之外，学科偏向、"二孩政策"影响下很多城市学校不得不雇用兼职教师上课，显然这也间接导致乡村教师在数量上愈加难以壮大。关于师资的质量，多数具有成绩的教师会选择更广阔的城市资源作为发展的落脚地，仍旧在乡村留守的教师主要有偏向两种类型：一种类型主要从私立学校成为编制教师或者年份稍久的编制教师，他们普遍年纪偏大，大部分是本地人，容易形成教学方法单一，改革意识薄弱，教学成就感低，工作职业倦怠，缺乏对专业能力开发的内在动机等问题；另一种类型正好相反，年龄普遍偏小，主要是教职经历不满 5 年的专职教师、特岗教师（教职经历 5 年以上是市入职所需资格条件之一），教职经验普遍不足，将现有单位作为"跳板",发展动机不足,恰恰此经历过程会错过该类教师专业成长的重要时期。所以在乡村师资队伍中往往缺乏成为骨干教师和成熟教师的角色模型,虽然我国乡村教育总体质量有所提高,但一些乡村地区教育开发水平落后,师资队伍建设的结构不合理问题仍然显著。

我国自古以来就是农业大国,农业和乡村的发展是国民经济和国民生活的基础,是国家和社会稳定发展的前提条件,稳定的教师队伍,可以训练出大批具备有理想、有道德、有文化、有纪律的社会主义建设者和接班人,为我国乡村发展和实现农业发展提供咨询和建议,但是往往国家建设的高质量教师队伍并不能满足乡村再生战略的总体要求。因此,继续探讨乡村师资队伍建设是十分有必要的。

一、乡村师资队伍是乡村振兴战略的基础支撑

2017 年 10 月,党的十九大报告中首次作出了"实施乡村振兴战略"的重大决策部署,并明确指出,"要坚持农业乡村优先发展,按照产业兴旺、生态宜居、乡风文明、治理有效、生活富裕的总要求,建立健全城乡融合发展体制机制和政策体系,加快推进农业乡村现代化"。准确把握乡村振兴战略的时代背景、内涵及其在社会主义新时代对中国农业乡村发展的意义,是认识乡村振兴战略的基础和前提,而实现乡村振兴战略的重要前提是拥有一大批能够满足新时代乡村建设需要、热爱乡村建设事业的高素质人才。其中作为高素质人才的乡村教师,其建设问题必须重视起来。加强乡村师资队伍建设,不仅直接影响学生的学习效果,乡村教师作为知识的传播者,通过不断学习,更新教育观念,打破单一的旧事物,优化课程结构、因地制宜、积极吸收现代文明、结合乡村地方文化特色,使乡村形成特色定位,能够加速发展乡村教育现代化,通过注入教育理念和教育方法,为进一步实现我国乡村振兴战略目标出谋献策。

乡村振兴战略是党和国家为实现社会公平作出的重大战略决策和部署。发展乡村教育是乡村振兴战略的重要组成部分,乡村教育的主要对象是乡村地区的儿童,乡村教育要重视培养他们热爱家乡的情怀和从小投身乡村振兴事业的志向。教育是贫穷代际传播的根源,没有乡村教师的专业发展,就没有乡村教育的高质量发展,乡村振兴战略就无法全面实施,我们希望乡村学校的教师能够在专业发展方面抓住实施乡村振兴战略的重要机遇,深刻理解国家战略决策对教师职业的期望以及由此带来的政策利益,同时,敢于面对现实困难,回应时代需求,深刻认识教师职业的崇高意义和价值,以乡村教师为荣,增强职业幸福感、成就感和荣誉感,增强专业发展的自觉性和主动性。教育行政部门应优先发展处于战略地位的乡村教师,不断提高乡村教师专业素质,以教师为中心,以教师的职业发展为目标,以教师职业为中心,提高专业能力和专业精神,激发乡村教师对乡村教育的积极性。乡村师资队伍建设作为乡村振兴战略的基础支撑，需要推动乡村教育振兴工作，充分认识其在乡村振兴战略中的基础性、全局性和引领性战略地位，努力立足乡村实际，振兴乡村教育实践，为实现乡村振兴做出新的贡献。

二、乡村师资队伍是乡村教育均衡发展的根本保障

教育均衡发展本质属性的认识上或强调教育平等，或重视教育供给与教育需求的关系，或注重教育政策法规的保障等。从词义上看，教育均衡只是对发展领域的限定和发展状态的表征，尽管均衡发展的核心指向是发展，但从教育均衡发展理念的提出背景、目的指向以及当前我国理论研究现状来看，我们当前对教育均衡发展的理解和现实问题解决的重点和难点都需要对发展和均衡有一个科学认识，并在此基础上才能够准确把握教育均衡发展的本质属性。所以，教育均衡发展必须树立全面、协调、可持续的科学教育观，促进各级各类教育持续、健康、协调发展。提高乡村教育整体水平，为所有乡村学生提供平等优质的教育条件，配备高素质教师，是实现乡村教育均衡发展的根本保障。

当前，乡村师资队伍建设存在三个突出问题：数量不足、质量低下、结构不合理。因此，数量充足、质量高、结构优化是乡村师资队伍建设的基本方向，乡村教师的专业发展困难是教师队伍建设中最突出的短板。因此，乡村教育均衡发展必须把发展乡村师资队伍建设放在优先发展的战略位置上，倡导社会的定向培养，加大政府在城乡统筹的力度，拓宽乡村教师供给渠道，统一城乡教师编制标准，向乡村教师岗位倾斜，完善乡村教师福利机制，完善乡村教师的长效联动机制，改善乡村教师生活待遇，改善乡村教师的教学条件，实施乡村教师薪酬政策，为乡村教师在工作和生活中创造更好的环境，让他们有更多的归属感和成就感，建设一支素质好、敬业、扎根乡村的优秀教师队伍，解决乡村教师的"下不去""留不住""教不出"的现实困境。习近平总书记指出，做教师就要执着于教书育人，有热爱教育的定力、淡泊名利的坚守，在教育过程中，乡村教师要树立新观念，培养创新人才，不断创新教育管理，促进乡村教学有效创新发展。教师在不断深入分析乡村教育特点，充分了解乡村基本情况的同时，积极探索适合乡村的教育方式，通过培养下一代的科学文化素质，促进经济发展和社会文明进步，促进社会可持续发展。因此，建设强大的乡村师资队伍，有利于我国城乡教育均衡发展和社会主义精神文明建设。

三、乡村师资队伍是乡村文化探索的中坚力量

乡村文化是乡村社会文明的象征，与乡村社会的生产生活方式、道德行为规范和自然生态环境融为一体，成为乡村社会的精神财富。虽然乡村文化植根于乡

村社会，但在新时代背景下，乡村文化出现了新的发展趋势，以农业文明为主要形式的原始文化模式开始融入新的文化元素，出现了城市文化与乡村文化的碰撞与融合，不同文化元素的融合是对乡村文化的冲击和挑战，在传统与现代之间呈现了继承与创新。习近平总书记指出，乡村教师要主动参与乡村生活，自觉学习和掌握乡村文化知识，理解和认同乡土文明，立足乡村提升知识和能力，并起到带头弘扬社会主义道德和中华传统美德的作用，以自己的模范行为影响和带动学生。

如今，乡村文化和文明或多或少受到互联网带来的异质文化的冲击，乡村青少年开始崇尚外来文化，拒绝乡村传统文化，认为民俗和传统技能"过时"，对学习当地文化缺乏兴趣。因此在社会现代化进程中，乡村文化逐渐被忽视，乡村教师作为"最美逆行者"，从城市到乡村，应充分利用教师传播文化知识的便利资源，继承发展促进乡村优秀传统文化，立足乡村文明，传承和保护乡村文化事项，既要吸收城市文明的优秀成果和外来文化，又要创造性地转化为地方文化，创新发展学校、社会、家庭、个人多方面的特色乡村文化。乡村社会拥有丰富的自然资源和文化资源，这些是乡村文化资源，乡村教师走在乡村和城市之间，他们必须审查文化多样性和地区主义。在乡村学校课程教学中，首要任务是开展国家课程教学工作，实现课程目标，但是国家课程的开展不排除整合本地课程资源，或存储其他课程类型。在城乡教育一体化过程中，乡村教师要充分利用乡村资源挖掘潜力，开发相应的文化课程，还可以通过课堂交流、家访和参与乡村文化活动，为乡村文化建设建言献策，以结合乡村社会、学生的实际情况，开发利用各种乡村文化资源，实现乡村学校的课程整合或发展符合学校现实的地方和校本课程。传承和发展优秀传统乡村文化，满足乡村人民精神文化生活需求，是乡村振兴的重要发展目标。保护乡土文化，让乡土文化以校本课程的身份合理地走进学校、走进课堂，以正常有序的方式传承保存，这就要求乡村学校教师自身首先要了解和掌握乡土文化知识、乡土文明的价值基础，并在实际教学中自愿将乡村文化与乡村学生的生活体验相联系，打破乡村文明衰落的困境，培养乡村青少年的文化自信。

乡村师资队伍的建设与时俱进、发挥智力、传承文化是其义不容辞的责任和义务。新时代乡村是一个拥有巨大潜在发展机遇的广阔世界，要实现2050年全面乡村振兴、农业强农、美丽乡村、农民富裕的目标，必须推动乡村文化大发展。社会文明因知识传播而繁荣，知识传播因教师而繁荣，教师不仅是教学和解决问题的教师，也是人类文明的使者。乡村教师对农耕文化、人文精神、道德文化规范、民俗研究的内涵有一定程度的理解，可以极大促进乡村文化振兴事业。作为乡村社会智库、乡村教师的意义不仅在于乡村教育，还关系到乡村社会、经济、文化的全面进步，具有乡村振兴的多重功能。因此，需要充分发挥乡村师资队伍在乡村文化宣传中举足轻重的作用，在弘扬国学、振兴乡村文化事业中不可替代的作用。

第二节　地方高校发展之需

在中国教师教育领域，由 199 所师范院校和 406 所从事教师教育的综合性高等院校构成了中国教师教育人才培养体系和中小学教师专业发展体系的主要培养场所。双一流师范院校主要在教师教育中发挥学科引领的重要作用，但在乡村师资队伍建设过程中，主要是由师范院校和综合性院校组成的地方高校进行的人才输送。我们不难发现，由于我国社会城市化、区域化的特点，地方高校的发展仍然面临诸多问题，乡村教育新型互动合作与地方高校之间还未形成稳定机制，地方高校还应加大引领和推进新乡村教育的力度，人才培养模式和课程体系尚需优化与改革，地方高校促进新乡村师资队伍建设和教育教学改革，从而满足新乡村教师数量和质量发展的需要，由此相对应满足自身的建设与发展的需要。

一、地方高校与乡村师资队伍建设的关系

（一）供需关系

从历史现实来看，地方高校毕业生就业方向很大一部分是乡村教师岗位，在乡村教育中，二者形成供需网络。我国是农业大国，乡村人口占我国人口的绝大部分，乡村教育发展对提高全民整体素质具有重要作用，地方高校要坚持以新时代乡村教育为办学导向，确保人才培养质量，并根据乡村教育的实际情况及时调整办学方向，为乡村教育发展提供优秀毕业生。且地方高校具有人才培养、科学研究和社会服务功能，所以地方高校与乡村教师之间呈现引领和支持关系，为完成培养新乡村教育合格教师的重要任务，地方高校要主动将自身智力和科研优势融入新乡村教育建设发展，引领新乡村教学课程改革，推动乡村教育改革和创新人才培养。通过指导学术专题报告、理论学习辅导讲座、教学现场指导、科研项目等方式参与乡村教育、思想宣传，结合地方高校自身的发展规划、自身专业结构调整，修订教学计划，其课程结构与课程改革必须与教学方法和培训模式的改革相结合，使引领工作具有现实性和可行性。

（二）共生关系

从事教师教育的地方高校的人才培养目标定位于乡村教育领域，而新农村教育中教师的缺口又主要直接面向从事教师教育的地方高校，这就决定了两者是一种共生关系，共同提高新农村教育质量、提高新农村教育教师素质成为两者合作

的目标。地方高校与乡村教师教育理论与实践的合作研究提供了良好的机遇和平台，通过合作与交流，高校可以实践其完善的教育理论发展，促进新的教育理论生成，并针对乡村教育中的实际教育问题更有效地解决问题的方法，用科学的教育理论来改进其实践。乡村教师可以完善理论素养，为实践教学、管理提供更加系统、完善的指导方案，并在合作交流中，双方以"双螺旋"结构紧密交织，共同完善和成长，形成教育理论和实践的相互促进和良性发展，以此实现乡村师资队伍与地方高校间的协同提质的发展效果。

二、地方高校与乡村师资队伍建设的基本思路

（一）地方高校需紧密联系乡村师资队伍的实际所需

地方师范院校或综合型院校中的师范专业应体现出其教师教育的特色与优势，其人才培养模式也应该充分体现出师范特色。近年来，随着我国高等教育改革和市场经济改革的不断深入，教育大众化、社会多元化进程的加速发展，社会对人才的需求正不断地发生着变化。地方高校作为乡村教育的引领者和教师教育的主力军，受社会变革大潮的影响，产生了淡化师范性的倾向。一方面，非师范专业不断扩展，很多知名师范院校中一半以上的专业已经不是师范类专业，这种状况严重影响了师范专业学生的招生数量；另一方面，各类院校不断撤并、升级。有实力的师范院校纷纷向综合性大学转型，希望脱掉"师范"帽子，淡化和削弱了原有教师教育的特色与优势。所以当下地方高校如何更好地实施其师范服务是我们面临的重要课题。地方高校的师范教育实践来自乡村中小学教育，因为对乡村中小学的教育实践缺乏积极的认识，从而未能很好地指导乡村中小学教育的改革和发展，为乡村中小学的教育管理水平和教育质量提供积极且高效的服务。造成地方高校的发展除此之外仍面临诸多问题，其中包括地方高校与乡村师资队伍之间新型互动合作尚未形成稳定的机制，地方高校的人才培养模式改革、课程体系改革尚未满足乡村师资队伍教学发展的实际需要，地方高校有责任正视与乡村师资队伍之间的严重脱轨问题。

（二）地方高校需重视乡村师资队伍的特殊性

办学特色是一所大学在长期办学过程中不断积累和升华形成的比较优势，是反映大学办学水平和社会声誉的核心竞争力。教育优先发展、建设教育强国是实现中华民族复兴的基础工程，如何充分发挥区域优势，围绕国家发展战略做好学校发展规划，发展特色和水平，是摆在地方高校面前的重要课题。地方高校是乡村师资队伍的主要培养基地。在地方高校全面转型过程中，调整布局结构时，要努力实现从单一培养教师目标向培养各类人才综合目标的转变。从理论上讲，转型后的地方高校应承担为乡村中小学全科教师的重任，以满足服务地方社会经济

发展的社会需求。然而，问题在于，历史积累的教师教育优势在价值多元化的冲击下逐渐衰落，转型后一些地方高校定位模糊，工作重点集中在非师范专业扩招上，培训教师特别是乡村教师的目标不明确，参与乡村教师教育的动机明显不足。除此之外，地方高校的师范教育在课程设置和教学过程中也存在诸多问题，我国地方高校职前教师教育课程设置主要分为三个板块：一是公共基础课，主要是由政治、外语、体育、计算机等课程组成，是为未来教师所需的较为广博的综合性文化知识而开设的课程；二是学科专业课，是为未来教师所从事的专门学科教学应具备的专业知识而开设的系列课程，如中文、数学、物理等；三是教育专业课程，是为未来教师从事教师职业所必需的教育理论和教育技能而开设的课程，主要开设教育学、心理学、学科教学法等。然而其课程设置也存在着课程种类单一的现实问题以及学科课程一统天下的现象。从对各专业课程门类的统计看，学科课程均占到了90%左右，而其他课程类型所占比例则微乎其微，学科课程优点在于有利于学生掌握系统的理论知识，可以更好地发挥教师的主体地位，教育成本低等，但其缺点是忽略学生的兴趣，缺少与社会实践活动的联系，以乡土文明为题材的教育内容则非常匮乏。与此同时，教学方式上在传统知识型教学目标的影响下，教学内容注重理论性和学术性，忽视对学生实践能力的培养，因为技术时代的来临，互联网和信息技术设备与学校教育走得如此之近，且变成了学校教育发展的依赖路径，地方高校向乡村教育倾斜的薄弱局面就愈加明显，乡村教师所依赖的环境支持则尤为可怜。在地方高校师范教育职前培训中，类似这种"去乡村化"问题突出，培训模式单一，教师专业教育弱化，教师和非教师的培训方案相似，尤其是乡村教师的培养目标并不明确，地方高校的"去乡村化"发展现象是一种必须面对和亟待解决的现实课题。

（三）地方高校需健全乡村教师培养体系

地方高校乡村教师培训观念滞后，使命感不强。这种情况表明，我国地方高校在乡村教育教学中还没有真正找到让师生参与的途径和方法，探索一条适应乡村教育发展需要的教师教育创新之路，以及现代教师教育体系是当务之急。2020年《关于加强新时代乡村教师队伍建设的意见》（下文简称《意见》）发布后，不仅充分体现了为了更有效、深刻地解决乡村师资队伍的建设问题，提出其建设的总体要求和一系列具体措施，形成了地方高校教师教育中乡村教育人才培养和服务的核心指导思想和明确的工作目标和要求。根据《意见》精神，地方高校在师范生培养和乡村教师专业发展中，地方高校应创新教师教育模式，培育符合新时代要求的高质量乡村教师。在人才培养方案方面：坚持以乡村教育需求为导向，加强师范生"三字一话"教学基本功和教学技能训练，强化教育实践和乡土文化熏陶，促进师范生职业素养提升和乡村教育情怀养成。在服务乡村教师专业发展方面：发挥其熟悉当地、深入了解乡村教育、乡村教师需求的地方，与地方政府、中小学有良好的合作关系，在传统优势的基础上，充分发挥其对乡村的服务功能，鼓励地方高校协同县级政府，参与当地中小学教育教学实践指导的同时，建立乡村教育实践基地，构建三方共建、共管、共享机制，确保教育质量，促进乡村教师想发展、能发展、发展好。在输送毕业人才渠道方面：充分发挥其紧密结合、长期融合的优势，在中小学积极参与并直接投入公费来培养学生的工作中，全面探索公费生精准定向培养方式，结合乡村教育需要，探索构建招聘和支教等多渠道并举，高端人才、骨干教师和高校毕业生踊跃到乡村从教、支教的格局。创新教师公开招聘办法，鼓励人才到乡村任教，落实解决乡村师资队伍短缺问题。

地方高校高水平、创一流的目的、理想和动力何在？乡村学校教师数量和结构甚至质量存在问题的根源何在？全国教师平均过剩和超编与乡村教师短缺的矛盾原因何在？所有这些问题产生的原因和解决的方式策略虽然诸多，但都与地方高校发展是否培养了足够数量和高质量教师有着直接关系。地方高校综合化不仅会导致高校淡化了传统特色和优势，不能集中精力办好教师教育，甚至改变了学校性质、发展方向、教育目标和学科结构，致使乡村学校的教师来源渠道大量缩减。然而随着乡村振兴战略的实施，乡村地区对人才的需求不断增加，乡村教育担负着培养新一代新乡村建设者和接班人的重任，关系到乡村未来发展，甚至关系到国家和民族未来发展。国家高度重视教师教育和教师培训，在全国推广普通学生免费教育政策，鼓励和支持地方政府根据实际情况选择一些地方高校为师范生提供免费教育，培养一大批能够去乡村中小学和幼儿园，留在那里、做得好的骨干教师，为乡村教育培养合格教师是地方高校的历史使命，在服务乡村教育方面具有独特优势，服务乡村教育的地方高校应充分发挥其在乡村教育发展中的主导作用，有效提高人才培养质量和教育科研水平。并且在乡村振兴过程中，要充分发挥教育的基础性和先导性作用，为社会主义新乡村建设提供强有力的知识和人才支持，为乡村教育振兴和乡村教育现代化培养足够数量和高质量的教师，这既是地方高校的天职，也是国家发展及其乡村教育振兴和乡村教育现代化的需要。所以如何保持地方高校优势，发展特色，站稳脚跟，而争取更多的师范教育政策支持和项目支持，是我们需要认真研究和解决的大问题。作为地方高校，也要认真分析研究，进一步明确办学定位和服务型师范教育人才，积极探索师范教育改革与乡村振兴有效结合的路径，培养高素质、能力型和全面发展的师范型人才，培养高师型人才，为师范教育的发展提供有效的保障，作为社会主义乡村振兴发展的乡村教育，提高教学质量，深化乡村教育改革，推动乡村振兴，打造服务品牌，应充分发挥乡村教育应有的特色。

第三节　师范人才培养之需

2018年3月，政府发布了《教师教育振兴行动计划（2018—2022）》，将"免费师范生"替换为"公费师范生"，进一步从各方面加强乡村师资队伍建设。政策出台后，各省市也出台了相应的师范教育改革政策，有利于全社会关注师范教育，培养高素质师范生，促进师范人才培养模式全面发展。然而实施中发现，乡村教育实践中的某些因素切实影响了师范生的就业选择，甚至使定向输送造成了一定的困难。如存在师范生普遍缺乏专业发展的动力，缺乏完善的培训经费保障机制和考核机制等问题。通过不断研究发现，以上乡村师资队伍建设造成的诸多问题我们均可以从师范人才培养的职前、职后两个角度加以完善。

一、师范人才培养与乡村师资队伍建设的关系

（一）职前培养

师范人才的职前培养主要是指学校为实现培养目标而采用的培养过程的培养风格和运行模式。其主要包括专业设置、课程模式、教学设计、教育方法、师资队伍构成、培训方式和特点、实践教学等构成要素。师范人才培养模式是直接关系到师范生发展的根本问题，这为乡村教师提供了规范的培训模式，以及形成从目标建设到达到毕业要求考核的职前培训模式闭环，尤其满足了乡村师资队伍所需人才的定向培养模式。作为乡村教师职前教育培养后应具备专业理念和师德、综合知识、综合能力的素养结构，形成这种素养结构的关键在于乡村教师职前课程设计和教学目标设计的合理性和适宜性，既体现"全科"，又凸显"乡村"。通过设计通识教育课程、专业教育课程、通识课程体系中的教师教育课程、实践教学课程、实践渗透理论的学科类课程、理论视角设计下的技能课程、具有乡村地方色彩的特色课程，在构建高质量乡村师资队伍的前提下，最终实现具有乡村情怀的综合型师范人才的培养目标。

（二）职后提质

师范人才的职后培养可以通过优化整合乡村教师教育资源，将师范教育、继续教育和乡村教育相关机构合并统一，打破体制分割，实现"一体化"协调管理。通过与当地县委教育委员会和教育学院、乡村教育学校建立良好的合作关系，以实现对师范人才职后提质的统一规划，形成互助互利的乡村师资队伍。将乡村师资队伍的职后培训和提高质量纳入高校师范生的培训和教育研究活动，共同制定培训模式和课程计划，培养和提升师范生技能。这不仅能增强专业教师的认同感，还能增强教师之间的凝聚力，促进团队合作，营造学术氛围，促进师范

教育健康发展，同时提高了人才培养质量。长期以来，人们把教师的职前教育和职后培训分开，这显然是与教师教育发展规律相矛盾的。因此，师范人才的职后培养可以与乡村师资队伍的实际需要紧密结合，构建结构合理的"一体化"培养模式。职前教育是组建专业学科教学团队和乡村教育教学团队，职后培训应重点组建乡村名师专家团队和中小学实践教师队伍，从而在职前培养的理论经验积累下，在实践中不断加强教师职后的教学和研究，通过乡村师资队伍组建的方式重点提升师范人才的素质能力。所以我们应该大力支持职后乡村教师的提升计划，促使职前培养与职后提质有机衔接。

二、师范人才培养与乡村师资队伍建设的基本思路

（一）师范生需增强服务乡村教育的意识与情感

长期以来，我国城乡发展不平衡进一步拉大了居民与农民心理优势差距。经济发展水平、物质生活和心理状况的差异形成了城市人优于乡村人的观念。党的十八大以来，社会主义新乡村建设如火如荼，乡村也变得更加富裕和美丽，然而生活在乡村地区的人们虽然越来越自信，但大学生心目中的理想工作仍然不是在乡村。他们认为经历高等教育后最终归宿不应该是去偏远的地方工作，而是向往城市的工作与生活。然而乡村地区对教育服务的需求正在悄然增长，整体上无法保证高素质教师的需求。乡村师资队伍建设问题突出表现为：一是补充数量不能满足需求，补充数量不能达到乡村教育的实际需求；二是补充渠道单一，主要以城乡教师交流为主，规模小，形式单一；三是补充教师结构不合理，补充教师学历和专业结构不合理、补充教师来源和年龄结构也不合理。影响其建设的主要原因为：一是生活方面，由于城乡差距、区域差距、乡村特殊地理位置和落后的经济文化环境，一些新教师无法适应乡村生活条件。受经济发展水平影响，乡村财政收入和分配投入低于城市水平，加上农民消费能力弱、消费观念保守，使得乡村物质生活水平低于城市水平，乡村教师身心发展受到一定影响。除此之外新教师的恋爱婚姻问题和住宿问题对乡村教师的生活影响也很强烈。二是保障方面，乡村新教师的工资普遍拖欠，无法全额支付，工资待遇往往低于城市水平，尤其是在就业初期的起薪水平上，乡村就业与师范生的初始就业工资相比相形见绌。除工资外，是否有按规定购买"五险一金"，这在某些乡村仍旧无法实施，如奖金、慰问金和带薪年假。乡村地区不完善、不规范，管理者缺乏相应的意识，乡村的住房、社会保障、儿童学校等保障体系仍然不健全，保障体系不完善，不能给人才以安全感，人才不能放心申请，工作难安心，这不可避免地削弱了师范生选择乡村就业的意愿。三是教学方面，还存在着教不学、不想教等情况，在一定程度上影响了教师教育教学的积极性，也影响了教育教学质量。此外，由于一些乡村地区教学条件相对困难，缺乏教学硬件设施也影响了教师的教学与研究的空

间。四是在教师专业发展方面，部分培训在内容上缺乏一定的针对性和实用性，不能促进教师参与培训积极性的提高，对教师专业发展影响不大。以上原因均是影响乡村无法吸引和留住人才的重要因素，乡村当地师范生在选择就业时也面临同样的问题，他们无法摆脱同种担忧。甚至导致过程中一些人无法在乡村扎根，因此不得不从头开始，致使之前的努力和积累浪费。所以从根本上解决乡村教师队伍建设问题，促进乡村学校发展的问题仍旧有待解决，我们在人才培养的教育服务理念方面，不仅需要培养高尚的师德和良好的新乡村教师专业素质，还要关注乡村教师的真实需求，通过乡村教育研究、与乡村教师结对、乡村学校实地考察等过程培养学生乡村教育情感、乡村文化理解、留守儿童关爱、乡村社会发展等内在意识与情感，促进学生形成新时代乡村教师强烈的专业责任感、使命感和幸福感。

（二）师范生需提升服务乡村教育的技能与效能

师范人才培养在组建乡村师资队伍过程中，首先解决的是专业思想的问题，其次就是业务能力问题。由于高校师范教育容易脱离乡村现实需要，致使学生所学与实践教学不相匹配。所以师范培养在技能上容易形成"半成品"或者"理论空壳"的困境。为此，师范人才培养不断进行创新布局，其中国家倡议实施的优秀教师计划，需要有效促进乡村教育优质、均衡、高质量发展，开展乡村中小学教师队伍建设的实际行动，部分师范大学和综合大学师范专业定向培养优秀教师，为加快教育现代化奠定优质教师基础。以优秀教师计划为指导，着力解决乡村学校教师结构性短缺、教育教学质量有待提高、教师发展有限等问题。统筹规划、精准施策、分类实施，加强财政支持，加强绩效管理，加强对乡村教师的培训补充，围绕"四有"好教师培养目标，构建地方政府、学校和高校合作教育三方机制，提升教师教学技能，让优秀教师计划得以产出、留下、发展。国家始终高度重视乡村地区教师队伍建设，实施了"特岗计划""公费师范生培养计划""乡村教师支持计划"等一系列政策，加强和完善乡村师资队伍建设。自2016年，地方公费师范生培养计划实施以来出台了系列规章制度，在此努力下培训政策不断完善，培训类别更加合理，培训规模逐步扩大，培训质量逐年提升。在更深层次上实施上级分工计划，担负起新时代教师教育的重要使命，全面深化教师教育改革，在招生、人才培养、用工条件管理、保障等方面，建立常态化、长期化的监督管理机制，积极探索整合教师人才培养模式，跟踪包括优秀教师计划在内的师范生培养质量全过程，以及在职教学后的专业成长，逐步建设成高素质专业创新型教师队伍。优秀教师计划的组织实施，不仅需要国家宏观指导、省级协调，还需要市、县、培训院校的具体实施。各市、县要牢牢把握优化规划任务要求，合理补充地区中小学教师，相关培训院校要把做好师范教育作为第一责任，改革教师培训模式，创新开展师范教师专业能力标准，坚持以乡村教育需求为导向，聚焦最佳资源要在现有教师的基础上，加强在职培训，确保新教师的职后培训，重视教师素质，确保师生质量，实现"优秀学生跟着教"，让乡村孩子"学得好、教得好"。

所以师范生在职前培养期间，通过增强服务乡村教育的意识与情感，积极开展心理认知计划，增强终身学习意识，加强职前心理适应教育，强化职后认知适应能力，做好新教师的引进和培训工作，积极开展乡村教师本地化培训战略，用于提高国家乡村师资队伍的稳定性。师范生的职后提质方面，提升服务乡村教师技能与效能，需要通过加强乡村教师在职培训，提出构建多元化培训模式，以确保培训规范化，基于信息和现代网络技术的现代远程教育帮助成年人在职继续学习的方式。积极探索促进乡村教师专业化发展的途径，提升乡村教师在该领域的心理归属感和专业满意度，提高乡村教师的适应性，从而为乡村师资队伍提供源源不断的高素质人才。

第二章　地方高校师范生乡村学校任教的内在学理

　　作为每年补充进各级各类学校的最大基数群体——高校师范生，其农村任教意愿及趋向则在很大程度上对农村教育的发展有着重要的影响。高校师范生作为知识型人力资本，若能投入到乡村地区任教，人力资本发挥作用，来培养未来其他行业的潜在人力资本，继而能够实现师范生人力资本价值的最大化。由此，讨论人力资本理论对于理解师范生乡村学校任教有其意义所在。师范生在面临是否进入乡村学校任教的时候，实质是在对日后的职业进行选择的过程，而职业选择的背后，有作为自然主体人与社会主体职业进行匹配的过程，同时职业选择也受到多种内外在因素的影响，师范生选择是否到乡村学校从教更是受到乡村等多方面因素的影响，因而职业选择理论能够为分析师范生乡村学校任教的论证提供理论支撑。师范生进行是否选择到乡村学校任教的抉择时，实质上会受到多重推力和拉力的影响，推力、拉力的作用也会对师范生乡村学校任教的决定产生巨大影响，由此，探讨推拉理论也能够为师范生农村学校任教提供合理的理论解释。

　　因此，本章从人力资本理论、职业选择理论、推拉理论入手，分别进行剖析，旨在明确理论基础的前提下，对于地方高校师范生乡村学校任教的内在学理进行探讨。

第一节　人力资本理论

　　人力资本理论首先是在经济学理论中形成的，它的主要着眼点是讨论人力资本形成的过程、基本特点、人力资本的投资形式以及投资成本和投资收益的有关问题。随着经济全球化进程的加快，尤其是知识经济时代的到来，人力资源已成为一种最重要的资源，而人力资源管理则成了现代管理领域最具挑战性的课题之一。人力资本理论从 20 世纪 60 年代产生至今已在世界范围内引起普遍重视。它给经济学、管理学和其他许多学科都带来深刻影响，尤其是使劳动经济进入一个崭新的发展阶段。从那时起，劳动经济学家们运用人力资本理论对劳动者技能差异和个人收入差异、企业教育培训行为与劳动力流动等因素进行了相关研究。人力资本理论从萌芽、产生、发展、完善有一个较长的发展历程，对人力资本的理解也是在这一历程中逐渐深化的。

一、人力资本理论的形成与发展

当今世界上，不论是经济领域、政治领域还是教育领域，关于人力资本对国民经济增长的主要动力作用问题，各国社会有识之士都有共识。然而，随着经济全球化进程的加快以及我国改革开放步伐的不断推进，中国正面临着日益严峻的就业形势。如何有效地解决好这一矛盾已经成为社会各界普遍关注的焦点之一。大力发展教育、多渠道地提高人力资本数量与质量，已经成为世界大国、世界银行及其他有关国际机构在制订促进经济发展指导方针时的一个重要理论依据。

（一）早期人力资本思想

人力资本理论最早可上溯至 18 世纪。英国资产阶级古典政治经济学创始人之一威廉·配第强调指出："人类素质的不同将引起生产力的不同。"法国著名经济学家弗朗斯瓦·魁奈在 18 世纪也曾强调过培养人才的重要意义，即"形成一个国家强盛的要素是人才，而人才本身就是其财富中首要的创造性要素"。这些非系统化思想为人类和劳动创造更早财富奠定了决定因素，并从现实意义上证实了人力资源对经济发展的巨大作用。19 世纪的英国资产阶级学者亚当·斯密、大卫·李嘉图开始接触后，人力资本的研究逐渐受到重视，形成一个相对独立的学科领域。他们提出了许多有价值的见解。这些看法构成人力资本初步萌芽的理论依据。

现代西方经济学鼻祖亚当·斯密对早期人力资本思想有进一步推动作用。亚当·斯密作为古典政治经济学最重要的代表，1776 年在《国民财富的性质与原因的研究》一书中提出著名的"斯密教条"，认为"工资、利润与地租是全部收入与全部可交换价值最基本的三种来源"。他把劳动者的天赋和他们三者看成是同时存在的。在《国富论》一书中，他提到："学习是一种才智，须受教育、须进学校、须做学徒，这样才能的学习所费不少。这种费去的资本，好像已经实现并且固着在他的人格上，这对于他个人固然是财产的一部分。学习的时候，固然要一笔费用，但这种费用，可以希望偿还，而且赚取利润。"由此可知，亚当·斯密把人的劳动能力划归到人力这一范围内，尝试性地提出人力资本这一概念，以此为基础确认人力资本投资对于经济发展所产生的良好影响。萨伊 1803 年从效用价值理论出发，发展斯密这种观点，终于建立起古典政治经济学分配理论，后经马克思概括成为"三位一体"分配理论——资本、劳动与土地均是价值创造中不可缺少的因素，工资作为对人力劳动的回报，利润作为对资本服务而获得的回报，租金作为对土地服务而获得的补偿，总价值由上述三个部分构成。

马克思以古典经济学集大成者的劳动价值论为理论基础，对劳动价值论进行继承与发展，建立起马克思主义经济学理论。马克思以哲学观点说明人作为劳动主体和自然资源作为劳动对象即客体的重要性，以此为基础进一步强调劳动者作为生产力中最为积极的因素。在当代大规模生产条件下，由于科学技术不断进步，生产力不断提高，劳动者要想参加生产就必须具备一定的科学文化知识与技能，所以对劳动者进行教育培养是十分必要的。从这一意义上看，教育能产生劳动能力，它能使非技术熟练型劳动力转化为技术熟练型劳动力，使单纯的普通劳动力转化为科学家、工程师及其他复杂专业化劳动力，从而又能增强劳动者适应劳动变化的能力。马克思指出："在资本主义制度下，劳动者不仅要受教育，而且还要受到严格的训练。"这一观点被称为"资本逻辑"的核心部分。他认为："比社会平均劳动更高级和更复杂的工作，体现在这种劳动力上：其教育费用高于普通劳动力，其生产所需劳动时间也更长，因而其价值也更大。"有较高文化程度的劳动力，其最高价值表现为同等时间内能产生较高价值，从事复杂劳动相当于简单劳动的数倍。马克思这个思想对于分析教育投资是否必要、教育是否有社会经济效益等问题有重要启示作用，同时对于以后人类资本论者亦有启发作用。

之后，很多经济学家都对人力资本这一概念有所传承，但是囿于经济发展水平、教育发展水平以及其他客观因素，当时人力资本理论并没有形成一个完整的理论体系以及与之相适应的系统方法论，这一状态一直持续至 20 世纪 50～60 年代。

（二）现代人力资本理论

现代人力资本理论兴起于 20 世纪 50 年代后期和 60 年代初期，约在 70 年代达到鼎盛，这得益于西方发达国家第二次世界大战之后经济的快速恢复和长期持续的增长。当时许多经济学家都认为，经济增长主要取决于人口的增加。经济学理论认为，影响经济增长最重要的因素是土地、资本和劳动力。土地是相对固定的资源，因此，经济学家们一般不考虑资本与劳动力之间的关系。第二次世界大战以后，随着科学技术的进步以及产业结构、劳动力结构等方面的变化，人们对知识的需求越来越大。当时一些发达国家在科学技术方面取得了巨大成就，这与他们较高的受教育水平是分不开的。人民的知识水平和工作技能都有了很大程度上的提高，在很多领域都取得了重大的成就，同时也创造出了大量的科技成果。这些知识与技能运用于生产过程时，就会极大地改善生产效率、提高产量与质量、进一步推动经济的增长。然而，随着生产力水平的不断提高，人们发现劳动对于生产效率的作用越来越小，而智力则成为推动经济增长的决定性因素之一。于是，经济学家们开始关注知识这一重要资源的重要性。然而，由于受经济发展现实局面、教育水平等诸多因素影响，人类知识技能在经济增长中的作用并没有得到充分发挥。但随着社会生产力水平的不断提高，技术进步速度越来越快，企业规模越来越大，这些因素都会对生产效率产生重要影响，因此需要重新审视投资与产出之间的关系。现代人力资本理论就这样应运而生。

1. 西奥多·舒尔茨的人力资本理论

西奥多·舒尔茨从 20 世纪 50 年代后期到 60 年代初期发表了一系列与人力资本有关的重要文献，奠定了现代人力资本理论的基石。在这些著作中，他提出并阐述了许多新观点。其中最突出的有：第一，第一次系统地分析了人力资本产生的条件及特点。第二，明确提出了"人力资本"这一崭新的概念。1960 年，他在美国经济学会上发表了《人力资本投资》一文，系统地阐述了人力资本、人力资本投资以及人力资本与经济增长之间的关系。他首次将人力资本投资理论应用到新兴经济领域，提出了新的人力资本形成方式——教育与经济增长之间的关系。舒尔茨的人力资本理论也因此获得了 1979 年诺贝尔经济学奖提名。

舒尔茨定义的人力资本为能够生产出满足人们需要的物质产品或劳务的资本，而不是简单地理解为"物质资本"。同时，人力资本也可以从广义上界定为：包括劳动者在内的所有劳动者的数量与质量及其健康状况总和。劳动者的素质决定着劳动者所拥有的人力资本。劳动者创造了价值并为社会提供了有用工作或劳动时间，就构成了人力资本。劳动力资源包括劳动力总量和人力资源两部分，而人力资源又分为两大类：一是劳动者个体素质；二是劳动者群体整体素质。劳动者个人素质主要包括身体素质、文化素质、心理素质和思想道德品质四个方面。劳动者素质是指劳动者所具有的工作能力和技术水平，它直接影响到劳动者的收入，也决定着劳动者的劳动质量和劳动能力。人力资本存量决定着一个国家或地区劳动者的数量和质量。

舒尔茨关于人力资本理论的贡献主要体现在：首先是建立了现代人力资本理论，并通过宏观层面的实证调查证明了教育和培训对于促进经济增长具有重要作用。1900—1957 年间，美国经济增长的主要动力来自物质资本投资，其年均增长率达到了 4.5 倍，而人力资本投资的年均增长率则达到了 8.5 倍，分别是美国经济增长的 3.5 倍和 17.5 倍；在此基础上，舒尔茨提出了关于人力资本投资与经济增长关系的模型。舒尔茨认为，教育是一种有效地提高生产力水平、推动社会进步的手段。他用"增长余值法"测算了 1929—1957 年间教育投资所形成人力资本增长在美国经济增长中所占比重。

2. 贝克尔的人力资本理论

舒尔茨之后，就人力资本理论的研究而言，贝克尔则被视为理论发展的第一推手。《人力资本》一书也成为西方学术界关于"经济思想里人力资本投资革命"的经典著作之一。贝克尔的人力资本理论与他的代表作《生育率的经济分析》密切相关。从这一角度来看，贝克尔的人力资本研究可以分为两大部分：一是贝克尔对人力资本的基本看法；二是贝克尔关于教育对人力资本投资的论述。其中前一部分是贝克尔的主流观点。舒尔茨对人力资本研究进行了宏观分析，而贝克尔则在微观层面上做了大量工作。而这一层次上的研究又集中体现在《生育率的经济学分析》一书之中，以实证分析方法为基础，进一步拓展了贝克尔人力资本的理论框架。贝克尔认为，通过接受正规教育和在职培训可以实现人力资本投资，从而改善个人收入分配，二者之间存在着密切的联系。他认为，人力资本是通过教育来实现的，而教育在人力资本投资中具有开创性的作用。贝克尔的人力资本理论主要是通过微观分析来进行的，而舒尔茨则是从宏观层面上对人力资本投资理论和收入分配问题进行了较为深入的探讨。但是它在理论研究上也有不足之处，那就是贝克尔仍然沿袭舒尔茨关于人力资本的概念而缺少对人力资本本质的剖析，进而缺少对人力资本进行全面的研究。

3. 爱德华·丹尼森的人力资本理论

舒尔茨以后，美国爱德华·丹尼森通过实证计量方法证明人力资本对经济增长具有促进作用。他的这种经济分析方法不仅揭示出劳动和资本对国民经济收入增长的贡献，而且也证明了"剩余价值"的存在以及劳动力和资本投入之间的关系，这一点已为许多学者所证实。1929—1957年间，通过分解计算可以看出：美国居民的收入以每年约23%的速度递增，其中很大一部分是由人力资本投资带来的。他认为，人力资本存量每增加1%，劳动生产率就可以提升2.25%，而一个国家或地区的劳动生产率与人力资本之间存在着正相关关系。丹尼森以大量数据证实了这一观点，美国受教育程度较高的劳动力的平均素质提高了0.9个百分点，对美国国民收入增长的贡献率达到了0.67个百分点，占到了国民收入增长总值的42%左右。丹尼森、舒尔茨等学者从20世纪60年代开始研究这一问题，经过二十多年的努力，已经积累了大量关于教育资金的研究成果。

人力资本理论强调人在物质生产中的决定性作用。人力资本理论认为，拥有丰富的专业技术知识和技能的高素质的员工是企业获取利润的源泉，而拥有高素质的员工则成为企业吸引高层次人才并促进经济增长的关键。人力资本理论认为，人力资本的价值在于它能创造出更多的财富，而这种财富的获得依赖于人力资本本身。因此，人力资本的"知识效应"成为一种重要的资源。人力资本的价值不仅取决于个人能力水平，而且还受到教育程度的制约。该理论对于资本理论，经济增长理论，收入分配理论等学科的发展同样具有革命性意义。

(三) 当代人力资本理论

人力资本理论认为：人类的知识与能力是社会财富最基本的源泉。现代西方经济学的发展主要经历了两个阶段：一是以亚当·斯密和大卫·李嘉图为代表的古典经济学时期；二是以凯恩斯、弗里德曼等人为代表的新古典学派时期。继舒尔茨以后，索洛、乌扎华、罗默、卢卡斯、巴罗、斯科特等经济学家以人类知识与能力作为分析框架,深入地研究人力资本理论。不同于舒尔茨,这几位学者对人力资本的研究采取了另外一种思维方式,即建立经济增长模型。

索洛在 1956 年发表论文《对经济增长理论的贡献》之后,大批经济学家介入增长理论研究,并提出了以人力资本为枢纽的若干经济增长模型。乌扎华更改了索洛的纯粹的生产部门的模式,将教育部门引进。他在该模型中把教育分为两种:一种是直接影响产出的物质资料型的;另一种是非物质资料型的。乌扎华模型假定社会把部分资源分配到非生产性教育部门中去,教育部门促进生产就是通过它对生产性部门的技术改进来间接完成。在罗默日益盈利的增长模型中,特殊知识与专业化人力资本被视为经济增长最重要的要素。他们既可以创造出持续增加的回报式收益,又可以从资本、劳动以及其他要素投入中创造递增式收益,从而又可以确保经济效益长期式发展。卢卡斯通过引进舒尔茨、贝克尔等人关于人力资本的概念,以罗默的技术进步为基础构建专业化人力资本累积经济增长模型。他力图说明人力资本对经济的持续增长,从而论证了人力资本增长率对人力资本投入产出率,社会平均人力资本投入产出率以及个体人力资本投入最终产品边际产出率的正向影响,而对人力资本投入时间贴现率的负向影响。

综上所述,自 20 世纪 60 年代初期舒尔茨等人系统提出人力资本理论以来,人力资本生成的决定因素、人力资本投资回报以及人力资本积累促进经济增长等问题随即成为国际经济领域关注的焦点,这一理论所产生的影响也很快涉及经济增长理论、发展经济理论、劳动力经济理论、人口经济理论、制度经济理论以及商业与创业理论。随着经济全球化进程不断加快以及我国经济体制改革向纵深推进,特别是高等教育大众化的到来,人力资本逐渐被人们所重视并开始运用于实践活动中。教育作为一种投入要素越来越受到人们的关注。人力资本理论的确立,不仅使教育经济学焕发出生命的活力,也使教育学学科体系大大充实与扩展,同时也为教育管理、教育政策分析以及教育成本与效益分析开拓了一个崭新的研究视野,并为提高教育资源利用率与教育社会经济效益,提供了一种全新的理论与方法。

二、人力资本理论的主要观点

(一) 人力资本与经济发展

人力资本理论的应运而生,旨在揭示经济增长之谜。舒尔茨的人力资本理论认为在现代经济中,人力资本对经济增长起着决定性作用,它不仅决定着物质资本和劳动力数量的多少,而且还影响着整个社会的发展。新经济理论家们把人力资本作为影响经济增长最重要的外生变量来研究,认为人力资本是决定一个国家或地区经济发展的关键因素。在新经济增长理论中,人力资本被视为影响经济长期增长的决定性因素之一,它通过知识、技能、经验以及专业知识等方面来创造价值，而这些价值又会转化为人力资本的增量收益或其他投入要素所带来的总规模收益；经济增长与人力资本之间存在着密切的联系，二者在促进经济增长方面表现出了显著的正向相关关系。随着知识经济时代到来，人力资本在国民经济中所占比重越来越大，因此，人力资本理论已成为经济学研究中不可忽视的重要内容之一。人力资本理论最早可追溯到古希腊时期，至今已有 2000 多年历史。如今，随着科技的进步，越来越多的学者开始将人力资本理论应用于研究经济发展问题上，并且在经济决策方面发挥着重要作用。作为师范生，当他们进入社会时，他们作为知识型人力资本对经济所产生的直接收益并非直接可得，而是潜在和长期性地通过对间接人力资本再产出拉动经济，这种所产生的经济增长是一种长远和革新。

（二）人力资本投资与高等教育发展

舒尔茨证明经济增长以人力资本投资为主，经济发展中人力资本投资的回报率大于物质资本回报率。因此，人力资本成为决定一个国家或地区在未来是否能够实现长期稳定持续发展的关键因素之一。在中国，随着改革开放的深入推进和社会主义市场经济建设进程的加快，我国已经进入到快速城市化阶段。人力资本投资可以通过学校教育、职场培训、医疗保健等途径获得。不同的投资形式会产生不同的投资收益或投资量大小，而不同类型的投资所带来的投资收益也是不一样的，这就需要有一个可观察的标准。但是一切投资都可以提升人的能力、增长人的学识、增进人的身体健康，并最终使货币收入、心理收入得到提高。

人力资本与教育之间存在着密切的关系，但这种关系在经济发展过程中却常常被忽略。高等教育不仅提供知识和技能资格，而且还能创造价值。教育与消费概念不同，它是一种特殊的资本投资模式，教育投资作为一种典型的生产性投资，与其他类型的投资相比，其主要目的是提高高等教育的质量和效率，进而获取更多的人力资本，因此对高等教育进行人力资本投资具有重要意义。自 20 世纪 60 年代以来，经过二十多年的努力，我国高等教育经费不足问题得到缓解和解决，这与人力资本理论的兴起密切相关。人力资本理论革命性地影响着人们的教育观，长期以来一直是西方发达国家发展高等教育的根本指导原则。因此，研究高等教育对人力资本的影响就具有了特殊意义。

（三）人力资本理论与社会就业

人力资本理论之父舒尔茨更精辟地阐述了人力资本和就业的关系。舒尔茨认为"学校教育提高了人们适应经济增长所带来的工作机会变化的能力"。大学毕业生因受高等教育之故，对将要从事之工作之准备上，其适应能力较未经高等教育者为强，尤其是师范专业学生。现代经济中，社会就业机会因经济增长、经济产业构成改变而不断改变，所以接受过高等教育者对此有明显的适应性。在现代经济条件下，由于经济增长和经济产业构成的变化，社会就业机会也在不断变化，因此受过高等教育的人在适应这方面具有明显的优势。舒尔茨着重指出："就这一点而言，学校教育之所以宝贵，是因为学校教育成为促进多种职业适应与空间适应之间机动性的来源。"许多时候，尤其是发展中国家普通劳动力供给充足甚至无限大，而人力资本却是稀缺资源，稀缺程度甚至超过物质资本的稀缺程度，进而就可以把作为高等教育人才培养的大学看作是人力资本的生产部门，即产品的供应源头。

舒尔茨对于人力资本之于就业的重要性的理解是前瞻性的，并相信迅速增长的经济不久将需要这类拥有熟练技术的劳动力。随着人力资本在生产函数中所占比重的增大，人力资本逐渐成为推动经济增长的主要动力。而高校毕业生人数也逐年增加，大学毕业生已是我国就业大军中一个不可忽视的组成部分，人们通过受教育获得了更多就业机会，而全社会失业率也会随之降低。经由舒尔茨探讨可知人力资本改善大学生就业质量与能力，因为人力资本的增加，使大学生工作质量比未受过高等教育的大学生工作质量有了很大的提升，那么人力资本使他们能更为迅捷地应对社会就业环境变化、职业转换以及适应能力。

（四）人力资本理论与师范生农村从教

近代师范教育制度建立以来，我国一直对师范生给予优惠待遇，免除学杂费等政策陆续出台。随着时代的发展，为了提高国家高等教育的入学率和高等教育人口的比例，我国的高校经历了招生规模的扩大和一般收费制度的建立。随之而来的即为师范院校的入学门槛逐渐降低，师范生的学位逐渐攀升。而且，我国农村人口占全国总人口比重大，农村教育显然是不可忽视的问题。就以培养师资为主的师范高校培养的师范生的就业而言，大部分毕业师范生选择城市就业的现实造成了知识型人力资本的两极分化，且越发严重。由此，我国逐渐推行免费师范生政策、特岗教师政策等等，这些政策背后推动的实质是专用性人力资本的培养与积累。

以免费师范生政策为例，师范生免费政策旨在培养出优秀且乐于长期担任教学工作的年轻教师，使他们回归生源地，借此拉动地方基础教育教学，改善我国农村地区基础教育的落后状况，填补我国基础教育的不足。这类政策的背后其实就是对人力资本的一种投资，师范院校免费师范生培训包括通识能力和专业能力两个层面，通识课程教育能够使师范生得到基础知识，道德水平和身体素质的提高；专业能力培训包括教师道德能力、知识能力、心理能力、教学能力、管理能力和沟通能力的发展，同时辅以实习和见习，从中不难看出对师范生这一人力资本进行培训和投资符合前面所探讨的人力资本理论。这种培育出来的专用性人力资本若按期入乡从教，不仅可以提高农村教师人力资本存量，而且还能提高农村教师人力资本素质。

第二节 职业选择理论

所谓"职业"，是对同类性质劳动的统称，泛指个体服务于社会，以生计为主的劳动。在具体组织里，职业是以职务的形式表现出来的，也就是某一类职务，也就是从事这一任务的人。人类社会分工使职业应运而生，它全面地体现着人们的生活方式，行为方式以及思想价值观念，生产力水平等因素在其中所起的作用大小。职业从它诞生那天起便存在于社会之中，它满足了社会生产力各阶段和生产关系，社会分工及与之相适应的社会需要，职业活动的过程除在社会的宏观领域内发生着关系生成作用外，其自身也是由独立个体作为实现主体并通过个人工作实践而完成。所以，职业是宏观和微观之间的联结，也是个人与社会交往的中介，个人占据着有限的社会功能及社会资源以实现其生存与发展，社会本质也就在个人的劳动实践之中。所以，职业蕴含着个体和社会之间的矛盾关系。

职业选择就是一个人根据自己的预期和就业理想，综合考虑个人的爱好、技能、特征等因素，综合考虑个人所处外部环境条件，在社会上已有的专业中选择合适的专业，以期达到充分就业目的。职业选择是一个人真正步入现实社会生产领域时的一种重要行为和人生关键一环。人们通过职业选择能够较好地将人和工作岗位结合在一起，使得个体能够顺利地步入社会工作岗位中，进而使得个体社会化过程得以顺利进行并得以展开。职业选择行为作为个人自我意识、社会历史条件以及社会现实需要等因素作用的结果，推动了个人—社会这一宏观—微观矛盾体的历史演变。个体追求理想工作无处不在，继而产生对职业的选择，从历史发展进程来看，受生产力发展推动，产业、专业、行业逐步分化并有一定区别，进而即为人们进行职业选择时的方向提出了问题。人们要想获取生存与发展的信息和手段，就不得不对职业做出选择，但是从历史上看，人的选择却是十分有限。由于未能从生产力发展阶段以及建立在物质上的生产关系中解放出来，未能从固定社会分工、强制性社会结构形式中解放出来，也未能从固有观念中解放出来，人就陷入了自由异化的普遍现象之中。所以，从整体上看，择业关系着个体的存在和发展，也关系着人的全面而自由的发展和个人同社会矛盾运动的进程，对择业来说，是要解决好个人全面而自由发展问题。

一、职业选择理论概述

（一）帕森斯：人—职匹配理论

人—职匹配理论最早由波士顿大学弗兰克·帕森斯教授提出。该理论认为，一个人从事某项工作后能否取得成功与他是否具有良好的心理素质密切相关。也就是说，一个人要成为一名优秀的员工，就应该具备优良的心理素质。帕森斯1909 年出版的《选择职业》一书中明确指出求职者选择职业的三方面因素：一是对自身的价值、技能、利益、个性、限制等特征有清晰的认识；二是对职业成功条件、职业所需的知识、各专业岗位优劣势及补偿机制、职业发展机遇与前景有明确的认识；三是对以上两方面的权衡。

帕森斯理论内涵在于对个体主观条件及社会职业岗位要求有清楚了解和认识的前提下，通过主客观条件同社会职业岗位相对比、相匹配，然后选择符合个体特征的工作。人与人之间的个体差异无处不在，每一个人都具有自己特有的个性特征，而每一种职业又因其所从事的工作性质、所处环境、所处条件以及所从事方法的不同需要而对劳动者在技能、品格、气质和心理素质方面提出了不同的要求。所以在择业时应根据个体个性特点来选择与之相适应的职业类型，即实现人职匹配。

人职匹配主要有两类：一类是条件性的，比如要求专业技能、专业知识的职业要符合具有这种专业技能、专业知识的考生，知识产出型职业要求知识型人力资源要符合他们，劳动密集型行业要求劳动熟练型人力资源要符合他们。另一类是特征优势相匹配，如敏感、情绪化、非常规、性格强烈、理想主义的人格特征者适合于从事以审美与自我情感表达为特点的艺术创作职业。

帕森斯认为，影响职业选择的因素很多，而进行职业选择的主要有三个步骤：

步骤一：首先要做的就是求职者特征的评价，也就是求职者生理、心理特征评价。采用心理测量和其他评价手段获得求职者身体状况、能力倾向、工作态度、兴趣爱好、气质和性格等个人资料，采用访谈和调查手段获得其家庭背景、学业表现和工作情况等信息并进行评价。

步骤二：职业涉及因素评价，也就是分析各种职业对于人员的需求，并向求职者提供有关职业信息。包括职业所属性质、工资待遇、工作条件和晋升机制；同时应将职业最低条件如身心素质需求、年龄需求、专业能力进行界定；针对以往教育经历、学习年限、入学资格及成本等特点进行配套评价。

步骤三：两者相匹配，即人员—岗位相匹配。与之相对应的是，职业选择指导者根据对求职者特征及就业指标的认识，协助求职者通过对比分析来选择符合其个人特征的工作，希望能够获得职业生涯的成功。

（二）霍兰德：职业性向理论

美国心理学教授霍兰德于1971 年提出职业性向理论，该理论以人格心理学概念为基础，并结合大量职业咨询实际研究，以人格为视角来审视职业选择。约翰·霍兰德提出了总的假设，即人的职业选择反映了人格的特点，在相同条件下，人与环境的适应性或一致性会增加个体对于工作的满意度、工作的稳定性以及工作成就感。在总假设的基础上，霍兰德的理论基础又具体包含四个基本分假设：

假设1：大多数人的人格特征可分为六种类型，即现实型、研究型、艺术型、社会型、企业型、常规型；

假设2：职业环境可分为现实型、研究型、艺术型、社会型、企业型、常规型；

假设3：进行职业选择时，试图找寻能够运用个人技能、反映自身价值，并能够沉浸其中，扮演愉快角色的职业；

假设4：个体职业行为表现是人格特征类型与职业环境类型共同作用的结果。

1. 霍兰德关于人格类型的分类

现实型（R型）：动手能力较强、爱跟实物打交道、一般实用性较强、不善言辞、社交能力欠缺、爱用手或者工具制造并维修某些物品、爱在户外工作或者操作机械。

研究型（I型）：善于观察、分析和推理各种现象，喜欢与思维创新相关的研究活动，聪明、好奇、有学问、有创造力、有批判性，不喜欢组织和领导类的活动。

艺术型（A型）：喜好模糊，但热爱写作、音乐、艺术、戏剧等艺术创作活动；不喜欢明确、有序和系统的活动，有想象力和欣赏美的品质。

社会型（S型）：喜欢教授、培训和社交等社会性活动，喜欢用自己的思考方式和工具去解决现实中的各种问题，如工作中遇到的困难、生活中遇到的难题以及与人相处时遇到的矛盾等等，喜欢与具有思考方式的个体与群体进行沟通协作，不喜欢与材料、工具等硬性物体打交道，经常会表现出重视社会与伦理问题的价值观念。

企业型（E型）：对领导角色和冒险活动感兴趣，喜欢领导他人实现组织目标或获得经济利益的活动。精力充沛、自负、热情、自信、敢于冒险、善于控制、表达能力强、善于把控整体大局。

常规型（C型）：相比于企业型人格而言，常规型人格更愿意处于从属地位，跟随主流环境。偏好于对于数据资料的整理和组织工作，细心、有组织、有条理、效率高。

2. 职业环境模型

霍兰德以所提出的多种人格特质为理论基础，并提出相应的六种职业环境，认为职业环境即职业氛围，这一职业氛围由人格特征相近的个体所营造，这类环境有其特定的价值观、态度及行为模式。

现实型职业：这种职业环境主要指实操类的职业，其特点在于强调对人的现实性人格特质的培养，这是一种以劳动者为主体，从事机械工作或技术生产为主的职业。

研究型职业：这是一个相对复杂的职业类型，主要对应研究型人格类型，主要是指从事物理学或其他相关学科研究领域中所需要的文化知识和技能的职业环境。

艺术型职业：具有艺术型人格特质的人，往往会对艺术和文学有浓厚的兴趣，从而在艺术创作类中获得较好的发展机会，同时也能为自己提供一个良好的职业环境。

社会型职业：这种类型的职业属于社会型人格的范畴，它要求人们在从事社会型职业过程中，要善于与他人进行沟通协调。

企业型职业：主要指以控制和管理别人为手段来实现个人或者组织目标的一种职业。

常规型职业：多指详细而有秩序地、系统地处理资料的职业。从事此职业者有常规型人格特质。他们在日常的工作中，以严谨和认真为特征，同时也有较强的责任心与责任感，能够很好地完成自己所承担的任务。

3. 霍兰德六种类型间的关系

根据霍兰德等以人格特征类型和职业环境类型为研究对象，于 1969 年提出环形结构模型，环形结构模型是指个体在同一个阶段可能拥有许多不同的人格特质，但是在拥有的众多人格特质当中，有一个特质是相对占优势的，而另一个特质则是比较薄弱。霍兰德环形结构模型的核心是把六种人格类型的特征按顺时针方向组成一个环，每种人格特征类型又有邻近、相对和相隔三种关系，其中邻近最密切，相对最遥远，相隔居中间。按照前面所述霍兰德提出的四个假说，职业者人格特质与所选职业环境的匹配度较高时，其工作状态就能最大限度地达到最优，那么劳动者的技巧与积极性也就能得到最大限度地调动。环形结构模型中任两个职业类型间距离越接近，其间职业环境和人格特征相似度越大，进而匹配程度也就越大，而处于相对地位的职业类型职业环境相似度最小。据此可推断出环形结构模型下的相对地位与其职业环境及人格特征相似度有很大关系。在此基础上，霍兰德主张职业者在择业时应尽可能选择符合其个性特征的工作环境模式。

二、影响职业选择的因素

（一）内在影响因素

1. 职业兴趣

兴趣是人们希望认识某种事物和进行某种活动所固有的心理倾向。一个人如果对某事物有着浓厚的兴趣，那么他一定会花大量的时间去追求它，并且还能积极地去探究它，从而提高自身的学习能力以及综合素质水平。个体在择业过程中，常以偏好为出发点来决定感兴趣的职业，并随着对职业认识的不断加深，最后逐步形成个人兴趣意志和工作之间的契合点，进而成为可供努力的职业兴趣。当一个人对职业有这种兴趣时，他（她）们便把全部精力放在职业工作上，能较长时间集中注意力，始终保持着极大的激情，并且能乐此不疲。职业兴趣指个体对某种职业的优先选择，它体现着个体"自己喜欢干什么"的潜能，也是个体在择业时首要思考的问题。

2. 职业价值观

所谓价值观，就是关系到个体对正确和错误的看法。它是指个体人格中关于个人态度、行为等方面所具有的明确倾向或指向，也可以理解为是指一个人对某一特定对象的看法、观点以及由此而形成的对该对象的认识、评价、选择等方面的总和，即由单一个体情绪所决定的自我价值取向。这种价值取向是人们在一定时期内形成的价值观，它以一种具象化和方向化为特征。职业是一个人的生活领域的一部分，同时也是一个人一生所从事的事业。不同类型的职业有其相应的职业价值观。个体在职业认知过程中对于某一特定价值的寻求或排斥。对于某一事物的偏爱或反感、对于某一情感的向往或逃避等因素都将直接影响职业选择。职业价值观是指人们对自己所从事的职业过程及其结果的认识与评价。它反映了一个人在实现自己的人生目标时所采取的态度和行为方式，也就是他的人生态度和行为倾向，同时又决定着个人的职业选择，从而影响到其职业目标的实现程度。影响个体职业价值观形成的主要有三个方面：一是个体发展因素，包括个体职业兴趣与爱好、经济利益因素、职业社会地位及知名度等等。二是个体自我认识与特点，一个人如果能够正确地认识自己，并根据自身特点来判断所从事工作的性质及意义，就能作出有利于其事业发展的抉择；反之，则可能阻碍其事业的顺利进展。三是社会评价因素，社会开展职业发展时，会通过媒体、外部舆论等来把对职业的评价贯穿道出个人的职业价值观，从而影响乃至决定个人的职业选择。

3. 职业个性

个体的个性主要外化表现为一个人的气质和性格。

气质是表现在心理活动的强度、速度、灵活性与指向性等方面的一种稳定的心理特征。气质差异可分为多血质、黏液质、胆汁质及抑郁质四种类型。气质具有一定的独特性和稳定性，在社会生活及教育环境中，人们对自己的气质有一个客观的认识。由于人们的自身特点不一，导致了不同气质群体之间存在着显著的差异性。气质不同种类实质上并无优劣之分，只是其外部表现千差万别，例如胆汁质个体表现为情绪高涨、反应速度快、行动灵活、脾气暴躁、力大无穷，这类个体在择业过程中更积极地收集资料，探索目标等等；黏液质个体则反应比较缓慢，执着稳健地辛苦劳作，行动迟缓冷静，能够抑制浮躁，严格遵守既定工作制度与生活秩序，择业过程中可能存在片面性。

性格是一个人在对待现实时，在行为上表现出来的比较稳定的根本心理特征。它是由先天遗传因素、环境等共同作用而决定的。人的心理活动受着一定的社会历史条件制约，并受到个性倾向性的支配。相对于气质而言，性格并非先天禀赋，而应是后天逐步形成。性格是由遗传因素决定的，也受社会环境、教育程度、生活经验等诸多因素影响。性格又可以分为稳定性和可塑性两种类型。前者主要表现为比较稳定、不易改变的个性品质。性格一经养成，便在个人行为中得到较稳定的外化。与此同时，人们的性格也千差万别，各具其特有的性格特征，外向、内向或内或外兼具。因此，每个人对自己的性格都有着不同程度上的认识和理解，从而形成了各自不同的"适合"的个性。在职业选择上，不同的人有着不同的性格特征。内向性格的人倾向于从事第一、第二产业，而性格外向的人善于公关，有积极的服务意识，适合从事第三产业工作。选择个人职业时，性格亦为重要考量。

4. 职业能力

所谓能力，就是能成功地完成一定活动所需的个性心理特征，也就是能直接作用于活动效率并使其顺利地进行。完成一个活动要有知识的实现，所以能力和知识是紧密相连的。从整体上看，要实现任何一个活动都必须要有知识和能力共同加持，知识和能力既是紧密联系在一起的，而能力则是获取知识的先决条件，而知识的实现则要靠能力去获取。因此，培养学生能力就成为教学过程中重要内容之一。在教学活动中，教师应该重视对学生的能力培养，这不仅有利于提高教学质量，而且还有助于促进学生综合素质发展。

能力可分为两类：一般能力和特殊能力。所谓一般能力是指人们所具备的各种知识、技能等方面的能力，而所谓智力或特殊能力则是指从事某种专门职业所必须具备的素质。一项具体的工作或某一特定的专业活动都要有相应的一般能力与特殊能力。一般能力是相对于具体的某一特定领域而言，它通常由专业知识构成；而特殊能力则主要由个人特质决定。一般能力具有普遍性特征，但特殊性却具备很强的专业性，特殊能力就是个人在从事某种特定职业时所必须具备的各种素质和能力，如个体技能、知识储备、专业潜力以及良好的教育背景等。这些都是个人在从事某一专业岗位时所必须具备的素质和能力，也是实现这一目标所需要的先决条件。职业选择是指根据个人的职业能力作为选择依据进行职业选择的过程，而在职业能力中又以特殊职业能力为核心，即胜任力为基础。因此，一个人在进行职业选择的时候，需要清楚地认识到自己的能力与长处，也要清楚地认识到胜任某种职业的概率。

5. 男女性别差异

由于传统历史特性等因素，社会对男性和女性在不同性别角色中的期待存在一定差异，而男性和女性在生理特征上的差异又对职业选择构成了制约。职业选择是一个复杂的过程，包括对职业信息的收集与分析、自我探索与规划探索以及职业目标定位等环节，在这个过程中存在着情感依赖和心理依赖。在传统社会观念中，男人野心勃勃、独立自主、具有更为激烈的竞争意识，更多地应选择富有挑战性的行业；而女性相比之下则应选择平稳宽松的行业。职业选择中，职业适配度要高于男女性别之间的差异。此外，从心理学角度来看，男性更注重对自身能力与潜力的挖掘，而女性则更关注他人感受以及个人未来发展方向。因此，在职业指导过程中，需要特别注意性别差异带来的问题。这种现象，对师范生来说，是比较明显的，在同等条件下师范专业学生中，女性的比例是很大的。

6. 职业自我效能感

职业自我效能感起源于班杜拉的自我效能感理论，它是个体选择职业时所产生的自我知觉和自我效能感的集中反映。研究发现，职业自我效能感越高，意味着个人的职业成熟程度较高，也就越倾向于选择一种适合自己的职业，从而能够获得较好的职业发展前景，进而促进自身的职业发展和职业成熟度提高。从目前我国大学生就业情况来看，随着社会竞争激烈程度日益增强，大学生们的择业观念也越来越积极，他们希望通过提高自己的综合素质来获得更好的就业机会。因此，在未来的工作中，拥有良好的职业自我效能感会帮助个人更好地进行职业发展。职业自我效能感与职业选择之间存在着一定的相关性，它可以预测个体职业的选择行为。以师范生到农村教书为例，师范生在面对城乡教书的抉择和乡村学校教书的抉择时，若对他们抱持拒斥的心理特征则会在择业过程中出现心理落差进而使职业自我效能感下降，使择业受限。

(二) 外在影响因素

1. 社会环境因素

在个人选择职业的过程中，社会环境发挥了非常大的导向作用，这一作用是无形的，它潜移默化地促进了职业选择方向的转变。社会环境因素主要包括：政府对职业制度的定位、国家职业政策和相关法律法规的制定情况、公众对职业的认知程度、媒体的舆论评价等。从社会对职业制度的取向上看，改革开放后，围绕经济建设和完善社会主义市场经济这个大背景孕育了一大批专业化建设人才，所以在这种大背景下，国家颁布了许多鼓励择业、就业和创业的政策制度，为择业、就业和创业者提供了许多政策和利益上的保障，从而也就给求职者择业带来了不可忽视的作用。同时，随着我国政治经济发展状况的不断变化，社会政治经济发生着巨大的变革，经济发展速度的加快使得人们对于职业岗位需求越来越多，这就给人们的职业选择带来了新的挑战。此外，社会舆论对事业的评价在人们择业过程中起着不容忽视的作用，比如20世纪50年代社会舆论推崇农民事业；20世纪60年代社会舆论自豪于工人事业；20世纪70年代社会舆论拥护军人事业；20世纪80年代社会舆论盛行行政干部事业；20世纪90年代下海经商成社会舆论趋势。如今，公务员、教师、医生等职业成了社会舆论热门职业。社会对职业的倾向性态度、公众宣传与舆论报道、职业知名度与信誉等，无不体现着社会对职业的看法。这类评价常常影响着职业理想的实现，特别是在个人对某种职业认识不足、个人感受不丰富的情况下，社会评价更是影响择业的一个不可忽视的因素。

2. 学校教育因素

个体具有从自然生物人向社会人过渡的能力，这就与学校教育这一中间过渡环节密不可分，而学校教育模式、教学优势及教师行为等都直接关系到学生个人整体素质的养成，也直接关系到他们对专业和职业的抉择。学校教育特别是高等教育和各种职业教育在对学生职业选择时发挥着更直接的影响，高校能对学生职业发展目标及职业理想有一个清晰定位，指导他们正确地认识自身的人格特征，客观地评价个人目标同现实之间的距离，找出他们潜在的优势，帮助他们定位自我、寻找职业机会、发挥个人潜能。学校教育对学生未来就业所具备的专业知识、专业技能等方面有着重要的指导作用，同时也能培养学生的社会责任感、敬业精神、吃苦耐劳及集体主义精神，从而使学生了解社会的发展趋势和职业理想，并以此作为学生毕业后从事相关工作的依据，进而对学生的专业知识和技能作出科学的预测和客观评估。通常情况下，大学生择业时会受其所学专业及专业对今后职业指导水平的影响，所以各高校纷纷建立就业指导中心以帮助大学生解决择业过程中遇到的疑虑与难题。因此，学校教育对职业选择过程起着非常大的导向作用。

3. 经济利益因素

在以市场经济体制为先导，商品经济迅猛发展的现代社会中，经济效益便作为择业的一种重要激励机制。在市场经济条件下，企业经营的根本目的是追求利润最大化，这就需要对企业员工进行合理的激励，以实现其自身价值最大化。那么如何激发企业员工的积极性呢？经济利益主要体现为工资水平、职业福利以及职业选择三方面。工资收入主要由货币收入构成，占工资总额的绝大部分；职业福利主要包括：社会保险（养老保险）、失业保险制度以及其他与就业有关的社会保障制度等等。职业福利可以分为两类，一类为经济性福利，另一类为社会性福利。职业福利是非货币性补偿性财政政策支持的重要组成部分，也是政府对非货币性激励的补充。从经济学的角度来看，劳动力需求是实际工资的递减函数。

当实际工资低时，劳动力需求高，当实际工资高时，劳动力需求低。人们往往更加青睐工资高的职业，实际工资水平是人们的实际购买力。在择业过程中，非货币性工作的角色特征往往更为明显。许多求职者最终会在补偿性工资和非货币性工作的特点之间进行比较和选择。因此，工资收入和待遇条件成为职业选择中具有决定性和挑战性的关键因素。

4. 工作地域因素

工作地域与职业所在地外部自然环境、民俗民风、居住条件、地区政策等密切相关。随着社会生产力的不断提高，人们对自身生存质量提出了新的要求。因此，如何实现自己的人生价值就成为每个人面临的重要问题之一。由于历史因素、经济发展、城乡地区差异以及职业选择上的原因，一些经济发达的大城市（如"北上广"），无论是在硬件结构还是工作环境方面都有其独特之处，为人们提供了更多的职业发展机会，成为未来职业发展的首选之地。但是大城市人口多、人才密度高，而专业的岗位需求有限，进而使就职竞争激烈，求职者想要奋起直追，在这样的城市站稳脚跟并非易事。反之，不发达地区（特别是乡村地区），如二、三线城市或者地级市以下，其外部设施条件与结构也许比较落后，但是对人才需求比较大，择业就业的选择余地也比较宽松，从而能给求职者带来较多的成长与升迁机会。此外，事实上，工作区域对就职者的作用具有长效性，它很可能对下一代将来子女的教育，前几代家长的医疗护理等等都会造成重要影响，所以在择业过程中工作地域的选择受到了重视。

5. 家庭婚姻因素

家庭婚姻因素在求职者进行职业选择时发挥的作用也不容忽视。首先，原生家庭对个体的影响是巨大的，父母的教育方式、意志意愿会在孩子成人过程中对于其性格、兴趣以及价值观等产生潜移默化的影响，孩子成人以后，父母教养方式的持久性特征以及意志态度等也会对于孩子的职业选择产生间接和直接的影响。粗暴武断和严厉惩罚等教养方式会使子女产生无助和不安全感，职业选择中会感到有较多的困惑和冲突；在民主家庭中长大的孩子往往更自律，遇到个人问题时会考虑父母的意见；在专制家庭长大的孩子与父母的思想交流较少，父母可能直接干预甚至决定孩子的职业选择。除了家庭教养方式，父母的职业特征也会影响孩子的职业选择，比如有的父母并不愿意自己的孩子从事本人从事的工作，由此一来，父母传递给子女的思想便会在其职业选择时发挥作用。有研究表明，家庭作为大学生在职场求职的后盾，对大学生职业选择的影响是不言而喻的，特别是父母的支持对于大学生选择非传统职业的影响极大。

其次，家庭和婚姻也是在选择职业时不可忽视的影响因素。相比于男性而言，家庭和婚姻状况尤其对女性职业选择而言是非常重要的因素，甚至会产生职业选择得天差地别的变动。

此外，家庭的经济状况也会影响子女的职业选择，不同家庭经济状况的个体在择业时往往存在一定的薪酬期望差异，经济状况好的家庭可以在子女进行职业选择时利用社会地位或人脉资源等加以辅助，并赋予更多的职业自我效能感，在相应程度上会对于子女的职业选择产生影响。

第三节　推拉理论

推拉理论产生于 19 世纪，得到学者们认可的奠基人为英国学者雷文斯坦。推拉理论认为，促使劳动力发生转移的主要原因是迁出地生活负荷过大、气候环境较差和社会环境复杂，而吸引劳动力转移的主要原因则是迁入地收入增加、教育水平和医疗水平提高。为了简化这几个要素，学者们把人口迁移时对迁出地产生促进作用的要素和对迁入地产生吸引作用的要素分别归纳为"推力"与"拉力"，其中"推力"是指迁出地对劳动力迁移所产生的多种动力，"拉力"是指迁入地对劳动力产生吸引作用。其中推力因素又归纳为促使人对流出地产生不满的不良生活环境因素和拉力因素，这两个促使人产生吸引力、利于改善生活条件的外在因素。推拉理论一提出便在劳动力迁移研究和人口城市化研究中得到运用，且成果较丰富。师范生在农村从教又是劳动力迁移的特殊形式，故亦可采用推拉理论模型来研究。

一、推拉理论发展历程

（一）推拉理论的初创

英国经济学家雷文斯坦最早对人口流动现象进行研究，并于 19 世纪 80 年代出版了《人口迁移之规律》一书，对人口流动规律进行了概括，着重从人口迁移的距离、迁移的方向、男女流动的差异、城乡人口流动的差异、人口流失的补偿现象以及人口迁移目的在全国范围内的共性七个方面对人口流动规律作了揭示。根据推拉理论，从人口迁移的距离来看，劳动力将先短距离迁移到城镇周围，然后再逐渐进入城镇，再迁移到较远的大城市。从流向看，多向大城市发展。就流动目的而言，较多迁移流动是从过去中解放出来，以求美好生活，集聚到比原籍地区更发达的区域。这样我们就不难看出，农村人民比城市市民对流动的愿望要迫切得多。流动量较大，男女性别差异对流动也有不同影响。推拉理论也认为人口大规模流动以后，一定时期内劳动力对迁出地产生回流。现阶段推拉理论主要从迁出地经济发展状况、气候环境和生活条件三个方面来分析人口迁移成因，其中经济因素是最重要的，从而开创了人口迁移理论——推拉理论。雷文斯坦七大迁移定律形成人口迁移理论基本架构。世界各国发展到一定阶段，大都出现了大规模人口流动现象，所以人口流动是生产力发展到一定阶段的必然结果，它从某种程度上说代表了社会进步的一种表现。另外，全球范围内人口流动也存在着一个共性，这就是人口由农村流向城市、由欠发达地区流向经济发达地区、由生活条件动荡不安地区流向生活水平相对提高地区。居民参与迁移的目的主要在于寻求更美好的人生。

20世纪50年代后期博格以七大迁移定律为理论基础，系统提出劳动力迁移推拉理论。该理论将影响劳动力迁移的主要原因归结为两个方面：推力与拉力。其中，拉力又可细分为经济力和文化力，并分别对应着四种类型的要素。20世纪60年代初，推拉理论一经提出就引起了学术界的广泛关注。在博格看来，在运动学视角下，城乡劳动力流动的决定性因素由两个不同取向的力共同作用而成，其一为促进劳动力由乡村流向都市的力，主要表现为乡村驱动力（例如收入偏低、生产成本上升、劳动力过剩）；其二为都市吸引力（例如收入较高、就业机会增多、居住与工作环境改善）；其三为阻碍劳动力由乡村流向城镇的力，主要体现为乡村吸引力（例如家庭团聚、社会人脉）；其四为都市驱动力（例如竞争激烈、环境不明）；其五为城乡劳动力流动的动力。这一视角的引入奠定了推拉理论基础，后世对于推拉的修正与扩展均以博格推拉理论为基础。

（二）推拉理论的修正

博格所建立的推拉理论模型有其深刻的含义，但是也有其问题所在。现有的研究主要集中于对该理论模型的描述上，而忽略了其背后所包含的个体特征对城乡迁移决策的推动力与吸引力。另外，由于缺乏对迁移行为内在机制的深入剖析，该理论模型并不能很好地预测未来城市与农村间可能出现的大规模人口流动趋势。此外，该理论还存在着一定的局限性。针对这一缺陷，美国学者李于1966年出版《移民人口学理论》一书，此书构建了综合分析框架，其中李的阐释明确了移民过程中人所遭遇到的推力与拉力，并对不同人口群体面对推拉力所做出不同回应，主要表现为影响人口迁移的因素、人口迁移的规模和形式、人口迁移的方向、迁移者特征四个方面。

（1）人口迁移的影响因素。迁移影响因素主要有迁出地、迁入地、中间发生作用的中介因素、迁移者个体特征四个方面。从宏观上看，它是由社会经济发展水平、教育程度、城乡二元结构、文化传统以及国家政策与法律制度所决定；从微观上看，又可分为个人素质及心理状态两大部分。这四个方面是相互联系又相互影响的。一方面，在人口流动过程中存在着各种积极因素，另一方面，在人口流动中也存在一些消极因素或中间因素。这些合力推动人口迁移。

（2）人口迁移的规模。人口迁移规模与其所处地理位置、自然环境、经济发展水平等不同因素呈正相关。两地间距离越近，人口迁移规模越大。通过对中国各省份迁移人口数量进行聚类分析，可以将各省划分为三类：第一类是迁出型省区；第二类是迁入型省区；第三类是混合型省区，这三种类型都有一定数量。迁移规模与当地的人口结构和文化特征有很大关系，如相似度越高、该地区的经济发展较好、宗教和教育水平较高，迁移量就越大；中间障碍主要包括自然环境障碍、语言文化差异障碍以及宗教传统对人口迁移的影响。在诸多中介因素当中，对经济发展状况影响是最显著的，是当一国或者一地区的经济得到有力发展后，伴随而来的也就是就业机会增加，进而人口大量流入，人口迁移规模也就相应扩大。相反，当一国或者一个地区正处在经济发展衰退期，则对人口迁移规模产生了影响。

（3）人口迁移方向。通常人口流动主要发生在有工作机会的区域，并受先前迁移者影响而向先前迁移者集聚之地迁移。

（4）迁移者特征。迁移者流动在年龄、性别、专业、学历上存在显著特点。全体迁移者，青年流动欲望较强，以 15～35 岁为主，这是因为这类人群多数未建立家庭，自由性强，流动的选择不会给其工作、人际关系造成太大损失，迁移机会代价低，发展机会多，预期收益将大，这就决定这一年龄阶段迁移人口高度聚集。

（三）推拉理论的拓展

推拉理论被广泛运用于人口流动研究中，为更好地顺应时代变化与环境变迁，许多学者扩展了推拉理论内容，并由此引申出了三种主要应用模型。

1. PPM 模型

PPM 模型全称为 "The push-pull-mooring framework"，由学者 Moon 提出。1992 年，对于推拉理论模式的研究，朗基诺在原有学者所选定的中介变量的基础上，进一步扩大了中介变量的范围，加入了新的个人社会因素，将其命名为 "mooring"。之后，莫恩将 "mooring" 变量进一步细化，确定为生活方式以及文化价值等因素，并将此变量中的指标投入到推拉理论的模型中，进而形成 PPM 模型。经过近三十年的发展，PPM 模型已被广泛运用于经济学、社会学、心理学、人口统计和组织行为学等多个学科当中，成为一个十分重要的分析框架。这一模型一开始旨在说明某一时期内个体由迁出地进入到迁入地这一现象的成因，同时也丰富这一现象背后所隐藏的解释因素。久而久之，许多学者都发现这一模型更适合于研究管理学领域特别是营销学领域。于是这一模型随后就成了研究消费动机和消费者行为之间关系的有力工具。

2. 双向推拉模型

双向推拉模型以艾伦与提摩西二位学者提出的传统推拉理论为理论基础，并依据前面讨论的推拉理论中 "流出地与流入地均存在拉力与推力作用" 这一经典之作，通过对留学生的留学行为进行案例分析，得出了留学生选择留学国存在拉力与反向推力以及留学生居住本土国存在推力与反向拉力这两个结论。在这种情况下，推力就是学生生活的本土国家促使他们向他国寻求更适配教育的力量，拉力就是被选学的国家对留学生进行吸引以获得教育。传统推拉理论指导下的推力、拉力为双向推拉模型中的反向推力和反向拉力；反向推力是指留学生从一个留学国家到另一个国家时所受到的反向拉力，它对留学生的学习和生活起着重要作用。这样四种力交织在一起，相互影响、作用，从而构成了双向推拉模型。

3. 内外因素结合模型

与双向推拉模型相似，内外因素相结合的模型同样来源于留学生国际流动成因研究，李梅通过拓展分析传统推拉理论得出留学生流动过程内外因综合起决定作用。外因主要是指留学国家和本土国家之间存在的各种推拉因素，而内因则包括学生自身的个人能力、学校的客观条件以及他们的个性价值观等。内外因素相互影响，相互作用。该模型从宏观和微观因素两方面分析了影响我国人口迁移的内外因素。基于此模型，构建了一个解释中国国际留学生出国动机的新框架，并提出了相关政策建议。但该模式的运用仅限于对国际学生流动问题的研究，其科学性有待进一步验证。

二、推拉理论的应用

（一）推拉理论在人口流动领域的应用

人口流动就是人口经过较短时期的迁徙而返回原居住地，泛指暂不变动居住地而离乡外出务工、求学、旅行、探亲、从军等，它是社会经济发展到一定阶段的产物。人口流动方面是推拉理论应用的一个传统方面，下面就农村劳动力流动与水库移民迁移为例来进行阐述。

1. 农村劳动力流动

邱长生和其他学者提出农村劳动力转移和大规模土地经营是紧密相连的。于农村劳动力而言，城市的繁华特征、舒适的居住、较好的教育条件以及医疗水平等因素是其被吸引入内的动因。与此同时还存在着户籍限制、社会保障制度和城镇就业限制促进农村劳动力就业的限制性条件。由于大规模经营在农村的开展，所需的劳动力受到了限制，也会促使农村劳动力向外流动。邹新树在研究中得出以下结论：农民工个人流向城市的方向与趋势是由农村拉力、农村推力、城市拉力与城市推力四种力量共同作用而决定的。一方面农村的推力主要由家庭结构、生产生活、社会关系、发展机遇与生活环境构成，而城市的拉力则由家庭结构、社会关系、城市期望收入、发展机遇与居住环境构成。

2. 水库移民迁移

推拉理论更多地以人口自由迁移为背景，以自愿移民群体为对象，没有考虑外在强制因素。但水库移民属于工程性移民、非自愿性人口流动，强制力强、政府行为鲜明。吴贵胜及其他学者的研究显示水库移民同样属于人口迁移，他们之间有某些共同之处，同时又受推力与拉力作用。类似地，"推力"与迁出地对应，"拉力"与迁入地对应。对迁出地既存在推力又存在如故土难离般的阻碍作用力，对迁入地也存在拉力和如社会融合的阻碍力。对流动人口来说，其流动结果具有决定性，但是不同推拉力下其流动态度存在差异。

（二）推拉理论在社会工作领域的应用

竺幸波以推拉理论为辅助考察三位社会工作者职业历史时发现：社会工作者的职业流动在职业推拉力共同作用下形成一个整体。不仅社工行业对其他产业有推拉关系，而且社工行业内也有推拉关系，专业的推力与拉力形成过程是动态的。周爱萍用推拉理论对影响大学生社会组织工作的推拉因素进行分析，结果发现：影响大学生社会组织活动的推拉因素主要包括劳动政策对大学生社会组织工作具有外在推动力；多元化择业观念对社会组织工作具有内在推动力；推动大学生社会组织活动具有拉力因素；社会组织观念对社会组织活动具有精神吸引力等。从当前整体社会工作形势来看，政府、社会组织应与大学应通力合作，使大学生入社就业。

（三）推拉理论在就业领域的运用

肖新城将大学生就业地域选择问题作为研究目标，并将推拉理论作为研究的理论基础。以江西部分高校毕业生为研究对象，采用结构方程模型分析了毕业生选择就业地域的影响因素。结果发现：以个人禀赋为推力，区域经济发展水平、区域自然生态环境以及企业软硬环境等因素构成拉力，显著影响大学生工作地点选择。

陈伟和戴坤介绍了推拉理论来分析大学生就业问题，结果发现：大学生就业能力在其就业驱动机制下具有内在激励作用。其中，政府—高校—毕业生、政府—高校—劳动力市场、政府—劳动力市场—毕业生、高校—毕业生—劳动力市场为四个三维驱动系统。除学生本身就业能力外，其余三个参与主体相互影响、起推拉作用。

李秀珍和马万华两位学者借助于推拉理论中的因素模型对来华留学生的就业流向现状及其影响因素进行了分析，结果发现：收入高是留学生归国就业的首要动因，"对未来成长的预期"与"自我价值的实现"是留学生选择本国就业的最大理由。

第三章 地方高校师范生职业发展基本现状

近年来，许多高校逐年扩招，使得高学历毕业人数不断增加，但是社会上的就业岗位却增幅有限。并且随着国家"双减"政策的陆续推进，也让教师的招聘体制产生巨大的变化，与此同时用人单位录用标准也在逐年提高。而地方高校师范生的就业竞争力不高等情况，也使得地方高校师范生面临严峻的就业形势和巨大的就业压力。本章依据现实数据来分析地方高校师范生职业发展的整体情况以及其组成要素的状况，以及在不同背景下的师范生乡村学校任教情况，以期对地方高校师范生职业发展的基本现状有一个正确的认知。

第一节 师范生职业发展整体情况

师范生职业发展状况主要由六个方面组成，即专业能力、职业能力、胜任力及自信、教师资格、职业规划和农村认知。这些方面都密切影响着师范生的职业发展规划，对师范生职业选择和发展产生了深远的影响。从地方高校师范生职业发展的现实数据（表3-1）来看，地方高校师范生职业发展的整体水平均处于较好的状况，均值为2.4332。

表3-1 地方高校师范生职业发展整体描述统计

项目	N	极小值	极大值	均值	标准差
师范生职业发展	6546	1	5	2.4332	0.54963
有效的 N	6546				

第二节 师范生职业发展状况组成要素基本概况

一、专业能力

表3-2呈现的是地方高校师范生专业能力描述统计情况。从表3-2中可以看出，地方高校师范生的专业能力整体情况最小值为1，最大值为5，均值为2.2918，标准差为0.66573，地方高校师范生的专业能力整体水平较高。

表 3-2 地方高校师范生专业能力描述统计

项目	N	极小值	极大值	均值	标准差
专业能力	6546	1	5	2.2918	0.66573
有效的 N	6546				

为了更好地了解地方高校师范生的专业能力的概况，对地方高校师范生的专业能力进行了进一步的分析。从地方高校师范生的专业能力的现实数据（表 3-3）来看，地方高校师范生的专业能力各方面的水平均处于较好的状况，专业课程学习成绩均值为 2.30，专业实践能力均值为 2.28，相比之下专业课程学习成绩处于最佳水平。

表 3-3 地方高校师范生专业能力组成要素描述统计

项目	N	极小值	极大值	均值	标准差
专业课程学习成绩	6546	1	5	2.30	0.727
专业实践能力	6546	1	5	2.28	0.730
有效的 N	6546				

表 3-4 呈现的是地方高校师范生的专业课程学习成绩的情况。从表 3-4 中可以看出，非常好的学生被试有 867 人，占 13.2%；比较好的学生被试有 2970 人，占 45.4%；一般的学生被试有 2585 人，占 39.5%；比较差的学生被试有 100 人，占 1.5%；非常差的学生被试有 24 人，占 0.4%。依据统计结果可以推断出58.6%的被试认为自身在专业课程学习成绩方面表现较好，但仍有 1.9%的被试认为自身在专业课程学习成绩方面表现不佳。

表 3-4 专业课程学习成绩频率统计

项目	频率/人	百分比/%	有效百分比/%	累积百分比/%
非常好	867	13.2	13.2	13.2
比较好	2970	45.4	45.4	58.6
一般	2585	39.5	39.5	98.1
比较差	100	1.5	1.5	99.6
非常差	24	0.4	0.4	100.0
合计	6546	100.0	100.0	

表 3-5 呈现的是地方高校师范生的专业实践能力的情况。从表 3-5 中可以看出，非常强的学生被试有 914 人，占 14.0%；比较强的学生被试有 3036 人，占 46.4%；一般的学生被试有 2469 人，占 37.7%；比较差的学生被试有 106 人，占 1.6%；非常差的学生被试有 21 人，占 0.3%。依据统计结果可以推断出 60.4% 的被试认为自身在专业实践能力方面较强，但仍有 1.9% 的被试认为自身在专业实践能力方面表现不佳。

表 3-5　专业实践能力频率统计

项目	频率/人	百分比/%	有效百分比/%	累积百分比/%
非常强	914	14.0	14.0	14.0
比较强	3036	46.4	46.4	60.4
一般	2469	37.7	37.7	98.1
比较差	106	1.6	1.6	99.7
非常差	21	0.3	0.3	100.0
合计	6546	100.0	100.0	

二、职业能力

表 3-6 呈现的是地方高校师范生职业能力情况。从表 3-6 中可以看出，地方高校师范生的职业能力整体情况最小值为 1，最大值为 5，均值为 2.1960，标准差为 0.68572，地方高校师范生的职业能力整体水平较高。

表 3-6　地方高校师范生职业能力描述统计

项目	N	极小值	极大值	均值	标准差
职业能力	6546	1	5	2.1960	0.68572
有效的 N	6546				

为了更好地了解地方高校师范生的职业能力的概况，对地方高校师范生的职业能力进行了进一步的分析。从地方高校师范生的职业能力的现实数据（表 3-7）来看，地方高校师范生的职业能力各方面的水平均处于较好的状况，教学技能水平均值为 2.21，班级管理能力均值为 2.18，相比之下教学技能水平处于最佳水平。

表 3-7 地方高校师范生职业能力组成要素描述统计

项目	N	极小值	极大值	均值	标准差
教学技能水平	6546	1	5	2.21	0.724
班级管理能力	6546	1	5	2.18	0.732
有效的 N	6546				

表 3-8 呈现的是地方高校师范生的教学技能水平的情况。从表 3-8 中可以看出，非常高的学生被试有 1045 人，占 16.0%；比较高的学生被试有 3195 人，占 48.8%；一般的学生被试有 2218 人，占 33.9%；比较差的学生被试有 67 人，占 1.0%；非常差的学生被试有 21 人，占 0.3%。依据统计结果可以推断出 64.8% 的被试认为自身在教学技能水平方面能力较强，但仍有 1.3% 的被试认为自身在教学技能水平方面表现不佳。

表 3-8 教学技能水平频率统计

项目	频率/人	百分比/%	有效百分比/%	累积百分比/%
非常高	1045	16.0	16.0	16.0
比较高	3195	48.8	48.8	64.8
一般	2218	33.9	33.9	98.7
比较差	67	1.0	1.0	99.7
非常差	21	0.3	0.3	100.0
合计	6546	100.0	100.0	

表 3-9 呈现的是地方高校师范生的班级管理能力的情况。从表 3-9 中可以看出，非常高的学生被试有 1136 人，占 17.4%；比较高的学生被试有 3184 人，占 48.6%；一般的学生被试有 2143 人，占 32.7%；比较差的学生被试有 60 人，占 0.9%；非常差的学生被试有 23 人，占 0.4%。依据统计结果可以推断出 66% 的被试认为自身在班级管理能力方面较强，但仍有 1.3% 的被试认为自身在班级管理能力方面表现不佳。

表3-9　班级管理能力频率统计

项目	频率/人	百分比/%	有效百分比/%	累积百分比/%
非常高	1136	17.4	17.4	17.4
比较高	3184	48.6	48.6	66.0
一般	2143	32.7	32.7	98.7
比较差	60	0.9	0.9	99.6
非常差	23	0.4	0.4	100.0
合计	6546	100.0	100.0	

三、胜任力及自信

表3-10呈现的是地方高校师范生胜任力及自信情况。从表3-10中可以看出，地方高校师范生的胜任力及自信整体情况最小值为1，最大值为5，均值为2.1858，标准差为0.69001，地方高校师范生的胜任力及自信整体水平较高。

表3-10　地方高校师范生胜任力及自信描述统计

项目	N	极小值	极大值	均值	标准差
胜任力及自信	6546	1	5	2.1858	0.69001
有效的 N	6546				

为了更好地了解地方高校师范生的胜任力及自信的概况，对地方高校师范生的胜任力及自信进行了进一步的分析。从地方高校师范生的胜任力及自信的现实数据（表3-11）来看，地方高校师范生的胜任力及自信各方面的水平均处于较好的状况，教师岗位胜任力均值为2.08，师范生到农村学校任教的自信均值为2.29，相比之下地方高校师范生到农村学校任教的自信处于最佳水平。

表3-11　地方高校师范生胜任力及自信组成要素描述统计

项目	N	极小值	极大值	均值	标准差
教师岗位胜任力	6546	1	5	2.08	0.728
到农村学校任教的自信	6546	1	5	2.29	0.889
有效的 N	6546				

表 3-12 呈现的是地方高校师范生的教师岗位胜任力的情况。从表 3-12 中可以看出，完全能胜任的学生被试有 1370 人，占 20.9%；比较能胜任的学生被试有 3391 人，占 51.8%；一般的学生被试有 1692 人，占 25.8%；不太能胜任的学生被试有 77 人，占 1.2%；完全不能胜任的学生被试有 16 人，占 0.2%。依据统计结果可以推断出 72.7% 的被试认为自身在教师岗位胜任力方面能力较强，但仍有 1.4% 的被试认为自身在教师岗位胜任力方面表现不佳。

表 3-12　教师岗位胜任力频率统计

项目	频率/人	百分比/%	有效百分比/%	累积百分比/%
完全能胜任	1370	20.9	20.9	20.9
比较能胜任	3391	51.8	51.8	72.7
一般	1692	25.8	25.8	98.6
不太能胜任	77	1.2	1.2	99.8
完全不能胜任	16	0.2	0.2	100.0
合计	6546	100.0	100.0	

表 3-13 呈现的是地方高校师范生到农村学校任教的自信的情况。从表 3-13 中可以看出，非常自信的学生被试有 1163 人，占 17.8%；比较自信的学生被试有 2931 人，占 44.8%；一般的学生被试有 1962 人，占 30.0%；不太自信的学生被试有 360 人，占 5.5%；完全没有自信的学生被试有 130 人，占 2.0%。依据统计结果可以推断出 62.5% 的被试认为自身在到农村学校任教的自信方面能力较强，但仍有 7.5% 的被试认为自身在到农村学校任教的自信方面表现不佳。

表 3-13　到农村学校任教的自信频率统计

项目	频率/人	百分比/%	有效百分比/%	累积百分比/%
非常自信	1163	17.8	17.8	17.8
比较自信	2931	44.8	44.8	62.5
一般	1962	30.0	30.0	92.5
不太自信	360	5.5	5.5	98.0
完全没有自信	130	2.0	2.0	100.0
合计	6546	100.0	100.0	

四、教师资格

表 3-14 呈现的是地方高校师范生教师资格描述统计情况。从表 3-14 中可以看出，地方高校师范生的教师资格整体情况最小值为 1，最大值为 5，均值为 2.77，标准差为 0.889，地方高校师范生的教师资格整体水平较高。

表 3-14　地方高校师范生教师资格描述统计

项目	N	极小值	极大值	均值	标准差
教师资格	6546	1	5	2.77	0.889
有效的 N	6546				

表 3-15 呈现的是地方高校师范生考取教师资格证的情况。从表 3-15 中可以看出，非常容易的学生被试有 433 人，占 6.6%；比较容易的学生被试有 2059 人，占 31.5%；一般的学生被试有 2830 人，占 43.2%；比较难的学生被试有 1054 人，占 16.1%；非常难的学生被试有 170 人，占 2.6%。依据统计结果可以推断出 38.1% 的被试认为自身在考取教师资格证的方面能力较强，但仍有 18.7% 的被试认为自身在考取教师资格证的方面表现不佳。

表 3-15　考取教师资格证频率统计

项目	频率/人	百分比/%	有效百分比/%	累积百分比/%
非常容易	433	6.6	6.6	6.6
比较容易	2059	31.5	31.5	38.1
一般	2830	43.2	43.2	81.3
比较难	1054	16.1	16.1	97.4
非常难	170	2.6	2.6	100.0
合计	6546	100.0	100.0	

五、职业规划

表 3-16 呈现的是地方高校师范生职业规划描述统计情况。从表 3-16 中可以看出，地方高校师范生的职业规划整体情况最小值为 1，最大值为 5，均值为 2.55，标准差为 0.859，地方高校师范生的职业规划整体水平较高。

表 3-16　地方高校师范生职业规划描述统计

项目	N	极小值	极大值	均值	标准差
职业规划	6546	1	5	2.55	0.859
有效的 N	6546				

表 3-17 呈现的是地方高校师范生对未来的教师职业发展规划和设计的情况。从表 3-17 中可以看出，非常完整的学生被试有 567 人，占 8.7%；比较完整的学生被试有 2698 人，占 41.2%；一般的学生被试有 2553 人，占 39.0%；不太完整的学生被试有 572 人，占 8.7%；没有规划和设计的学生被试有 156 人，占 2.4%。依据统计结果可以推断出 49.9% 的被试认为自身在职业规划方面能力较强，但仍有 11.1% 的被试认为自身在职业规划方面表现不佳。

表 3-17　未来的教师职业发展规划和设计频率统计

项目	频率/人	百分比/%	有效百分比/%	累积百分比/%
非常完整	567	8.7	8.7	8.7
比较完整	2698	41.2	41.2	49.9
一般	2553	39.0	39.0	88.9
不太完整	572	8.7	8.7	97.6
没有规划和设计	156	2.4	2.4	100.0
合计	6546	100.0	100.0	

六、农村认知

表 3-18 呈现的是地方高校师范生农村认知描述统计情况。从表 3-18 中可以看出，地方高校师范生的农村认知整体情况最小值为 1，最大值为 5，均值为 2.6100，标准差为 0.85274，地方高校师范生的农村认知整体水平较高。

表 3-18　地方高校师范生农村认知描述统计

项目	N	极小值	极大值	均值	标准差
农村认知	6546	1	5	2.6100	0.85274
有效的 N	6546				

为了更好地了解地方高校师范生的农村认知的概况，对地方高校师范生的农村认知进行了进一步的分析。从地方高校师范生的农村认知的现实数据（表3-19）来看，地方高校师范生的农村认知各方面的水平均处于较好的状况，师范生对农村学校的了解程度均值为2.75，师范生融入农村生活的速度均值为2.47，相比之下师范生对农村学校的了解程度处于最佳水平。

表3-19 地方高校师范生农村认知组成要素描述统计

项目	N	极小值	极大值	均值	标准差
师范生对农村学校的了解程度	6546	1	5	2.75	0.931
师范生融入农村生活的速度	6546	1	5	2.47	0.974
有效的 N	6546				

表3-20呈现的是地方高校师范生对农村学校的了解程度的情况。从表3-20中可以看出，非常了解的学生被试有562人，占8.6%；比较了解的学生被试有2013人，占30.8%；一般的学生被试有2664人，占40.7%；不太了解的学生被试有1131人，占17.3%；完全不了解的学生被试有176人，占2.7%。依据统计数据可以推断出39.3%的被试认为自身在对农村学校的了解程度方面能力较强，但仍有20%的学生认为自身在对农村学校的了解程度方面表现不佳。

表3-20 师范生对农村学校的了解程度频率统计

项目	频率/人	百分比/%	有效百分比/%	累积百分比/%
非常了解	562	8.6	8.6	8.6
比较了解	2013	30.8	30.8	39.3
一般	2664	40.7	40.7	80.0
不太了解	1131	17.3	17.3	97.3
完全不了解	176	2.7	2.7	100.0
合计	6546	100.0	100.0	

表3-21呈现的是地方高校师范生融入农村生活的速度的情况。从表3-21中可以看出，非常快的学生被试有998人，占15.2%；比较快的学生被试有2496人，占38.1%；一般的学生被试有2261人，占34.5%；比较慢的学生被试有542

人，占8.3%；不能适应的学生被试有249人，占3.8%。依据统计结果可以推断出53.4%的被试认为自身在融入农村生活的速度方面能力较强，但仍有12.1%的被试认为自身在融入农村生活的速度方面表现不佳。

表3-21 师范生融入农村生活的速度频率统计

项目	频率/人	百分比/%	有效百分比/%	累积百分比/%
非常快	998	15.2	15.2	15.2
比较快	2496	38.1	38.1	53.4
一般	2261	34.5	34.5	87.9
比较慢	542	8.3	8.3	96.2
不能适应	249	3.8	3.8	100.0
合计	6546	100.0	100.0	

第四章 师范生职业发展状况
对乡村任教意愿的影响

农村学校因其所处的自然环境和社会环境等因素的不同表现出不同的特征，在这些农村特有的环境下师范生的乡村任教意愿呈现出不同的现实样态。本章依据现实数据分析地方高校师范生乡村任教意愿的整体情况以及组成要素的状况，以期望对地方高校师范生乡村任教意愿有一个正确的认知。

第一节 地方高校师范生乡村任教意愿的现实描述

地方高校师范生乡村任教意愿由三个方面组成，即是否喜欢农村学校的环境、是否愿意帮助农村学校的学生、是否愿意和农村学校的老师一起工作。地方高校师范生乡村任教易因师范生职业发展状况不同而表现出不同的状态与水平。从地方高校师范生乡村任教意愿现实数据（表 4-1）来看，地方高校师范生乡村任教意愿整体水平均处于比较愿意的状况，均值为 2.6412。

表 4-1 地方高校师范生乡村任教意愿整体描述统计

项目	N	极小值	极大值	均值	标准差
乡村学校任教意愿	6546	1	5	2.6412	0.91670
有效的 N	6546				

第二节 师范生职业发展状况与乡村任教意愿的相关分析

表 4-2 呈现的是师范生职业发展状况与乡村任教意愿相关性的分析情况。从表 4-2 可以看出，师范生职业发展状况与乡村任教意愿整体存在显著相关，相关系数为 0.408，p 值小于 0.001。进一步分析，发现乡村学校任教意愿与师范生专业课程学习成绩、师范生专业实践能力、师范生教学技能水平、师范生班级管理能力、师范生教师岗位胜任力、师范生到农村学校任教自信程度、师范生的教师资格、师范生的职业规划、师范生对农村学校了解程度、师范生融入农村生活的速度也存在显著相关，乡村学校任教意愿与师范生专业课程学习成绩相关系数为

0.171，p值小于 0.001；乡村学校任教意愿与师范生专业实践能力相关系数为
0.204，p值小于 0.001；乡村学校任教意愿与师范生教学技能水平相关系数为
0.215，p值小于 0.001；乡村学校任教意愿与师范生班级管理能力相关系数为
0.214，p值小于 0.001；乡村学校任教意愿与师范生教师岗位胜任力相关系数为
0.242，p值小于 0.001；乡村学校任教意愿与师范生农村学校任教自信程度相关
系数为 0.391，p值小于 0.001；乡村学校任教意愿与师范生教师资格相关系数为
0.119，p值小于 0.001；乡村学校任教意愿与师范生职业规划相关系数为 0.238，
p值小于 0.001；乡村学校任教意愿与师范生对农村学校了解程度相关系数为
0.362，p值小于 0.001；乡村学校任教意愿与师范生融入农村生活速度相关系数
为 0.494，p值小于 0.001。

表 4-2 师范生职业发展状况与乡村任教意愿整体相关性分析

项目	师范生职业发展状况	专业课程学习成绩	专业实践能力	教学技能水平	班级管理能力	教师岗位胜任力	农村学校任教自信程度	教师资格	职业规划	对农村学校了解程度	融入农村生活速度
乡村学校任教意愿	0.408	0.171	0.204	0.215	0.214	0.242	0.391	0.119	0.238	0.362	0.494

注：$p<0.001$。

第三节 师范生职业发展状况与乡村任教意愿的差异分析

一、不同专业课程学习成绩的师范生乡村任教意愿

通过不同专业课程学习成绩的师范生乡村任教意愿情况描述统计分析表
（表 4-3）可以看出，专业课程学习成绩非常好的师范生的乡村任教意愿均值为
2.3230；专业课程学习成绩比较好的师范生的乡村任教意愿均值为 2.5987；专业
课程学习成绩一般的师范生的乡村任教意愿均值为 2.7787；专业课程学习成绩比
较差的师范生的乡村任教意愿均值为 2.8900；专业课程学习成绩非常差的师范生
的乡村任教意愿均值为 3.5417。

表 4-3 不同专业课程学习成绩的师范生乡村任教意愿情况差异描述统计

项目	均值	标准差	标准误差
非常好	2.3230	1.05154	0.03571
比较好	2.5987	0.88275	0.01620
一般	2.7787	0.86902	0.01709

续表 4-3

项目	均值	标准差	标准误差
比较差	2.8900	0.87496	0.08750
非常差	3.5417	1.21509	0.24803

不同专业课程学习成绩的师范生乡村任教意愿情况方差分析表（表 4-4）可以显示，不同专业课程学习成绩的师范生乡村任教意愿有显著差异（$p <$ 0.001）。由事后比较得知，专业课程学习成绩非常差的师范生乡村任教意愿均值大于专业课程学习成绩比较差的师范生乡村任教意愿均值，即专业课程学习成绩比较差的师范生乡村任教意愿明显强于专业课程学习成绩非常差的师范生。专业课程学习成绩非常差的师范生乡村任教意愿均值大于专业课程学习成绩一般的师范生乡村任教意愿均值，即专业课程学习成绩一般的师范生乡村任教意愿明显强于专业课程学习成绩非常差的师范生。专业课程学习成绩非常差的师范生乡村任教意愿均值大于专业课程学习成绩比较好的师范生乡村任教意愿均值，即专业课程学习成绩比较好的师范生乡村任教意愿明显强于专业课程学习成绩非常差的师范生。专业课程学习成绩非常差的师范生乡村任教意愿均值大于专业课程学习成绩非常好的师范生乡村任教意愿均值，即专业课程学习成绩非常好的师范生乡村任教意愿明显强于专业课程学习成绩非常差的师范生。专业课程学习成绩比较差的师范生乡村任教意愿均值大于专业课程学习成绩比较好的师范生乡村任教意愿均值，即专业课程学习成绩比较好的师范生乡村任教意愿明显强于专业课程学习成绩比较差的师范生。专业课程学习成绩比较差的师范生乡村任教意愿均值大于专业课程学习成绩非常好的师范生乡村任教意愿均值，即专业课程学习成绩非常好的师范生乡村任教意愿明显强于专业课程学习成绩比较差的师范生。

专业课程学习成绩一般的师范生乡村任教意愿均值大于专业课程学习成绩比较好的师范生乡村任教意愿均值，即专业课程学习成绩比较好的师范生乡村任教意愿明显强于专业课程学习成绩一般的师范生。专业课程学习成绩一般的师范生乡村任教意愿均值大于专业课程学习成绩非常好的师范生乡村任教意愿均值，即专业课程学习成绩非常好的师范生乡村任教意愿明显强于专业课程学习成绩一般的师范生。专业课程学习成绩比较好的师范生乡村任教意愿均值大于专业课程学习成绩非常好的师范生乡村任教意愿均值，即专业课程学习成绩非常好的师范生乡村任教意愿明显强于专业课程学习成绩比较好的师范生。进一步从关联强度指数来看，ω^2 的值等于 0.030，可见，师范生的专业课程学习成绩与乡村任教意愿情况存在相关关系。统计检验力等于 1.000，决策正确率较高，师范生专业课程学习成绩对师范生乡村任教意愿的解释量较大。

表4-4 不同专业课程学习成绩的师范生乡村任教意愿情况方差分析表

变异来源	SS（Ⅲ型平方和）	DF	MS（均方）	F	事后比较	ω^2	统计检验力
组间	167.727	4	41.932	51.436[①]	非常差>比较差>一般>比较好>非常好	0.030	1.000
组内	5332.346	6541	0.815				
全体	5500.073	6545					

①$p<0.001$。

二、不同专业实践能力的师范生乡村任教意愿

通过不同专业实践能力的师范生的乡村任教意愿情况描述统计分析表（表4-5）可以看出，专业实践能力非常强的师范生的乡村任教意愿均值为2.2801，专业实践能力比较强的师范生的乡村任教意愿均值为2.5889，专业实践能力一般的师范生的乡村任教意愿均值为2.8141，专业实践能力比较差的师范生的乡村任教意愿均值为3.0849，专业实践能力非常差的师范生的乡村任教意愿均值为3.3333。

表4-5 不同专业实践能力的师范生乡村任教意愿情况差异描述统计

项目	均值	标准差	标准误差
非常强	2.2801	1.04357	0.0352
比较强	2.5889	0.87638	0.01591
一般	2.8141	0.85298	0.01717
比较差	3.0849	1.02463	0.09952
非常差	3.3333	1.35401	0.29547

不同专业实践能力的师范生乡村任教意愿情况方差分析表（表4-6）可以显示，不同专业实践能力的师范生乡村任教意愿有显著差异（$p<0.001$）。由事后比较得知，专业实践能力非常差的师范生乡村任教意愿均值大于专业实践能力非常强的师范生乡村任教意愿均值，即专业实践能力非常强的师范生乡村任教意愿明显强于专业实践能力非常差的师范生。专业实践能力比较差的师范生乡村任教意愿均值大于专业实践能力非常强的师范生乡村任教意愿均值，即专业实践能力非常强的师范生乡村任教意愿明显强于专业实践能力比较差的师范生。专业实践能力比较差的师范生乡村任教意愿均值大于专业实践能力比较强的师范生乡村任

教意愿均值，即专业实践能力比较强的师范生乡村任教意愿明显强于专业实践能力比较差的师范生。

专业实践能力一般的师范生乡村任教意愿均值大于专业实践能力非常强的师范生乡村任教意愿均值，即专业实践能力非常强的师范生乡村任教意愿明显强于专业实践能力一般的师范生。专业实践能力一般的师范生乡村任教意愿均值大于专业实践能力比较强的师范生乡村任教意愿均值，即专业实践能力比较强的师范生乡村任教意愿明显强于专业实践能力一般的师范生。专业实践能力比较强的师范生乡村任教意愿均值大于专业实践能力非常强的师范生乡村任教意愿均值，即专业实践能力非常强的师范生乡村任教意愿明显强于专业实践能力比较强的师范生。进一步从关联强度指数来看，ω^2 的值等于 0.042，可见，师范生的专业实践能力与乡村任教意愿情况存在相关关系。统计检验力等于 1.000，决策正确率较高，师范生专业实践能力对师范生乡村任教意愿的解释量较大。

表 4-6　不同专业实践能力的师范生乡村任教意愿情况方差分析表

变异来源	SS（Ⅲ型平方和）	DF	MS（均方）	F	事后比较	ω^2	统计检验力
组间	232.215	4	58.054	72.084[①]	非常差>比较强>非常强；比较差>比较强>非常强；一般>比较强>非常强；比较强>非常强	0.042	1.000
组内	5267.858	6541	0.805				
全体	5500.073	6545					

①$p<0.001$。

三、不同教学技能水平的师范生乡村任教意愿

通过不同教学技能水平的师范生的乡村任教意愿情况描述统计分析表（表4-7）可以看出，教学技能水平非常高的师范生的乡村任教意愿均值为 2.3100，教学技能水平比较高的师范生的乡村任教意愿均值为 2.5790，教学技能水平一般的师范生的乡村任教意愿均值为 2.8711，教学技能水平比较差的师范生的乡村任教意愿均值为 3.0299，教学技能水平非常差的师范生的乡村任教意愿均值为 3.0476。

表 4-7　不同教学技能水平的师范生乡村任教意愿情况差异描述统计

项目	均值	标准差	标准误差
非常高	2.3100	1.02905	0.03183
比较高	2.5790	0.87704	0.01552

项目	均值	标准差	标准误差
一般	2.8711	0.83807	0.01779
比较差	3.0299	1.07267	0.13105
非常差	3.0476	1.53219	0.33435

所在专业不同教学技能水平的师范生乡村任教意愿情况方差分析表（表 4-8）可以显示，所在专业不同教学技能水平的师范生乡村任教意愿有显著差异（$p<0.001$）。由事后比较得知，教学技能水平比较差的师范生乡村任教意愿均值大于教学技能水平比较高的师范生乡村任教意愿均值，即教学技能水平比较高的师范生乡村任教意愿明显强于教学技能水平比较差的师范生。教学技能水平比较差的师范生乡村任教意愿均值大于教学技能水平非常高的师范生乡村任教意愿均值，即教学技能水平非常高的师范生乡村任教意愿明显强于教学技能水平比较差的师范生。

教学技能水平一般的师范生乡村任教意愿均值大于教学技能水平比较高的师范生乡村任教意愿均值，即教学技能水平比较高的师范生乡村任教意愿明显强于教学技能水平一般的师范生。教学技能水平一般的师范生乡村任教意愿均值大于教学技能水平非常高的师范生乡村任教意愿均值，即教学技能水平非常高的师范生乡村任教意愿明显强于教学技能水平一般的师范生。教学技能水平比较高的师范生乡村任教意愿均值大于教学技能水平非常高的师范生乡村任教意愿均值，即教学技能水平非常高的师范生乡村任教意愿明显强于教学技能水平比较高的师范生。进一步从关联强度指数来看，ω^2 的值等于 0.046，可见，师范生的教学技能水平与乡村任教意愿情况存在相关关系。统计检验力等于 1.000，决策正确率较高，师范生教学技能水平对师范生乡村任教意愿的解释量较大。

表 4-8 不同教学技能水平师范生乡村任教意愿情况方差分析表

变异来源	SS（Ⅲ型平方和）	DF	MS（均方）	F	事后比较	ω^2	统计检验力
组间	257.719	4	64.430	80.390	比较差>比较高>非常高；一般>比较高>非常高；比较高>非常高	0.046	1.000
组内	5242.354	6541	0.801				
全体	5500.073	6545					

四、不同班级管理能力的师范生乡村任教意愿

通过师范生不同班级管理能力的乡村任教意愿情况描述统计分析表（表4-9）可以看出班级管理能力非常高的师范生的乡村任教意愿均值为2.3151，班级管理能力比较高的师范生的乡村任教意愿均值为2.5886，班级管理能力一般的师范生的乡村任教意愿均值为2.8787，班级管理能力比较差的师范生的乡村任教意愿均值为3.0667，班级管理能力非常差的师范生的乡村任教意愿均值为2.7826。

表 4-9　不同班级管理能力的师范生乡村任教意愿情况差异描述统计

项目	均值	标准差	标准误差
非常高	2.3151	1.03897	0.03083
比较高	2.5886	0.87249	0.01546
一般	2.8787	0.82629	0.01785
比较差	3.0667	1.17699	0.15165
非常差	2.7826	1.44463	0.30123

班级管理能力不同的师范生乡村任教意愿情况方差分析表（表4-10）可以显示，班级管理能力不同的师范生乡村任教意愿有显著差异（$p<0.001$）。由事后比较得知，班级管理能力比较差的师范生乡村任教意愿均值大于班级管理能力比较高的师范生乡村任教意愿均值，即班级管理能力比较高的师范生乡村任教意愿明显强于班级管理能力比较差的师范生。班级管理能力比较差的师范生乡村任教意愿均值大于班级管理能力非常高的师范生乡村任教意愿均值，即班级管理能力非常高的师范生乡村任教意愿明显强于班级管理能力比较差的师范生。

班级管理能力一般的师范生乡村任教意愿均值大于班级管理能力比较高的师范生乡村任教意愿均值，即班级管理能力比较高的师范生乡村任教意愿明显强于班级管理能力一般的师范生。班级管理能力一般的师范生乡村任教意愿均值大于班级管理能力非常高的师范生乡村任教意愿均值，即教班级管理能力非常高的师范生乡村任教意愿明显强于班级管理能力一般的师范生。班级管理能力比较高的师范生乡村任教意愿均值大于班级管理能力非常高的师范生乡村任教意愿均值，即班级管理能力非常高的师范生乡村任教意愿明显强于班级管理能力比较高的师范生。进一步从关联强度指数来看，ω^2的值等于0.047，可见，师范生的班级管理能力与乡村任教意愿情况存在相关关系。统计检验力等于1.000，决策正确率较高，师范生班级管理能力对师范生乡村任教意愿的解释量较大。

表 4-10 不同班级管理能力的师范生乡村任教意愿情况方差分析表

变异来源	SS（Ⅲ型平方和）	DF	MS（均方）	F	事后比较	ω^2	统计检验力
组间	261.768	4	65.442	81.716	比较差＞比较高＞非常高；一般＞比较高＞非常高；比较高＞非常高	0.047	1.000
组内	5238.305	6541	0.801				
全体	5500.073	6545					

五、不同教师岗位胜任力的师范生乡村任教意愿

通过师范生不同教师岗位胜任力的乡村任教意愿情况描述统计分析表（表4-11）可以看出教师岗位完全能胜任的师范生的乡村任教意愿均值为2.3197；教师岗位比较能胜任的师范生的乡村任教意愿均值为2.6101；教师岗位胜任情况一般的师范生的乡村任教意愿均值为2.9285；教师岗位不太能胜任的师范生的乡村任教意愿均值为 3.2468；教师岗位完全不能胜任的师范生的乡村任教意愿均值为3.4375。

表 4-11 不同教师岗位胜任力的师范生乡村任教意愿情况差异描述统计

项目	均值	标准差	标准误差
完全能胜任	2.3197	1.03057	0.02784
比较能胜任	2.6101	0.85717	0.01472
一般	2.9285	0.80813	0.01965
不太能胜任	3.2468	1.11398	0.12695
完全不能胜任	3.4375	1.50416	0.37604

教师岗位胜任力不同的师范生的乡村任教意愿情况方差分析表（表4-12）可以显示，不同教师岗位胜任力的师范生乡村任教意愿有显著差异（$p < 0.001$）。由事后比较得知，教师岗位不太能胜任的师范生的乡村任教意愿均值大于教师岗位比较能胜任的师范生的乡村任教意愿均值，即教师岗位比较能胜任的师范生的乡村任教意愿明显强于教师岗位不太能胜任的师范生。教师岗位不太能胜任的师范生的乡村任教意愿均值大于教师岗位非常能胜任的师范生的乡村任教意愿均值，即教师岗位非常能胜任的师范生的乡村任教意愿明显强于教师岗位不太能胜任的师范生。

教师岗位胜任情况一般的师范生的乡村任教意愿均值大于教师岗位比较能胜任的师范生的乡村任教意愿均值，即教师岗位比较能胜任师范生的乡村任教意愿明显强于教师岗位胜任情况一般的师范生。教师岗位胜任情况一般的师范生的乡村任教意愿均值大于教师岗位非常能胜任的师范生的乡村任教意愿均值，即教师岗位非常能胜任师范生的乡村任教意愿明显强于教师岗位胜任情况一般的师范生。进一步从关联强度指数来看，ω^2 的值等于 0.058，可见，师范生的教师岗位胜任力情况与乡村任教意愿情况存在相关关系。统计检验力等于 1.000，决策正确率较高，师范生的教师岗位胜任力情况对师范生乡村任教意愿的解释量较大。

表 4-12 不同教师岗位胜任力的师范生乡村任教意愿情况方差分析表

变异来源	SS（Ⅲ型平方和）	DF	MS（均方）	F	事后比较	ω^2	统计检验力
组间	322.898	4	80.724	101.990	不太能胜任>比较能胜任>非常能胜任；		
组内	5177.175	6541	0.791		一般>比较能胜任>非常能胜任；	0.058	1.000
全体	5500.073	6545			比较能胜任>非常能胜任		

六、到农村任教不同自信程度的师范生的乡村任教意愿

到农村任教不同自信程度的师范生的乡村任教意愿情况描述统计分析表（表4-13）可以看出到农村任教非常自信的师范生的乡村任教意愿均值为 2.1384，到农村任教比较自信的师范生的乡村任教意愿均值为 2.5128，到农村任教自信程度一般的师范生的乡村任教意愿均值为 2.9388，到农村任教不太自信的师范生的乡村任教意愿均值为 3.2333，到农村任教完全没有自信的师范生的乡村任教意愿均值为 3.9000。

表 4-13 到农村任教不同自信程度的师范生的乡村任教意愿情况差异描述统计

项目	均值	标准差	标准误差
非常自信	2.1384	1.00288	0.02941
比较自信	2.5128	0.83651	0.01545
一般	2.9388	0.70861	0.01600
不太自信	3.2333	0.89006	0.04691
完全没有自信	3.9000	1.12650	0.09880

　　到农村任教不同自信程度的师范生的乡村任教意愿情况方差分析表（表4-14）可以显示，到农村任教不同自信程度的师范生的乡村任教意愿有显著差异（$p<0.001$）。由事后比较得知，到农村任教完全没有自信的师范生的乡村任教意愿均值大于到农村任教不太自信的师范生的乡村任教意愿均值，即到农村任教不太自信的师范生的乡村任教意愿明显强于到农村任教完全没有自信的师范生。到农村任教完全没有自信的师范生的乡村任教意愿均值大于到农村任教自信程度一般的师范生的乡村任教意愿均值，即到农村任教自信程度一般师范生的乡村任教意愿明显强于到农村任教完全没有自信的师范生。到农村任教完全没有自信的师范生的乡村任教意愿均值大于到农村任教比较自信的师范生的乡村任教意愿均值，即到农村任教比较自信的师范生的乡村任教意愿明显强于到农村任教完全没有自信的师范生。农村任教完全没有自信的师范生的乡村任教意愿均值大于到农村任教非常自信的师范生的乡村任教意愿均值，即到农村任教非常自信的师范生的乡村任教意愿明显强于到农村任教完全没有自信的师范生。到农村任教不太自信的师范生的乡村任教意愿均值大于到农村任教自信程度一般的师范生的乡村任教意愿均值，即到农村任教自信程度一般的师范生的乡村任教意愿明显强于到农村任教不太自信的师范生。到农村任教不太自信的师范生的乡村任教意愿均值大于到农村任教比较自信的师范生的乡村任教意愿均值，即到农村任教比较自信的师范生的乡村任教意愿明显强于到农村任教不太自信的师范生。到农村任教不太自信的师范生的乡村任教意愿均值大于到农村任教非常自信的师范生的乡村任教意愿均值，即到农村任教非常自信的师范生的乡村任教意愿明显强于到农村任教不太自信的师范生。

　　到农村任教自信程度一般的师范生的乡村任教意愿均值大于到农村任教比较自信的师范生的乡村任教意愿均值，即到农村任教比较自信师范生的乡村任教意愿明显强于到农村任教自信程度一般的师范生。到农村任教自信程度一般的师范生的乡村任教意愿均值大于到农村任教非常自信的师范生的乡村任教意愿均值，即到农村任教非常自信的师范生的乡村任教意愿明显强于到农村任教自信程度一般的师范生。到农村任教比较自信的师范生的乡村任教意愿均值大于到农村任教非常自信的师范生的乡村任教意愿均值，即到农村任教非常自信的师范生的乡村任教意愿明显强于到农村任教比较自信的师范生。进一步从关联强度指数来看，ω^2的值等于0.154，可见，师范生到农村学校任教的自信程度与乡村任教意愿情况存在相关关系。统计检验力等于1.000，决策正确率较高，师范生到农村学校任教的自信程度对师范生乡村任教意愿的解释量较大。

表 4-14　到农村任教不同自信程度的师范生的乡村任教意愿情况方差分析表

变异来源	SS（Ⅲ型平方和）	DF	MS（均方）	F	事后比较	ω^2	统计检验力
组间	848.330	4	212.083	298.218	完全没有自信>不太自信>一般>比较自信任>非常自信	0.154	1.000
组内	4651.743	6541	0.711				
全体	5500.073	6545					

七、教师资格证考取难易程度不同的师范生的乡村任教意愿

教师资格证考取难易程度不同的师范生的乡村任教意愿情况描述统计分析表（表4-15）可以看出，认为教师资格证考取非常容易的师范生的乡村任教意愿均值为2.2102，认为教师资格证考取比较容易的师范生的乡村任教意愿均值为2.5474，认为教师资格证考取难度一般的师范生的乡村任教意愿均值为2.7622，认为教师资格证考取比较难的师范生的乡村任教意愿均值为2.6471，认为教师资格证考取非常难的师范生的乡村任教意愿均值为2.8235。

表 4-15　教师资格证考取难易程度不同的师范生的乡村任教意愿情况差异描述统计

项目	均值	标准差	标准误差
非常容易	2.2102	1.12410	0.05402
比较容易	2.5474	0.89977	0.01983
一般	2.7622	0.82873	0.01558
比较难	2.6471	0.92794	0.02858
非常难	2.8235	1.31605	0.10094

教师资格证考取难易程度不同的师范生乡村任教意愿情况方差分析表（表4-16）可以显示，教师资格证考取难易程度不同的师范生乡村任教意愿有显著差异（$p<0.001$）。由事后比较得知，认为教师资格证考取非常难的师范生的乡村任教意愿均值大于教师资格证考取非常容易的师范生的乡村任教意愿均值，即认为教师资格证考取非常容易的师范生的乡村任教意愿明显强于教师资格证考取非常难的师范生。认为教师资格证考取比较难的师范生的乡村任教意愿均值大于教师资格证考取比较容易的师范生的乡村任教意愿均值，即认为教师资格证考取比

较容易的师范生的乡村任教意愿明显强于教师资格证考取比较难的师范生。认为教师资格证考取比较难的师范生的乡村任教意愿均值大于教师资格证考取难度一般的师范生的乡村任教意愿均值，即认为教师资格证考取难度一般的师范生的乡村任教意愿明显强于教师资格证考取比较难的师范生。

认为教师资格证考取难度一般的师范生的乡村任教意愿均值大于教师资格证考取比较难的师范生的乡村任教意愿均值，即认为教师资格证考取比较难的师范生的乡村任教意愿明显强于教师资格证考取难度一般的师范生。认为教师资格证考取难度一般的师范生的乡村任教意愿均值大于教师资格证考取比较容易的师范生的乡村任教意愿均值，即认为教师资格证考取比较容易师范生的乡村任教意愿明显强于教师资格证考取难度一般的师范生。认为教师资格证考取难度一般的师范生的乡村任教意愿均值大于教师资格证考取非常容易的师范生的乡村任教意愿均值，即认为教师资格证考取非常容易的师范生的乡村任教意愿明显强于教师资格证考取难度一般的师范生。认为教师资格证考取比较容易的师范生的乡村任教意愿均值大于教师资格证考取非常容易的师范生的乡村任教意愿均值，即认为教师资格证考取非常容易的师范生的乡村任教意愿明显强于教师资格证考取比较容易的师范生。进一步从关联强度指数来看，ω^2 的值等于 0.026，可见，教师资格证考取的难易情况与乡村任教意愿情况存在相关关系。统计检验力等于 1.000，决策正确率较高，教师资格证考取的难易情况对师范生乡村任教意愿的解释量较大。

表 4-16 教师资格证考取难易程度不同的师范生的乡村任教意愿情况方差分析表

变异来源	SS（Ⅲ型平方和）	DF	MS（均方）	F	事后比较	ω^2	统计检验力
组间	145.698	4	36.425	44.497	非常难>非常容易；比较难>比较容易>非常容易；		
组内	5354.375	6541	0.819		一般>比较难>比较容易>非常容易；	0.026	1.000
全体	5500.073	6545			比较容易>非常容易		

八、职业规划不同的师范生的乡村任教意愿

职业规划不同的师范生的乡村任教意愿情况描述统计分析表（表 4-17）可以看出职业规划非常完整的师范生的乡村任教意愿均值为 2.1605，职业规划比较完整的师范生的乡村任教意愿均值为 2.5041，职业规划一般的师范生的乡村任教

意愿均值为 2.8124，职业规划不太完整的师范生的乡村任教意愿均值为 2.8112，没有规划和设计的师范生的乡村任教意愿均值为 3.3333。

表4-17 职业规划不同的师范生的乡村任教意愿情况差异描述统计

项目	均值	标准差	标准误差
非常完整	2.1605	1.13598	0.04771
比较完整	2.5041	0.88334	0.01701
一般	2.8124	0.79969	0.01583
不太完整	2.8112	0.90495	0.03784
没有规划和设计	3.3333	1.18231	0.09466

职业规划不同的师范生的乡村任教意愿情况方差分析表（表4-18）可以显示，职业规划不同的师范生乡村任教意愿有显著差异（$p<0.001$）。由事后比较得知，没有规划的师范生的乡村任教意愿均值大于职业规划不太完整的师范生的乡村任教意愿均值，即职业规划不太完整师范生的乡村任教意愿明显强于没有规划的师范生。没有规划师范生的乡村任教意愿均值大于职业规划一般的师范生的乡村任教意愿均值，即职业规划一般的师范生的乡村任教意愿明显强于没有规划和设计的师范生。没有规划的师范生的乡村任教意愿均值大于职业规划比较完整的师范生的乡村任教意愿均值，即职业规划比较完整的师范生的乡村任教意愿明显强于没有规划的师范生。

没有规划的师范生的乡村任教意愿均值大于职业规划非常完整的师范生的乡村任教意愿均值，即职业规划非常完整的师范生的乡村任教意愿明显强于没有规划的师范生。职业规划不太完整的师范生的乡村任教意愿均值大于职业规划比较完整的师范生的乡村任教意愿均值，即职业规划比较完整的师范生的乡村任教意愿明显强于职业规划不太完整的师范生。职业规划不太完整的师范生的乡村任教意愿均值大于职业规划非常完整的师范生的乡村任教意愿均值，即职业规划非常完整的师范生的乡村任教意愿明显强于职业规划不太完整的师范生。职业规划比较完整的师范生的乡村任教意愿均值大于职业规划非常完整的师范生的乡村任教意愿均值，即职业规划非常完整的师范生的乡村任教意愿明显强于职业规划比较完整的师范生。进一步从关联强度指数来看，ω^2 的值等于 0.063，可见，师范生的职业规划情况与乡村任教意愿情况存在相关关系。统计检验力等于 1.000，决策正确率较高，师范生的职业规划情况对师范生乡村任教意愿的解释量较大。

表4-18 职业规划不同的师范生的乡村任教意愿情况方差分析表

变异来源	SS（Ⅲ型平方和）	DF	MS（均方）	F	事后比较	ω^2	统计检验力
组间	347.819	4	86.955	110.393①			
组内	5152.254	6541	0.788		没有规划和设计>不太完整＝一般>比较完整>非常完整	0.063	1.000
全体	5500.073	6545					

①$p<0.001$。

九、对农村学校了解程度不同的师范生的乡村任教意愿

对农村学校的了解程度不同的师范生的乡村任教意愿情况描述统计分析表（表4-19）可以看出对农村学校的了解程度非常了解的师范生的乡村任教意愿均值为1.9982，对农村学校的了解程度比较了解的师范生的乡村任教意愿均值为2.3761，对农村学校的了解程度一般的师范生的乡村任教意愿均值为2.7609，对农村学校的了解程度不太了解的师范生的乡村任教意愿均值为2.9805，对农村学校的了解程度完全不了解的师范生的乡村任教意愿均值为3.7330。

表4-19 对农村学校了解程度不同的师范生的乡村任教意愿情况差异描述统计

项目	均值	标准差	标准误差
非常了解	1.9982	1.04872	0.04424
比较了解	2.3761	0.84256	0.01878
一般	2.7609	0.78157	0.01514
不太了解	2.9805	0.85785	0.02551
完全不了解	3.7330	1.18188	0.08909

对农村学校的了解程度不同的师范生乡村任教意愿情况方差分析表（表4-20）可以显示，对农村学校的了解程度不同的师范生乡村任教意愿有显著差异（$p<0.001$）。由事后比较得知，对农村学校完全不了解的师范生的乡村任教意愿均值大于对农村学校不太了解的师范生的乡村任教意愿均值，即对农村学校不太了解的师范生的乡村任教意愿强于对农村学校完全不了解的师范生。对农村学校完全不了解的师范生的乡村任教意愿均值大于农村学校一般了解的师范生的乡村

任教意愿均值，即农村学校一般了解的师范生的乡村任教意愿强于对农村学校完全不了解的师范生。对农村学校完全不了解的师范生的乡村任教意愿均值大于农村学校比较了解的师范生的乡村任教意愿均值，即对农村学校比较了解的师范生的乡村任教意愿强于对农村学校完全不了解的师范生。对农村学校完全不了解的师范生的乡村任教意愿均值大于对农村学校非常了解的师范生的乡村任教意愿均值，即对农村学校非常了解的师范生的乡村任教意愿强于对农村学校认知完全不了解的师范生。对农村学校不太了解的师范生的乡村任教意愿均值大于对农村学校了解程度一般的师范生的乡村任教意愿均值，即对农村学校了解程度一般的师范生的乡村任教意愿强于对农村学校不太了解的师范生。

对农村学校不太了解的师范生的乡村任教意愿均值大于对农村学校比较了解的师范生的乡村任教意愿均值，即对农村学校比较了解的师范生的乡村任教意愿强于对农村学校不太了解的师范生。对农村学校不太了解的师范生的乡村任教意愿均值大于对农村学校非常了解的师范生的乡村任教意愿均值，即对农村学校非常了解的师范生的乡村任教意愿强于对农村学校不太了解的师范生。对农村学校了解程度一般的师范生的乡村任教意愿均值大于对农村学校比较了解的师范生的乡村任教意愿均值，即对农村学校比较了解的师范生的乡村任教意愿强于对农村学校了解程度一般的师范生。对农村学校了解一般的师范生的乡村任教意愿均值大于对农村学校非常了解的师范生的乡村任教意愿均值，即对农村学校非常了解的师范生的乡村任教意愿强于对农村学校了解程度一般的师范生。对农村学校比较了解的师范生的乡村任教意愿均值大于对农村学校非常了解的师范生的乡村任教意愿均值，即对农村学校非常了解的师范生的乡村任教意愿强于对农村学校比较了解的师范生。进一步从关联强度指数来看，ω^2 的值等于 0.136，可见，师范生对农村学校了解程度与乡村任教意愿情况存在相关关系。统计检验力等于 1.000，决策正确率较高，师范生对农村学校了解程度对师范生乡村任教意愿的解释量较大。

表 4-20 对农村学校了解程度不同的师范生的乡村任教意愿情况方差分析表

变异来源	SS（Ⅲ型平方和）	DF	MS（均方）	F	事后比较	ω^2	统计检验力
组间	752.044	4	188.011	259.008[①]	完全不了解＞不太了解＞一般＞比较了解＞非常了解	0.136	1.000
组内	4748.029	6541	0.726				
全体	5500.073	6545					

①$p<0.001$。

十、融入农村生活速度不同的师范生的乡村任教意愿

融入农村生活速度不同的师范生的乡村任教意愿情况描述统计分析表（表4-21）可以看出融入农村生活速度非常快的师范生的乡村任教意愿均值为1.9689，融入农村生活速度比较快的师范生的乡村任教意愿均值为2.4139，融入农村生活速度一般的师范生的乡村任教意愿均值为2.9107，融入农村生活速度比较慢的师范生的乡村任教意愿均值为3.1568，对农村学校的了解程度完全不了解的师范生的乡村任教意愿均值为4.0442。

表4-21 对融入农村生活速度不同的师范生的乡村任教意愿情况差异描述统计

项目	均值	标准差	标准误差
非常快	1.9689	0.95958	0.0308
比较快	2.4139	0.79867	0.01599
一般	2.9107	0.68030	0.01431
比较慢	3.1568	0.79703	0.03424
不能适应	4.0442	0.94722	0.06003

融入农村生活速度不同的师范生的乡村任教意愿情况方差分析表（表4-22）可以显示，融入农村生活速度不同的师范生的乡村任教意愿有显著差异（$p < 0.001$）。由事后比较得知，不能适应农村生活的师范生的乡村任教意愿均值大于融入农村生活速度比较慢的师范生的乡村任教意愿均值，即融入农村生活速度比较慢的师范生的乡村任教意愿明显强于不能适应农村生活的师范生。不能适应农村生活的师范生的乡村任教意愿均值大于融入农村生活速度一般的师范生的乡村任教意愿均值，即融入农村生活速度一般的师范生的乡村任教意愿明显强于不能适应农村生活的师范生。不能适应农村生活的师范生的乡村任教意愿均值大于融入农村生活速度比较快的师范生的乡村任教意愿均值，即融入农村生活速度比较快的师范生的乡村任教意愿明显强于不能适应农村生活的师范生。不能适应农村生活的师范生的乡村任教意愿均值大于融入农村生活速度非常快的师范生的乡村任教意愿均值，即融入农村生活速度非常快的师范生的乡村任教意愿明显强于不能适应农村生活的师范生。融入农村生活速度比较慢的师范生的乡村任教意愿均值大于融入农村生活速度一般的师范生的乡村任教意愿均值，即融入农村生活速度一般的师范生的乡村任教意愿明显强于融入农村生活速度比较慢的师范生。融入农村生活速度比较慢的师范生的乡村任教意愿均值大于融入农村生活速度比较

快的师范生的乡村任教意愿均值，即融入农村生活速度比较快的师范生的乡村任教意愿明显强于融入农村生活速度比较慢的师范生。

融入农村生活速度比较慢的师范生的乡村任教意愿均值大于融入农村生活速度非常快的师范生的乡村任教意愿均值，即融入农村生活速度非常快的师范生的乡村任教意愿明显强于融入农村生活速度比较慢的师范生。融入农村生活速度一般的师范生的乡村任教意愿均值大于融入农村生活速度比较快的师范生的乡村任教意愿均值，即融入农村生活速度比较快师范生的乡村任教意愿明显强于融入农村生活速度一般的师范生。融入农村生活速度一般的师范生的乡村任教意愿均值大于融入农村生活速度非常快的师范生的乡村任教意愿均值，即融入农村生活速度非常快师范生的乡村任教意愿明显强于融入农村生活速度一般的师范生。融入农村生活速度比较快的师范生的乡村任教意愿均值大于融入农村生活速度非常快的师范生的乡村任教意愿均值，即融入农村生活速度非常快师范生的乡村任教意愿明显强于融入农村生活速度比较快的师范生。进一步从关联强度指数来看，ω^2的值等于 0.250，可见，师范生融入农村生活速度与乡村任教意愿情况存在相关关系。统计检验力等于 1.000，决策正确率较高，师范生融入农村生活速度对师范生乡村任教意愿的解释量较大。

表 4-22　融入农村生活速度不同的师范生的乡村任教意愿情况方差分析表

变异来源	SS（Ⅲ型平方和）	DF	MS（均方）	F	事后比较	ω^2	统计检验力
组间	1378.419	4	344.605	546.882	不能适应>比较慢>一般>比较快>非常快	0.250	1.000
组内	4121.654	6541	0.630				
全体	5500.073	6545					

第四节　师范生职业发展状况与乡村任教意愿的回归分析

一、师范生职业发展状况与乡村任教意愿整体回归分析

结合前面所做的相关性分析结果，采用回归法对师范生职业发展状况与乡村任教意愿整体进行回归分析来确定其相关显著性。以乡村任教意愿作为因变量，将师范生职业发展状况作为自变量进行多元回归分析，统计结果见表 4-23。模型 1 中进入师范生职业发展状况，此变量对乡村学校任教意愿整体解释度为 16.7%，在 0.001 显著性水平上，模型 1 回归效果显著（$F = 1307.432$，$p <$

0.001）。在 0.001 显著性水平上，不同师范生职业发展状况的乡村学校任教意愿整体有显著差异（$\beta=0.408$，$p<0.001$）。

表 4-23 师范生职业发展状况与乡村学校任教意愿整体回归分析

模型		非标准化系数		标准系数	t	F	R 方	R 方更改
		B	标准误差	试用版				
1	（常量）	1.013	0.046		21.919[①]	1307.432[①]	0.167	0.166
	师范生职业发展状况	0.068	0.002	0.408	36.158[①]			

注：因变量：乡村学校任教意愿。

　　预测变量：（常量），师范生职业发展状况。

[①]$p<0.001$。

　　采用回归法对师范生职业发展状况与喜欢乡村学校环境进行回归分析来确定其相关显著性。以喜欢乡村学校环境作为因变量，将师范生职业发展状况作为自变量进行多元回归分析，统计结果见表 4-24。模型 1 中进入自变量师范生职业发展状况，此变量对喜欢乡村学校环境解释度为 17.1%，在 0.001 显著性水平上，模型 1 回归效果显著（$F=1352.827$，$p<0.001$）。在 0.001 显著性水平上，不同师范生职业发展状况的喜欢乡村学校环境整体有显著差异（$\beta=0.414$，$p<0.001$）。

表 4-24 师范生职业发展状况与喜欢乡村学校环境回归分析

模型		非标准化系数		标准系数	t	F	R 方	R 方更改
		B	标准误差	试用版				
1	（常量）	1.382	0.041		33.827[①]	1352.827[①]	0.171	0.171
	师范生职业发展状况	0.061	0.002	0.414	36.781[①]			

注：因变量：喜欢乡村学校环境。

　　预测变量：（常量），师范生职业发展状况。

[①]$p<0.001$。

　　采用回归法对师范生职业发展状况与愿意帮助乡村学生进行回归分析来确定其相关显著性。以愿意帮助乡村学生作为因变量，将师范生职业发展状况作为自变量进行多元回归分析，统计结果见表 4-25。模型 1 中进入自变量师范生职业发展状况，此变量对愿意帮助乡村学生解释度为 14.7%，在 0.001 显著性水平上，模型 1 回归效果显著（$F=1124.915$，$p<0.001$）。在 0.001 显著性水平上，不同

师范生职业发展状况的愿意帮助乡村学生整体有显著差异（$\beta = 0.383$，$p < 0.001$）。

表4-25 师范生职业发展状况与愿意帮助乡村学生回归分析

模型		非标准化系数		标准系数	t	F	R方	R方更改
		B	标准误差	试用版				
1	（常量）	0.867	0.043		20.324[①]	1124.915[①]	0.147	0.147
	师范生职业发展状况	0.058	0.002	0.383	33.540[①]			

注：因变量：愿意帮助乡村学生。

预测变量：（常量），师范生职业发展状况。

[①]$p<0.001$。

采用回归法对师范生职业发展状况与愿意同乡村教师合作进行回归分析来确定其相关显著性。以愿意同乡村教师合作作为因变量，将师范生职业发展状况作为自变量进行多元回归分析，统计结果见表4-26。模型1中进入自变量师范生职业发展状况，此变量对愿意同乡村教师合作解释度为16.3%，在0.001显著性水平上，模型1回归效果显著（$F=1275.836$，$p<0.001$）。在0.001显著性水平上，不同师范生职业发展状况的愿意同乡村教师合作整体有显著差异（$\beta=0.404$，$p<0.001$）。

表4-26 师范生职业发展状况与愿意同乡村教师合作回归分析

模型		非标准化系数		标准系数	t	F	R方	R方更改
		B	标准误差	试用版				
1	（常量）	0.918	0.042		21.642[①]	1275.836[①]	0.163	0.163
	师范生职业发展状况	0.062	0.002	0.404	35.719[①]			

注：因变量：愿意同乡村教师合作。

预测变量：（常量），师范生职业发展状况。

[①]$p<0.001$。

二、师范生职业发展状况分项与师范生乡村学校任教意愿分项回归分析

（一）喜欢乡村学校环境与师范生职业发展状况分项回归分析

采用回归法对师范生专业课程学习成绩与喜欢乡村学校环境进行回归分析来

确定其相关显著性。以喜欢乡村学校环境作为因变量，将师范生专业课程学习成绩作为自变量进行多元回归分析，统计结果见表4-27。模型1中进入自变量师范生专业课程学习成绩，此变量对乡村学校任教环境情况解释度为3.2%，在0.001 显著性水平上，模型1回归效果显著（$F = 214.775$，$p < 0.001$）。在0.001 显著性水平上，不同专业课程学习成绩的师范生间喜欢乡村学校环境有显著差异（$\beta = 0.178$，$p < 0.001$）。

表 4-27　师范生专业课程学习成绩与喜欢乡村学校环境回归分析

模型		非标准化系数		标准系数	t	F	R 方	R 方更改
		B	标准误差	试用版				
1	（常量）	2.388	0.033		72.700[①]	214.775[①]	0.032	0.032
	师范生专业课程学习成绩	0.199	0.014	0.178	14.655[①]			

注：因变量：喜欢乡村学校环境。
　　预测变量：（常量），师范生专业课程学习成绩。
①$p < 0.001$。

采用回归法对师范生专业实践能力与喜欢乡村学校环境进行回归分析来确定其相关显著性。以喜欢乡村学校环境作为因变量，将师范生专业实践能力作为自变量进行多元回归分析，统计结果见表4-28。模型1中进入自变量师范生专业实践能力，此变量对乡村学校任教环境情况解释度为4.8%，在0.001 显著性水平上，模型1回归效果显著（$F = 333.104$，$p < 0.001$）。在0.001 显著性水平上，不同专业实践能力的师范生间喜欢乡村学校环境有显著差异（$\beta = 0.220$，$p < 0.001$）。

表 4-28　师范生专业实践能力与喜欢乡村学校环境回归分析

模型		非标准化系数		标准系数	t	F	R 方	R 方更改
		B	标准误差	试用版				
1	（常量）	2.288	0.032		71.146[①]	333.104[①]	0.048	0.048
	师范生专业实践能力	0.245	0.013	0.220	18.251[①]			

注：因变量：喜欢乡村学校环境。
　　预测变量：（常量），师范生专业实践能力。
①$p < 0.001$。

采用回归法对师范生教学技能水平与喜欢乡村学校环境进行回归分析来确定

其相关显著性。以喜欢乡村学校环境作为因变量，将师范生教学技能水平作为自变量进行多元回归分析，统计结果见表4-29。模型1中进入自变量师范生教学技能水平，此变量对乡村学校任教环境情况解释度为5.2%，在0.001显著性水平上，模型1回归效果显著（$F=359.097$，$p<0.001$）。在0.001显著性水平上，不同教学技能水平的师范生间喜欢乡村学校环境有显著差异（$\beta=0.228$，$p<0.001$）。

表 4-29　师范生教学技能水平与喜欢乡村学校环境回归分析

模型		非标准化系数		标准系数	t	F	R 方	R 方更改
		B	标准误差	试用版				
1	（常量）	2.281	0.031		72.630[①]	359.097[①]	0.052	0.052
	师范生教学技能水平	0.256	0.014	0.228	18.950[①]			

注：因变量：喜欢乡村学校环境。

预测变量：（常量），师范生教学技能水平。

①$p<0.001$。

采用回归法对师范生班级管理能力与喜欢乡村学校环境进行回归分析来确定其相关显著性。以喜欢乡村学校环境作为因变量，将师范生班级管理能力作为自变量进行多元回归分析，统计结果见表4-30。模型1中进入自变量师范生班级管理能力，此变量对乡村学校任教环境情况解释度为4.7%，在0.001显著性水平上，模型1回归效果显著（$F=323.411$，$p<0.001$）。在0.001显著性水平上，不同班级管理能力的师范生间喜欢乡村学校环境有显著差异（$\beta=0.217$，$p<0.001$）。

表 4-30　师范生班级管理能力与喜欢乡村学校环境回归分析

模型		非标准化系数		标准系数	t	F	R 方	R 方更改
		B	标准误差	试用版				
1	（常量）	2.321	0.031		75.228[①]	323.411[①]	0.047	0.047
	师范生班级管理能力	0.241	0.013	0.217	17.984[①]			

注：因变量：喜欢乡村学校环境。

预测变量：（常量），师范生班级管理能力。

①$p<0.001$。

采用回归法对师范生教师岗位胜任力与喜欢乡村学校环境进行回归分析来确

定其相关显著性。以喜欢乡村学校环境作为因变量，将师范生教师岗位胜任力作为自变量进行多元回归分析，统计结果见表4-31。模型1中进入自变量师范生教师岗位胜任力，此变量对乡村学校任教环境情况解释度为5.9%，在0.001显著性水平上，模型1回归效果显著（$F=411.220$，$p<0.001$）。在0.001显著性水平上，不同教师岗位胜任力的师范生间喜欢乡村学校环境有显著差异（$\beta=0.243$，$p<0.001$）。

表4-31 师范生教师岗位胜任力与喜欢乡村学校环境回归分析

模型		非标准化系数		标准系数	t	F	R 方	R 方更改
		B	标准误差	试用版				
1	（常量）	2.282	0.029		77.379①	411.220①	0.059	0.059
	师范生教师岗位胜任力	0.271	0.013	0.243	20.279①			

注：因变量：喜欢乡村学校环境。
　　预测变量：（常量），师范生教师岗位胜任力。
①$p<0.001$。

采用回归法对师范生到农村任教自信程度与喜欢乡村学校环境进行回归分析来确定其相关显著性。以喜欢乡村学校环境作为因变量，将师范生到农村任教自信程度作为自变量进行多元回归分析，统计结果见表4-32。模型1中进入自变量师范生到农村任教自信程度，此变量对乡村学校任教环境情况解释度为11.3%，在0.001显著性水平上，模型1回归效果显著（$F=833.217$，$p<0.001$）。在0.001显著性水平上，到农村任教不同自信程度的师范生间喜欢乡村学校环境有显著差异（$\beta=0.336$，$p<0.001$）。

表4-32 师范生到农村任教自信程度与喜欢乡村学校环境回归分析

模型		非标准化系数		标准系数	t	F	R 方	R 方更改
		B	标准误差	试用版				
1	（常量）	2.143	0.026		81.926①	833.217①	0.113	0.113
	师范生到农村任教自信程度	0.307	0.011	0.336	28.866①			

注：因变量：喜欢乡村学校环境。
　　预测变量：（常量），师范生到农村任教自信程度。
①$p<0.001$。

采用回归法对师范生教师资格证考取难易程度与喜欢乡村学校环境进行回归

分析来确定其相关显著性。以喜欢乡村学校环境作为因变量，将师范生教师资格证考取难易程度作为自变量进行多元回归分析，统计结果见表4-33。模型1中进入自变量师范生教师资格证考取难易程度，此变量对乡村学校任教环境情况解释度为2.1%，在0.001显著性水平上，模型1回归效果显著（$F=141.355$，$p<0.001$）。在0.001显著性水平上，教师资格证考取难易程度不同的师范生间喜欢乡村学校环境有显著差异（$\beta=0.145$，$p<0.001$）。

表4-33 师范生教师资格证考取难易程度与喜欢乡村学校环境回归分析

模型		非标准化系数		标准系数	t	F	R 方	R 方更改
		B	标准误差	试用版				
1	（常量）	2.479	0.033		76.246[①]	141.355[①]	0.021	0.021
	师范生教师资格证考取难易程度	0.133	0.011	0.145	11.889[①]			

注：因变量：喜欢乡村学校环境。

预测变量：（常量），师范生教师资格证考取难易程度。

①$p<0.001$。

采用回归法对师范生职业规划与喜欢乡村学校环境进行回归分析来确定其相关显著性。以喜欢乡村学校环境作为因变量，将师范生职业规划作为自变量进行多元回归分析，统计结果见表4-34。模型1中进入自变量师范生职业规划，此变量对乡村学校任教环境情况解释度为6.2%，在0.001显著性水平上，模型1回归效果显著（$F=435.540$，$p<0.001$）。在0.001显著性水平上，职业规划不同的师范生间喜欢乡村学校环境有显著差异（$\beta=0.250$，$p<0.001$）。

表4-34 师范生职业规划与喜欢乡村学校环境回归分析

模型		非标准化系数		标准系数	t	F	R 方	R 方更改
		B	标准误差	试用版				
1	（常量）	2.244	0.030		73.674[①]	435.540[①]	0.062	0.062
	师范生职业规划	0.236	0.011	0.250	20.870[①]			

注：因变量：喜欢乡村学校环境。

预测变量：（常量），师范生职业规划。

①$p<0.001$。

采用回归法对师范生对农村学校了解程度与喜欢乡村学校环境进行回归分析来确定其相关显著性。以喜欢乡村学校环境作为因变量，将师范生对农村学校了解程度作为自变量进行多元回归分析，统计结果见表4-35。模型1中进入自变量师范生对农村学校了解程度，此变量对乡村学校任教环境情况解释度为 14.9%，在 0.001 显著性水平上，模型 1 回归效果显著（$F=1142.433$，$p<0.001$）。在 0.001 显著性水平上，对农村学校了解程度不同的师范生间喜欢乡村学校环境有显著差异（$\beta=0.386$，$p<0.001$）。

表 4-35　师范生对农村学校了解程度与喜欢乡村学校环境回归分析

模型		非标准化系数		标准系数	t	F	R 方	R 方更改
		B	标准误差	试用版				
1	（常量）	1.922	0.029		66.566①	1142.433①	0.149	0.148
	师范生对农村学校了解程度	0.336	0.010	0.386	33.800①			

注：因变量：喜欢乡村学校环境。
　　预测变量：（常量），师范生对农村学校了解程度。
①$p<0.001$。

采用回归法对师范生融入农村生活速度与喜欢乡村学校环境进行回归分析来确定其相关显著性。以喜欢乡村学校环境作为因变量，将师范生融入农村生活速度作为自变量进行多元回归分析，统计结果见表 4-36。模型 1 中进入自变量师范生融入农村生活速度，此变量对乡村学校任教环境情况解释度为 24.1%，在 0.001 显著性水平上，模型 1 回归效果显著（$F=2072.931$，$p<0.001$）。在 0.001 显著性水平上，融入农村生活速度不同的师范生间喜欢乡村学校环境有显著差异（$\beta=0.490$，$p<0.001$）。

表 4-36　师范生融入农村生活速度与喜欢乡村学校环境回归分析

模型		非标准化系数		标准系数	t	F	R 方	R 方更改
		B	标准误差	试用版				
1	（常量）	1.834	0.024		76.747①	2072.931①	0.241	0.240
	师范生融入农村生活速度	0.409	0.009	0.490	45.529①			

注：因变量：喜欢乡村学校环境。
　　预测变量：（常量），师范生融入农村生活速度。
①$p<0.001$。

（二）愿意帮助乡村学生与师范生职业发展状况分项回归分析

采用回归法对师范生专业课程学习成绩与愿意帮助乡村学生进行回归分析来

确定其相关显著性。以愿意帮助乡村学生作为因变量，将师范生专业课程学习成绩作为自变量进行多元回归分析，统计结果见表4-37。模型1中进入自变量师范生专业课程学习成绩，此变量对乡村学校任教学生情况解释度为4%，在0.001显著性水平上，模型1回归效果显著（$F=270.963$，$p<0.001$）。在0.001显著性水平上，不同专业课程学习成绩的师范生间愿意帮助乡村学生有显著差异（$\beta=0.199$，$p<0.001$）。

表4-37　师范生专业课程学习成绩与愿意帮助乡村学生回归分析

模型		非标准化系数		标准系数	t	F	R 方	R 方更改
		B	标准误差	试用版				
1	（常量）	1.732	0.034		51.500[①]	270.963[①]	0.040	0.040
	师范生专业课程学习成绩	0.229	0.014	0.199	16.461[①]			

注：因变量：愿意帮助乡村学生。

　　预测变量：（常量），师范生专业课程学习成绩。

①$p<0.001$。

采用回归法对师范生专业实践能力与愿意帮助乡村学生进行回归分析来确定其相关显著性。以愿意帮助乡村学生作为因变量，将师范生专业实践能力作为自变量进行多元回归分析，统计结果见表4-38。模型1中进入自变量师范生专业实践能力，此变量对乡村学校任教学生情况解释度为5.3%，在0.001显著性水平上，模型1回归效果显著（$F=367.241$，$p<0.001$）。在0.001显著性水平上，不同专业实践能力的师范生间愿意帮助乡村学生有显著差异（$\beta=0.231$，$p<0.001$）。

表4-38　师范生专业实践能力与愿意帮助乡村学生回归分析

模型		非标准化系数		标准系数	t	F	R 方	R 方更改
		B	标准误差	试用版				
1	（常量）	1.658	0.033		50.269[①]	367.241[①]	0.053	0.053
	师范生专业实践能力	0.264	0.014	0.231	19.164[①]			

注：因变量：愿意帮助乡村学生。

　　预测变量：（常量），师范生专业实践能力。

①$p<0.001$。

采用回归法对师范生教学技能水平与愿意帮助乡村学生进行回归分析来确定

其相关显著性。以愿意帮助乡村学生作为因变量，将师范生教学技能水平作为自变量进行多元回归分析，统计结果见表4-39。模型1中进入自变量师范生教学技能水平，此变量对乡村学校任教学生情况解释度为5.8%，在0.001显著性水平上，模型1回归效果显著（$F=401.757$，$p<0.001$）。在0.001显著性水平上，不同教学技能水平的师范生间愿意帮助乡村学生有显著差异（$\beta=0.241$，$p<0.001$）。

表4-39 师范生教学技能水平与愿意帮助乡村学生回归分析

模型		非标准化系数		标准系数	t	F	R 方	R 方更改
		B	标准误差	试用版				
1	（常量）	1.647	0.032		51.148[①]	401.757[①]	0.058	0.058
	师范生教学技能水平	0.278	0.014	0.241	20.044[①]			

注：因变量：愿意帮助乡村学生。

　　预测变量：（常量），师范生教学技能水平。

[①]$p<0.001$。

采用回归法对师范生班级管理能力与愿意帮助乡村学生进行回归分析来确定其相关显著性。以愿意帮助乡村学生作为因变量，将师范生班级管理能力作为自变量进行多元回归分析，统计结果见表4-40。模型1中进入自变量师范生班级管理能力，此变量对乡村学校任教学生情况解释度为6.1%，在0.001显著性水平上，模型1回归效果显著（$F=427.064$，$p<0.001$）。在0.001显著性水平上，不同班级管理能力的师范生间愿意帮助乡村学生有显著差异（$\beta=0.248$，$p<0.001$）。

表4-40 师范生班级管理能力与愿意帮助乡村学生回归分析

模型		非标准化系数		标准系数	t	F	R 方	R 方更改
		B	标准误差	试用版				
1	（常量）	1.643	0.031		52.189[①]	427.064[①]	0.061	0.061
	师范生班级管理能力	0.283	0.014	0.248	20.666[①]			

注：因变量：愿意帮助乡村学生。

　　预测变量：（常量），师范生班级管理能力。

[①]$p<0.001$。

采用回归法对师范生教师岗位胜任力与愿意帮助乡村学生进行回归分析来确

定其相关显著性。以愿意帮助乡村学生作为因变量，将师范生教师岗位胜任力作为自变量进行多元回归分析，统计结果见表4-41。模型1中进入自变量师范生教师岗位胜任力，此变量对乡村学校任教学生情况解释度为8%，在0.001显著性水平上，模型1回归效果显著（$F = 568.213$，$p < 0.001$）。在0.001显著性水平上，不同教师岗位胜任力的师范生间愿意帮助乡村学生有显著差异（$\beta = 0.283$，$p < 0.001$）。

表4-41　师范生教师岗位胜任力与愿意帮助乡村学生回归分析

模型		非标准化系数		标准系数	t	F	R方	R方更改
		B	标准误差	试用版				
1	（常量）	1.586	0.030		52.858[1]	568.213[1]	0.080	0.080
	师范生教师岗位胜任力	0.324	0.014	0.283	23.837[1]			

注：因变量：愿意帮助乡村学生。

　　预测变量：（常量），师范生教师岗位胜任力。

[1]$p < 0.001$。

采用回归法对师范生到农村任教自信程度与愿意帮助乡村学生进行回归分析来确定其相关显著性。以愿意帮助乡村学生作为因变量，将师范生到农村任教自信程度作为自变量进行多元回归分析，统计结果见表4-42。模型1中进入自变量师范生到农村任教自信程度，此变量对乡村学校任教学生情况解释度为12.8%，在0.001显著性水平上，模型1回归效果显著（$F = 957.316$，$p < 0.001$）。在0.001显著性水平上，到农村任教不同自信程度的师范生间愿意帮助乡村学生有显著差异（$\beta = 0.357$，$p < 0.001$）。

表4-42　师范生到农村任教自信程度与愿意帮助乡村学生回归分析

模型		非标准化系数		标准系数	t	F	R方	R方更改
		B	标准误差	试用版				
1	（常量）	1.491	0.027		55.889[1]	957.316[1]	0.128	0.128
	师范生到农村任教自信程度	0.336	0.011	0.357	30.941[1]			

注：因变量：愿意帮助乡村学生。

　　预测变量：（常量），师范生到农村任教自信程度。

[1]$p < 0.001$。

采用回归法对师范生教师资格证考取难易程度与愿意帮助乡村学生进行回归

分析来确定其相关显著性。以愿意帮助乡村学生作为因变量，将师范生教师资格证考取难易程度作为自变量进行多元回归分析，统计结果见表4-43。模型1中进入自变量师范生教师资格证考取难易程度，此变量对乡村学校任教学生情况解释度为1%，在0.001显著性水平上，模型1回归效果显著（$F = 64.079$，$p < 0.001$）。在0.001显著性水平上，教师资格证考取难易程度不同的师范生间愿意帮助乡村学生有显著差异（$\beta = 0.098$，$p < 0.001$）。

表4-43 师范生教师资格证考取难易程度与愿意帮助乡村学生回归分析

模型		非标准化系数		标准系数	t	F	R方	R方更改
		B	标准误差	试用版				
1	（常量）	2.004	0.034		59.594[1]	64.079[1]	0.010	0.010
	师范生教师资格证考取难易程度	0.093	0.012	0.098	8.005[1]			

注：因变量：愿意帮助乡村学生。

预测变量：（常量），师范生教师资格证考取难易程度。

[1]$p < 0.001$。

采用回归法对师范生职业规划与愿意帮助乡村学生进行回归分析来确定其相关显著性。以愿意帮助乡村学生作为因变量，将师范生职业规划作为自变量进行多元回归分析，统计结果见表4-44。模型1中进入自变量师范生职业规划，此变量对乡村学校任教学生情况解释度为4.7%，在0.001显著性水平上，模型1回归效果显著（$F = 319.620$，$p < 0.001$）。在0.001显著性水平上，职业规划不同的师范生间愿意帮助乡村学生有显著差异（$\beta = 0.216$，$p < 0.001$）。

表4-44 师范生职业规划与愿意帮助乡村学生回归分析

模型		非标准化系数		标准系数	t	F	R方	R方更改
		B	标准误差	试用版				
1	（常量）	1.725	0.032		54.608[1]	319.620[1]	0.047	0.046
	师范生职业规划	0.210	0.012	0.216	17.878[1]			

注：因变量：愿意帮助乡村学生。

预测变量：（常量），师范生职业规划。

[1]$p < 0.001$。

采用回归法对师范生对农村学校了解程度与愿意帮助乡村学生进行回归分析来确定其相关显著性。以愿意帮助乡村学生作为因变量，将师范生对农村学校了解程度作为自变量进行多元回归分析，统计结果见表4-45。模型1中进入自变量师范生对农村学校了解程度，此变量对乡村学校任教学生情况解释度为6.6%，在0.001显著性水平上，模型1回归效果显著（$F=461.996$，$p<0.001$）。在0.001显著性水平上，对农村学校了解程度不同的师范生间愿意帮助乡村学生有显著差异（$\beta=0.257$，$p<0.001$）。

表4-45 师范生对农村学校了解程度与愿意帮助乡村学生回归分析

模型		非标准化系数		标准系数	t	F	R 方	R 方更改
		B	标准误差	试用版				
1	（常量）	1.627	0.031		52.306[①]	461.996[①]	0.066	0.066
	师范生对农村学校了解程度	0.231	0.011	0.257	21.49[①]			

注：因变量：愿意帮助乡村学生。
预测变量：（常量），师范生对农村学校了解程度。
[①]$p<0.001$。

采用回归法对师范生融入农村生活速度与愿意帮助乡村学生进行回归分析来确定其相关显著性。以愿意帮助乡村学生作为因变量，将师范生融入农村生活速度作为自变量进行多元回归分析，统计结果见表4-46。模型1中进入自变量师范生融入农村生活速度，此变量对乡村学校任教学生情况解释度为16.6%，在0.001显著性水平上，模型1回归效果显著（$F=1304.302$，$p<0.001$）。在0.001显著性水平上，融入农村生活速度不同的师范生间愿意帮助乡村学生有显著差异（$\beta=0.408$，$p<0.001$）。

表4-46 师范生融入农村生活速度与愿意帮助乡村学生回归分析

模型		非标准化系数		标准系数	t	F	R 方	R 方更改
		B	标准误差	试用版				
1	（常量）	1.395	0.026		54.161[①]	1304.302[①]	0.166	0.166
	师范生融入农村生活速度	0.350	0.010	0.408	36.115[①]			

注：因变量：愿意帮助乡村学生。
预测变量：（常量），师范生融入农村生活速度。
[①]$p<0.001$。

（三）愿意同乡村教师合作与师范生职业发展状况分项回归分析

采用回归法对师范生专业课程学习成绩与愿意同乡村教师合作进行回归分析

来确定其相关显著性。以愿意同乡村教师合作作为因变量，将师范生专业课程学习成绩作为自变量进行多元回归分析，统计结果见表 4-47。模型 1 中进入自变量师范生专业课程学习成绩，此变量对乡村学校任教同事情况解释度为 4%，在 0.001 显著性水平上，模型 1 回归效果显著（$F = 272.848$，$p < 0.001$）。在 0.001 显著性水平上，不同专业课程学习成绩的师范生间愿意同乡村教师合作有显著差异（$\beta = 0.200$，$p < 0.001$）。

表 4-47　师范生专业课程学习成绩与愿意同乡村教师合作回归分析

模型		非标准化系数		标准系数	t	F	R 方	R 方更改
		B	标准误差	试用版				
1	（常量）	1.862	0.034		55.125[①]	272.848[①]	0.040	0.040
	师范生专业课程学习成绩	0.231	0.014	0.200	16.518[①]			

注：因变量：愿意同乡村教师合作。
　　预测变量：（常量），师范生专业课程学习成绩。
　①$p < 0.001$。

采用回归法对师范生专业实践能力与愿意同乡村教师合作进行回归分析来确定其相关显著性。以愿意同乡村教师合作作为因变量，将师范生专业实践能力作为自变量进行多元回归分析，统计结果见表 4-48。模型 1 中进入自变量师范生专业实践能力，此变量对乡村学校任教同事情况解释度为 5.5%，在 0.001 显著性水平上，模型 1 回归效果显著（$F = 349.487$，$p < 0.001$）。在 0.001 显著性水平上，不同专业实践能力的师范生间愿意同乡村教师合作有显著差异（$\beta = 0.234$，$p < 0.001$）。

表 4-48　师范生专业实践能力与愿意同乡村教师合作回归分析

模型		非标准化系数		标准系数	t	F	R 方	R 方更改
		B	标准误差	试用版				
1	（常量）	1.780	0.033		53.773[①]	349.487[①]	0.055	0.055
	师范生专业实践能力	0.269	0.014	0.234	19.48[①]			

注：因变量：愿意同乡村教师合作。
　　预测变量：（常量），师范生专业实践能力。
　①$p < 0.001$。

采用回归法对师范生教学技能水平与愿意同乡村教师合作进行回归分析来确

定其相关显著性。以愿意同乡村教师合作作为因变量，将师范生教学技能水平作为自变量进行多元回归分析，统计结果见表4-49。模型1中进入自变量师范生教学技能水平，此变量对乡村学校任教同事情况解释度为5.7%，在0.001显著性水平上，模型1回归效果显著（$F=398.728$，$p<0.001$）。在0.001显著性水平上，不同教学技能水平的师范生间愿意同乡村教师合作有显著差异（$\beta=0.240$，$p<0.001$）。

表4-49　师范生教学技能水平与愿意同乡村教师合作回归分析

模型		非标准化系数		标准系数	t	F	R 方	R 方更改
		B	标准误差	试用版				
1	（常量）	1.780	0.032		55.037[①]	398.728[①]	0.057	0.057
	师范生教学技能水平	0.278	0.014	0.240	19.968[①]			

注：因变量：愿意同乡村教师合作。
　　预测变量：（常量），师范生教学技能水平。
①$p<0.001$。

采用回归法对师范生班级管理能力与愿意同乡村教师合作进行回归分析来确定其相关显著性。以愿意同乡村教师合作作为因变量，将师范生班级管理能力作为自变量进行多元回归分析，统计结果见表4-50。模型1中进入自变量师范生班级管理能力，此变量对乡村学校任教同事情况解释度为6%，在0.001显著性水平上，模型1回归效果显著（$F=414.036$，$p<0.001$）。在0.001显著性水平上，不同班级管理能力的师范生间愿意同乡村教师合作有显著差异（$\beta=0.244$，$p<0.001$）。

表4-50　师范生班级管理能力与愿意同乡村教师合作回归分析

模型		非标准化系数		标准系数	t	F	R 方	R 方更改
		B	标准误差	试用版				
1	（常量）	1.783	0.032		56.339[①]	414.036[①]	0.060	0.059
	师范生班级管理能力	0.280	0.014	0.244	20.348[①]			

注：因变量：愿意同乡村教师合作。
　　预测变量：（常量），师范生班级管理能力。
①$p<0.001$。

采用回归法对师范生教师岗位胜任力与愿意同乡村教师合作进行回归分析来

确定其相关显著性。以愿意同乡村教师合作作为因变量，将师范生教师岗位胜任力作为自变量进行多元回归分析，统计结果见表4-51。模型1中进入自变量师范生教师岗位胜任力，此变量对乡村学校任教同事情况解释度为8.3%，在0.001显著性水平上，模型1回归效果显著（$F=592.080$，$p<0.001$）。在0.001显著性水平上，不同教师岗位胜任力的师范生间愿意同乡村教师合作有显著差异（$\beta=0.288$，$p<0.001$）。

表4-51　师范生教师岗位胜任力与愿意同乡村教师合作回归分析

模型		非标准化系数		标准系数	t	F	R 方	R 方更改
		B	标准误差	试用版				
1	（常量）	1.703	0.030		56.638[①]	592.080[①]	0.083	0.083
	师范生教师岗位胜任力	0.332	0.014	0.288	24.333[①]			

注：因变量：愿意同乡村教师合作。
　　预测变量：（常量），师范生教师岗位胜任力。
①$p<0.001$。

采用回归法对师范生到农村任教自信程度与愿意同乡村教师合作进行回归分析来确定其相关显著性。以愿意同乡村教师合作作为因变量，将师范生到农村任教自信程度作为自变量进行多元回归分析，统计结果见表4-52。模型1中进入自变量师范生到农村任教自信程度，此变量对乡村学校任教同事情况解释度为13.6%，在0.001显著性水平上，模型1回归效果显著（$F=1032.934$，$p<0.001$）。在0.001显著性水平上，到农村任教不同自信程度的师范生间愿意同乡村教师合作有显著差异（$\beta=0.369$，$p<0.001$）。

表4-52　师范生到农村任教自信程度与愿意同乡村教师合作回归分析

模型		非标准化系数		标准系数	t	F	R 方	R 方更改
		B	标准误差	试用版				
1	（常量）	1.595	0.027		59.848[①]	1032.934[①]	0.136	0.136
	师范生到农村任教自信程度	0.348	0.011	0.369	32.139[①]			

注：因变量：愿意同乡村教师合作。
　　预测变量：（常量），师范生到农村任教自信程度。
①$p<0.001$。

采用回归法对师范生教师资格证考取难易程度与愿意同乡村教师合作进行回

归分析来确定其相关显著性。以愿意同乡村教师合作作为因变量,将师范生教师资格证考取难易程度作为自变量进行多元回归分析,统计结果见表4-53。模型1中进入自变量师范生教师资格证考取难易程度,此变量对乡村学校任教同事情况解释度为1.3%,在0.001显著性水平上,模型1回归效果显著($F=85.911$,$p<0.001$)。在0.001显著性水平上,教师资格证考取难易程度不同的师范生间愿意同乡村教师合作有显著差异($\beta=0.114$,$p<0.001$)。

表4-53 师范生教师资格证考取难易程度与愿意同乡村教师合作回归分析

模型		非标准化系数		标准系数	t	F	R方	R方更改
		B	标准误差	试用版				
1	(常量)	2.096	0.034		62.178[①]	85.911[①]	0.013	0.013
	师范生教师资格证考取难易程度	0.108	0.012	0.114	9.269[①]			

注:因变量:愿意同乡村教师合作。

预测变量:(常量),师范生教师资格证考取难易程度。

①$p<0.001$。

采用回归法对师范生职业规划与愿意同乡村教师合作进行回归分析来确定其相关显著性。以愿意同乡村教师合作作为因变量,将师范生职业规划作为自变量进行多元回归分析,统计结果见表4-54。模型1中进入自变量师范生职业规划,此变量对乡村学校任教同事情况解释度为5.2%,在0.001显著性水平上,模型1回归效果显著($F=362.299$,$p<0.001$)。在0.001显著性水平上,职业规划不同的师范生间愿意同乡村教师合作有显著差异($\beta=0.229$,$p<0.001$)。

表4-54 师范生职业规划与愿意同乡村教师合作回归分析

模型		非标准化系数		标准系数	t	F	R方	R方更改
		B	标准误差	试用版				
1	(常量)	1.823	0.032		57.654[①]	362.299[①]	0.052	0.052
	师范生职业规划	0.224	0.012	0.229	19.034[①]			

注:因变量:愿意同乡村教师合作。

预测变量:(常量),师范生职业规划。

①$p<0.001$。

采用回归法对师范生对农村学校了解程度与愿意同乡村教师合作进行回归分析来确定其相关显著性。以愿意同乡村教师合作作为因变量,将师范生对农村学校了解程度作为自变量进行多元回归分析,统计结果见表4-55。模型1中进入自

变量师范生对农村学校了解程度，此变量对乡村学校任教同事情况解释度为
8.4%，在 0.001 显著性水平上，模型 1 回归效果显著（$F = 600.025$，$p < 0.001$）。
在 0.001 显著性水平上，对农村学校了解程度不同的师范生间愿意同乡村教师合
作有显著差异（$\beta = 0.290$，$p < 0.001$）。

表 4-55 师范生对农村学校了解程度与愿意同乡村教师合作回归分析

模型		非标准化系数		标准系数	t	F	R 方	R 方更改
		B	标准误差	试用版				
1	（常量）	1.676	0.031		54.183[①]	600.025[①]	0.084	0.084
	师范生对农村学校了解程度	0.261	0.011	0.290	24.495[①]			

注：因变量：愿意同乡村教师合作。

预测变量：（常量），师范生对农村学校了解程度。

[①]$p < 0.001$。

采用回归法对师范生融入农村生活速度与愿意同乡村教师合作进行回归分析
来确定其相关显著性。以愿意同乡村教师合作作为因变量，将师范生融入农村生
活速度作为自变量进行多元回归分析，统计结果见表 4-56。模型 1 中进入自变量
师范生融入农村生活速度，此变量对乡村学校任教同事情况解释度为 20.6%，在
0.001 显著性水平上，模型 1 回归效果显著（$F = 1693.794$，$p < 0.001$）。在 0.001
显著性水平上，融入农村生活速度不同的师范生间愿意同乡村教师合作有显著差
异（$\beta = 0.453$，$p < 0.001$）。

表 4-56 师范生融入农村生活速度与愿意同乡村教师合作回归分析

模型		非标准化系数		标准系数	t	F	R 方	R 方更改
		B	标准误差	试用版				
1	（常量）	1.427	0.025		56.533[①]	1693.794[①]	0.206	0.206
	师范生融入农村生活速度	0.391	0.009	0.453	41.156[①]			

注：因变量：愿意同乡村教师合作。

预测变量：（常量），师范生融入农村生活速度。

[①]$p < 0.001$。

上面的回归分析的是单独将师范生职业发展状况分项作为自变量投入方程中的
结果。考虑到现实中，师范生职业发展状况的各个方面是同时存在的，因此，用分
层回归法再次分析师范生职业发展状况的所有分项内容对喜欢乡村学校环境、愿意
帮助乡村学生和愿意同乡村教师合作的影响程度，分析结果见表 4-57~表 4-59。

（四）喜欢乡村学校环境与师范生职业发展状况的所有分项回归

表 4-57　喜欢乡村学校环境与师范生职业发展状况的所有分项回归分析

模型		非标准化系数		标准系数	t	F	R 方	R 方更改
		B	标准误差	试用版				
1	（常量）	1.834	0.024		76.747①	2072.931①	0.241	0.241
	到农村任教融入农村生活的速度	0.409	0.009	0.490	45.529①			
2	（常量）	1.671	0.028		59.074①	1109.651①	0.253	0.013
	到农村任教融入农村生活的速度	0.338	0.011	0.405	30.281①			
	对农村学校了解程度	0.123	0.012	0.141	10.555①			
3	（常量）	1.495	0.034		43.665①	775.861①	0.262	0.009
	到农村任教融入农村生活的速度	0.327	0.011	0.392	29.270①			
	农村学校了解程度	0.107	0.012	0.123	9.149①			
	师范生的教学技能水平	0.112	0.012	0.100	9.006①			
4	（常量）	1.469	0.035		42.589①	591.768①	0.266	0.003
	到农村任教融入农村生活的速度	0.307	0.012	0.368	26.147①			
	对农村学校了解程度	0.097	0.012	0.111	8.141①			
	师范生的教学技能水平	0.092	0.013	0.082	7.144①			
	到农村学校任教自信程度	0.065	0.012	0.071	5.421①			

续表 4-57

模型		非标准化系数		标准系数	t	F	R 方	R 方更改
		B	标准误差	试用版				
5	（常量）	1.439	0.036		40.138[①]	475.927[①]	0.267	0.001
	到农村任教融入农村生活的速度	0.308	0.012	0.369	26.239[①]			
	对农村学校了解程度	0.088	0.012	0.100	7.145[①]			
	师范生的教学技能水平	0.083	0.013	0.074	6.312[①]			
	到农村学校任教自信程度	0.056	0.012	0.061	4.529[①]			
	师范生的职业规划	0.037	0.012	0.039	3.080[②]			
6	（常量）	1.430	0.036		39.668[①]	397.888[①]	0.267	0.001
	到农村任教融入农村生活的速度	0.307	0.012	0.368	26.181[①]			
	对农村学校了解程度	0.088	0.012	0.100	7.155[①]			
	师范生的教学技能水平	0.058	0.017	0.052	3.468[②]			
	到农村学校任教自信程度	0.049	0.013	0.054	3.924[①]			
	师范生的职业规划	0.034	0.012	0.036	2.870[②]			
	师范生的岗位胜任力	0.042	0.017	0.038	2.431[③]			

注：因变量：喜欢乡村学校环境。

模型 1：预测变量：（常量），到农村任教融入农村生活的速度。

模型 2：预测变量：（常量），到农村任教融入农村生活的速度，对农村学校了解程度。

模型 3：预测变量：（常量），到农村任教融入农村生活的速度，对农村学校了解程度，师范生的教学技能水平。

模型 4：预测变量：（常量），到农村任教融入农村生活的速度，对农村学校了解程度，师范生的教学技能水平，到农村学校任教自信程度。

模型 5：预测变量：（常量），到农村任教融入农村生活的速度，对农村学校了解程度，师范生的教学技能水平，到农村学校任教自信程度，师范生的职业规划。

模型 6：预测变量：（常量），到农村任教融入农村生活的速度，对农村学校了解程度，师范生的教学技能水平，到农村学校任教自信程度，师范生的职业规划，师范生的岗位胜任力。

①$p<0.001$；②$p<0.01$；③$p<0.05$。

模型 1：进入自变量——到农村任教融入农村生活的速度，此变量对农村学校任教环境情况解释度为 24.1%，在 0.001 显著性水平上，模型 1 回归效果显著（$F=2072.931$，$p<0.001$）。在 0.001 显著性水平上，融入农村生活速度不同的师范生间喜欢乡村学校环境有显著差异（$\beta=0.490$，$p<0.001$）。

模型 2：进一步进入自变量——到农村任教融入农村生活的速度，对农村学校了解程度，所有变量对农村学校任教环境情况解释度为 25.3%，其中对农村学校了解程度的解释度为 1.3%。在 0.001 显著性水平上，模型 2 回归效果显著（$F=1109.651$，$p<0.001$）。在 0.001 显著性水平上，融入农村生活速度不同的师范生间喜欢乡村学校环境显著差异（$\beta=0.405$，$p<0.001$）；对农村学校了解程度不同的师范生间喜欢乡村学校环境有显著差异（$\beta=0.141$，$p<0.001$）。

模型 3：进一步进入自变量——农村任教融入农村生活的速度，对农村学校了解程度，师范生的教学技能水平，所有变量对农村学校任教环境情况解释度为 26.2%，其中，师范生的教学技能水平的解释度为 0.9%。在 0.001 显著性水平上，模型 3 回归效果显著（$F=775.861$，$p<0.001$）。在 0.001 显著性水平上，融入农村生活速度不同的师范生间喜欢乡村学校环境有显著差异（$\beta=0.392$，$p<0.001$）；在 0.001 显著性水平上，对农村学校了解程度不同的师范生间喜欢乡村学校环境有显著差异（$\beta=0.123$，$p<0.001$）；在 0.001 显著性水平上，不同教学技能水平师范生间喜欢乡村学校环境有显著差异（$\beta=0.100$，$p<0.001$）。

模型 4：进一步进入自变量——农村任教融入农村生活的速度，对农村学校了解程度，师范生的教学技能水平，到农村任教的自信程度，所有变量对农村学校任教环境情况解释度为 26.6%，其中，到农村任教的自信程度的解释度为 0.3%。在 0.001 显著性水平上，模型 4 回归效果显著（$F=591.768$，$p<0.001$）。在 0.001 显著性水平上，融入农村生活速度不同的师范生间喜欢乡村学校环境有显著差异（$\beta=0.368$，$p<0.001$）；在 0.001 显著性水平上，对农村学校了解程度不同的师范生间喜欢乡村学校环境有显著差异（$\beta=0.111$，$p<0.001$）；在 0.001 显著性水平上，不同教学技能水平师范生间喜欢乡村学校环境有显著差异（$\beta=0.082$，$p<0.001$）；在 0.001 显著性水平上，到农村学校任教自信程度不同的师范生间喜欢乡村学校环境有显著差异（$\beta=0.071$，$p<0.001$）。

模型 5：进一步进入自变量——到农村任教融入农村生活的速度，对农村学校了解程度，师范生的教学技能水平，到农村任教的自信程度，师范生的职业规划，所有变量对农村学校任教环境情况解释度为 26.7%，其中师范生的职业规划的解释度为 0.1%。在 0.001 显著性水平上，模型 5 回归效果显著（$F=475.927$，$p<0.001$）。在 0.001 显著性水平上，融入农村生活速度不同的师范生间喜欢乡村学校环境有显著差异（$\beta=0.369$，$p<0.001$）；在 0.001 显著性水平上，对农村学校了解程度不同的师范生间喜欢乡村学校环境有显著差异（$\beta=0.100$，$p<$

0.001）；在 0.001 显著性水平上，不同教学技能水平师范生间喜欢乡村学校环境有显著差异（$\beta=0.074$，$p<0.001$）；在 0.001 显著性水平上，到农村学校任教自信程度不同的师范生间喜欢乡村学校环境有显著差异（$\beta=0.061$，$p<0.001$）；在 0.01 显著性水平上，职业规划不同的师范生间喜欢乡村学校环境有显著差异（$\beta=0.039$，$p<0.01$）。

模型 6：进入自变量——到农村任教融入农村生活的速度，对农村学校了解程度，师范生的教学技能水平，到农村任教的自信程度，师范生的职业规划，师范生的岗位胜任力，所有变量对农村学校任教环境情况解释度为 26.7%，其中师范生的教师岗位胜任力的解释度为 0.1%。在 0.001 显著性水平上，模型 6 回归效果显著（$F=397.888$，$p<0.001$）。在 0.001 显著性水平上，到农村任教的话，融入农村生活速度不同的师范生间喜欢乡村学校环境有显著差异（$\beta=0.368$，$p<0.001$），在 0.001 显著性水平上，对农村学校了解程度不同的师范生间喜欢乡村学校环境有显著差异（$\beta=0.100$，$p<0.001$）。在 0.01 显著性水平上，不同教学技能水平师范生间喜欢乡村学校环境有显著差异（$\beta=0.052$，$p<0.01$）。在 0.001 显著性水平上，到农村学校任教自信程度不同的师范生间喜欢乡村学校环境有显著差异（$\beta=0.054$，$p<0.001$），在 0.01 显著性水平上，职业规划不同的师范生间喜欢乡村学校环境有显著差异（$\beta=0.036$，$p<0.01$）。在 0.05 显著性水平上，教师岗位胜任力不同的师范生间喜欢乡村学校环境有显著差异（$\beta=0.038$，$p<0.05$）。

（五）愿意帮助乡村学生与师范生职业发展状况的所有分项回归

表 4-58 愿意帮助乡村学生与师范生职业发展状况的所有分项回归分析

模型		非标准化系数		标准系数	t	F	R 方	R 方更改
		B	标准误差	试用版				
1	（常量）	1.395	0.026		54.161[①]	1304.302[①]	0.166	0.166
	到农村任教融入农村生活的速度	0.350	0.010	0.408	36.115[①]			
2	（常量）	1.174	0.029		40.704[①]	803.097[①]	0.197	0.031
	到农村任教融入农村生活的速度	0.262	0.011	0.305	23.795[①]			
	到农村学校任教自信程度	0.191	0.012	0.204	15.871[①]			

模型		非标准化系数		标准系数	t	F	R 方	R 方更改
		B	标准误差	试用版				
3	（常量）	0.996	0.033		30.156①	583.296①	0.211	0.014
	到农村任教融入农村生活的速度	0.254	0.011	0.295	23.174①			
	到农村学校任教自信程度	0.140	0.013	0.149	10.870①			
	师范生的岗位胜任力	0.152	0.014	0.133	10.750①			
4	（常量）	0.955	0.035		27.368①	441.744①	0.212	0.002
	到农村任教融入农村生活的速度	0.252	0.011	0.294	23.059①			
	到农村学校任教自信程度	0.136	0.013	0.145	10.582①			
	师范生的岗位胜任力	0.110	0.018	0.096	6.117①			
	师范生的班级管理能力	0.064	0.017	0.056	3.701①			
5	（常量）	1.019	0.040		25.633①	356.233①	0.213	0.001
	到农村任教融入农村生活的速度	0.254	0.011	0.296	23.233①			
	到农村学校任教自信程度	0.143	0.013	0.152	10.962①			
	师范生的岗位胜任力	0.113	0.018	0.098	6.231①			
	师范生的班级管理能力	0.070	0.017	0.061	4.034①			
	教师资格证考取的难易程度	-0.037	0.011	-0.039	-3.368②			

模型		非标准化系数		标准系数	t	F	R 方	R 方更改
		B	标准误差	试用版				
6	（常量）	1.045	0.041		25.582①	298.381①	0.214	0.001
	到农村任教融入农村生活的速度	0.271	0.012	0.315	21.667①			
	到农村学校任教自信程度	0.148	0.013	0.157	11.239①			
	师范生的岗位胜任力	0.113	0.018	0.098	6.244①			
	师范生的班级管理能力	0.073	0.017	0.064	4.213①			
	教师资格证考取的难易程度	−0.033	0.011	−0.035	−3.002②			
	对农村学校的了解程度	−0.035	0.013	−0.039	−2.724			
7	（常量）	1.033	0.041		25.073①	256.541①	21.5	0.001
	到农村任教融入农村生活的速度	0.272	0.013	0.316	21.722①			
	到农村学校任教自信程度	0.142	0.013	0.151	10.630①			
	师范生的岗位胜任力	0.110	0.018	0.096	6.065①			
	师范生的班级管理能力	0.069	0.017	0.061	3.969①			

模型		非标准化系数		标准系数	t	F	R 方	R 方更改
		B	标准误差	试用版				
7	教师资格证考取的难易程度	-0.040	0.011	-0.042	-3.467②	256.541①	21.5	0.001
	对农村学校的了解程度	-0.041	0.013	-0.045	-3.120②			
	师范生的职业规划	0.028	0.013	0.029	2.129③			

注：因变量：愿意帮助乡村学生。

模型 1：预测变量：（常量），到农村任教融入农村生活的速度。

模型 2：预测变量：（常量），到农村任教融入农村生活的速度，到农村学校任教自信程度。

模型 3：预测变量：（常量），到农村任教融入农村生活的速度，到农村学校任教自信程度，师范生的岗位胜任力。

模型 4：预测变量：（常量），到农村任教融入农村生活的速度，到农村学校任教自信程度，师范生的岗位胜任力，师范生的班级管理能力。

模型 5：预测变量：（常量），到农村任教融入农村生活的速度，到农村学校任教自信程度，师范生的岗位胜任力，师范生的班级管理能力，教师资格证考取的难易程度。

模型 6：预测变量：（常量），到农村任教融入农村生活的速度，到农村学校任教自信程度，师范生的岗位胜任力，师范生的班级管理能力，教师资格证考取的难易程度，对农村学校了解程度。

模型 7：预测变量：（常量），到农村任教融入农村生活的速度，到农村学校任教自信程度，师范生的岗位胜任力，师范生的班级管理能力，教师资格证考取的难易程度，对农村学校了解程度，师范生的职业规划。

① $p<0.001$；② $p<0.01$；③ $p<0.05$。

模型 1：进入自变量——到农村任教融入农村生活的速度，此变量对农村学校任教学生情况解释度为 16.6%，在 0.001 显著性水平上，模型 1 回归效果显著（ $F=1304.302$ ， $p<0.001$ ）。在 0.001 显著性水平上，融入农村生活速度不同的师范生间愿意帮助乡村学生有显著差异（ $\beta=0.408$ ， $p<0.001$ ）。

模型 2：进一步进入自变量——到农村任教融入农村生活的速度，到农村学校任教自信程度，所有变量对愿意帮助乡村学生解释度 19.7%，其中到农村学校任教自信程度的解释度为 3.1%。在 0.001 显著性水平上，模型 2 回归效果显著（ $F=803.097$ ， $p<0.001$ ）。在 0.001 显著性水平上，融入农村生活速度不同的师

范生间愿意帮助乡村学生显著差异（$\beta=0.305$，$p<0.001$）；在 0.001 显著性水平上，到农村学校任教自信程度不同的师范生间愿意帮助乡村学生有显著差异（$\beta=0.204$，$p<0.001$）。

模型 3：进一步进入自变量——农村任教融入农村生活的速度，到农村学校任教自信程度，师范生的岗位胜任力，所有变量对愿意帮助乡村学生解释度 21.1%，其中，师范生的岗位胜任力的解释度为 1.4%。在 0.001 显著性水平上，模型 3 回归效果显著（$F=583.296$，$p<0.001$）。在 0.001 显著性水平上，融入农村生活速度不同的师范生间愿意帮助乡村学生有显著差异（$\beta=0.295$，$p<0.001$）；在 0.001 显著性水平上，对到农村学校任教自信程度不同的师范生间愿意帮助乡村学生有显著差异（$\beta=0.149$，$p<0.001$）；在 0.001 显著性水平上，不同岗位胜任力师范生间愿意帮助乡村学生有显著差异（$\beta=0.133$，$p<0.001$）。

模型 4：进一步进入自变量——农村任教融入农村生活的速度，到农村学校任教自信程度，师范生的岗位胜任力，师范生的班级管理能力，所有变量愿意帮助乡村学生解释度 21.2%，其中，师范生的班级管理能力的解释度为 0.2%。在 0.001 显著性水平上，模型 4 回归效果显著（$F=441.744$，$p<0.001$）。在 0.001 显著性水平上，融入农村生活速度不同的师范生间愿意帮助乡村学生有显著差异（$\beta=0.294$，$p<0.001$）；在 0.001 显著性水平上，到农村学校任教自信程度不同的师范生间愿意帮助乡村学生有显著差异（$\beta=0.145$，$p<0.001$）；在 0.001 显著性水平上，不同岗位胜任力师范生间愿意帮助乡村学生有显著差异（$\beta=0.096$，$p<0.001$）；在 0.001 显著性水平上，班级管理能力不同的师范生间愿意帮助乡村学生有显著差异（$\beta=0.056$，$p<0.001$）。

模型 5：进一步进入自变量——到农村任教融入农村生活的速度，到农村学校任教自信程度，师范生的岗位胜任力，师范生的班级管理能力，教师资格证考取的难易程度，所有变量对愿意帮助乡村学生解释度 21.3%，其中，教师资格证考取的难易程度的解释度为 0.1%。在 0.001 显著性水平上，模型 5 回归效果显著（$F=356.233$，$p<0.001$）。在 0.001 显著性水平上，融入农村生活速度不同的师范生间愿意帮助乡村学生有显著差异（$\beta=0.296$，$p<0.001$）；在 0.001 显著性水平上，到农村学校任教自信程度不同的师范生间愿意帮助乡村学生有显著差异（$\beta=0.152$，$p<0.001$）；在 0.001 显著性水平上，不同岗位胜任力师范生间愿意帮助乡村学生有显著差异（$\beta=0.098$，$p<0.001$）；在 0.001 显著性水平上，班级管理能力不同的师范生间愿意帮助乡村学生有显著差异（$\beta=0.061$，$p<0.001$）；

在 0.01 显著性水平上，教师资格证考取的难易程度不同的师范生间愿意帮助乡村学生有显著差异（$\beta = -0.039$，$p < 0.01$）。

模型 6：进入自变量——到农村任教融入农村生活的速度，到农村学校任教自信程度，师范生的岗位胜任力，师范生的班级管理能力，教师资格证考取的难易程度，对农村学校的了解程度，所有变量对愿意帮助乡村学生解释度为 21.4%，其中对农村学校的了解程度的解释度为 0.1%。在 0.001 显著性水平上，模型 6 回归效果显著（$F = 298.381$，$p < 0.001$）。在 0.001 显著性水平上，到农村任教的话，融入农村生活速度不同的师范生间愿意帮助乡村学生有显著差异（$\beta = 0.315$，$p < 0.001$），在 0.001 显著性水平上，到农村学校任教自信程度不同的师范生间愿意帮助乡村学生有显著差异（$\beta = 0.157$，$p < 0.001$）。在 0.001 显著性水平上，岗位胜任力不同的师范生间愿意帮助乡村学生有显著差异（$\beta = 0.098$，$p < 0.001$）。在 0.001 显著性水平上，班级管理能力不同的师范生间愿意帮助乡村学生有显著差异（$\beta = 0.064$，$p < 0.001$）。在 0.01 显著性水平上，教师资格证考取难度不同的师范生间愿意帮助乡村学生有显著差异（$\beta = -0.035$，$p < 0.01$）。在 0.01 显著性水平上，对农村学校了解程度不同的师范生间愿意帮助乡村学生有显著差异（$\beta = -0.039$，$p < 0.01$）。

模型 7：进入自变量——到农村任教融入农村生活的速度，到农村学校任教自信程度，师范生的岗位胜任力，师范生的班级管理能力，教师资格证考取的难易程度，对农村学校的了解程度，师范生的职业规划，所有变量对愿意帮助乡村学生解释度为 21.5%，其中师范生职业规划的解释度为 0.1%。在 0.001 显著性水平上，模型 7 回归效果显著（$F = 256.541$，$p < 0.001$）。在 0.001 显著性水平上，到农村任教融入农村生活速度不同的师范生间愿意帮助乡村学生有显著差异（$\beta = 0.316$，$p < 0.001$）。在 0.001 显著性水平上，到农村学校任教自信程度不同的师范生间愿意帮助乡村学生有显著差异（$\beta = 0.151$，$p < 0.001$）。在 0.001 显著性水平上，岗位胜任力不同的师范生间愿意帮助乡村学生有显著差异（$\beta = 0.096$，$p < 0.001$）。在 0.001 显著性水平上，班级管理能力不同的师范生间愿意帮助乡村学生有显著差异（$\beta = 0.061$，$p < 0.001$）。在 0.01 显著性水平上，教师资格证考取的难易程度不同的师范生间愿意帮助乡村学生有显著差异（$\beta = -0.042$，$p < 0.01$）。在 0.01 显著性水平上，对农村学校的了解程度不同的师范生间愿意帮助乡村学生有显著差异（$\beta = -0.045$，$p < 0.01$）。在 0.05 显著性水平上，职业规划不同的师范生间愿意帮助乡村学生有显著差异（$\beta = 0.029$，$p < 0.05$）。

（六）愿意同乡村教师合作与师范生职业发展状况的所有分项回归

表 4-59 愿意同乡村教师合作与师范生职业发展状况的所有分项回归分析

模型		非标准化系数		标准系数	t	F	R 方	R 方更改
		B	标准误差	试用版				
1	（常量）	1.427	0.025		56.533①	1693.7941①	0.206	0.206
	到农村任教融入农村生活的速度	0.391	0.009	0.453	41.156①			
2	（常量）	1.114	0.032		34.785①	996.796①	0.234	0.028
	到农村任教融入农村生活的速度	0.349	0.010	0.404	35.851①			
	师范生岗位胜任力	0.201	0.013	0.174	15.439①			
3	（常量）	1.048	0.032		32.297①	708.967①	0.245	0.012
	到农村任教融入农村生活的速度	0.301	0.011	0.349	27.990①			
	师范生岗位胜任力	0.148	0.014	0.129	10.686①			
	到农村学校任教自信程度	0.128	0.013	0.136	10.120①			
4	（常量）	1.019	0.034		29.734①	533.893①	0.246	0.001
	到农村任教融入农村生活的速度	0.300	0.011	0.348	27.899①			
	师范生岗位胜任力	0.120	0.018	0.104	6.743①			
	到农村学校任教自信程度	0.125	0.013	0.133	9.907①			
	师范生班级管理能力	0.044	0.017	0.039	2.606②			

模型		非标准化系数		标准系数	t	F	R 方	R 方更改
		B	标准误差	试用版				
5	（常量）	1.064	0.039		27.228①	428.567①	0.247	0.001
	到农村任教融入农村生活的速度	0.301	0.011	0.350	28.000①			
	师范生岗位胜任力	0.121	0.018	0.105	6.822①			
	到农村学校任教自信程度	0.130	0.013	0.138	10.150①			
	师范生班级管理能力	0.049	0.017	0.042	2.841②			
	教师资格证考取难易程度	-0.026	0.011	-0.027	-2.392③			

注：因变量：愿意同乡村教师合作。

模型 1：预测变量：（常量），到农村任教融入农村生活的速度。

模型 2：预测变量：（常量），到农村任教融入农村生活的速度，师范生岗位胜任力。

模型 3：预测变量：（常量），到农村任教融入农村生活的速度，师范生岗位胜任力，到农村学校任教自信程度。

模型 4：预测变量：（常量），到农村任教融入农村生活的速度，师范生岗位胜任力，到农村学校任教自信程度，师范生班级管理能力。

模型 5：预测变量：（常量），到农村任教融入农村生活的速度，师范生岗位胜任力，到农村学校任教自信程度，师范生班级管理能力，教师资格证考取难易程度。

① $p<0.001$；② $p<0.01$；③ $p<0.05$。

　　模型 1：进入自变量——到农村任教融入农村生活的速度，此变量对愿意同乡村教师合作解释度为 20.6%，在 0.001 显著性水平上，模型 1 回归效果显著（ $F=1693.7941$， $p<0.001$ ）。在 0.001 显著性水平上，融入农村生活速度不同的师范生间愿意同乡村教师合作有显著差异（ $\beta=0.453$， $p<0.001$ ）。

　　模型 2：进一步进入自变量——到农村任教融入农村生活的速度，师范生岗位胜任力，所有变量对愿意同乡村教师合作解释度 23.4%，其中师范生岗位胜任力的解释度为 2.8%。在 0.001 显著性水平上，模型 2 回归效果显著（ $F=996.796$， $p<0.001$ ）。在 0.001 显著性水平上，融入农村生活速度不同的师范生间愿意同乡村教师合作显著差异（ $\beta=0.404$， $p<0.001$ ）；在 0.001 显著性水平

上，师范生岗位胜任力不同的师范生间愿意同乡村教师合作有显著差异（$\beta = 0.174$, $p < 0.001$）。

模型 3：进一步进入自变量——农村任教融入农村生活的速度，师范生岗位胜任力，到农村学校任教自信程度，所有变量对愿意同乡村教师合作解释度 24.5%，其中，到农村学校任教自信程度的解释度为 1.2%。在 0.001 显著性水平上，模型 3 回归效果显著（$F = 708.967$, $p < 0.001$）。在 0.001 显著性水平上，融入农村生活速度不同的师范生间愿意同乡村教师合作有显著差异（$\beta = 0.349$, $p < 0.001$）；在 0.001 显著性水平上，岗位胜任力不同的师范生间愿意同乡村教师合作有显著差异（$\beta = 0.129$, $p < 0.001$）；在 0.001 显著性水平上，到农村学校任教自信程度不同的师范生间愿意同乡村教师合作有显著差异（$\beta = 0.136$, $p < 0.001$）。

模型 4：进一步进入自变量——农村任教融入农村生活的速度，师范生岗位胜任力，到农村学校任教自信程度，师范生的班级管理能力，所有变量愿意同乡村教师合作解释度 24.6%，其中，师范生的班级管理能力的解释度为 0.1%。在 0.001 显著性水平上，模型 4 回归效果显著（$F = 533.893$, $p < 0.001$）。在 0.001 显著性水平上，融入农村生活速度不同的师范生间愿意同乡村教师合作有显著差异（$\beta = 0.348$, $p < 0.001$）；在 0.001 显著性水平上，到农村学校任教自信程度不同的师范生间愿意同乡村教师合作有显著差异（$\beta = 0.104$, $p < 0.001$）；在 0.001 显著性水平上，不同师范生间愿意同乡村教师合作有显著差异（$\beta = 0.133$, $p < 0.001$）；在 0.01 显著性水平上，班级管理能力不同的师范生间愿意同乡村教师合作有显著差异（$\beta = 0.039$, $p < 0.01$）。

模型 5：进一步进入自变量——到农村任教融入农村生活的速度，师范生岗位胜任力，到农村学校任教自信程度，师范生的班级管理能力，教师资格证考取的难易程度，所有变量对愿意同乡村教师合作解释度 24.7%，其中，教师资格证考取的难易程度的解释度为 0.1%。在 0.001 显著性水平上，模型 5 回归效果显著（$F = 428.567$, $p < 0.001$）。在 0.001 显著性水平上，融入农村生活速度不同的师范生间愿意同乡村教师合作有显著差异（$\beta = 0.350$, $p < 0.001$）；在 0.001 显著性水平上，岗位胜任力不同的师范生间愿意同乡村教师合作有显著差异（$\beta = 0.105$, $p < 0.001$）；在 0.001 显著性水平上，到农村学校任教自信程度不同师范生间愿意同乡村教师合作有显著差异（$\beta = 0.138$, $p < 0.001$）；在 0.01 显著性水平上，班级管理能力不同的师范生间愿意同乡村教师合作有显著差异（$\beta = 0.042$, $p < 0.01$）；在 0.05 显著性水平上，教师资格证考取的难易程度不同的师范生间愿意同乡村教师合作有显著差异（$\beta = -0.027$, $p < 0.05$）。

第五章　高校因素对地方高校师范生乡村任教意愿的影响

高等教育作为学校教育的高级形式，良好的高等教育环境是一个能够成功地实现社会化目标的成长环境，一个有利于创新人才培养的创新教育环境，包括智识能力培养环境和品德个性发展环境。其中，每一种环境的构成因素既有关系全局的宏观因素，又有对学生个体直接产生影响作用的微观因素，如教育目标、课程设置、文化导向等都会对地方高校师范生去乡村任教的意愿发生影响。本章依据高校因素的数据对地方高校师范生乡村任教意愿的现状进行分析，为进一步揭示高校因素对地方高校师范生乡村任教意愿的影响提供现实基础。

第一节　地方高校师范生培养高校环境现实描述

一、地方高校师范生培养高校环境基本概况

地方高校师范生培养高校环境包括对学生发生影响作用的所有因素，既包括了物质环境，也包括精神环境，既指自然环境，也包括了社会环境等。地方高校师范生培养高校环境在本文中主要包括服务地方目标的明确性、课程设置的地域性、实践教学的地域性、学校文化导向的地域性及就业指导课程的地域性五个部分。从地方高校师范生培养高校环境的现实数据（表 5-1）来看，地方高校师范生培养高校环境的水平处于一般的状况，均值为 2.9697。

表 5-1　地方高校师范生培养高校环境描述统计

项目	N	极小值	极大值	均值	标准差
高校环境	6546	1	5	2.9697	0.76343
有效的 N	6546				

二、地方高校师范生培养高校环境组成要素基本概况

（一）服务地方目标的明确性

表 5-2 呈现的是服务地方目标的明确性描述统计情况。从表 5-2 中可以看出，

在地方高校师范生培养中，服务地方目标明确性的情况最小值为 1，最大值为 5，均值为 2.87，标准差为 0.982，服务地方目标的明确性水平一般。

表 5-2 服务地方目标的明确性描述统计

项目	N	极小值	极大值	均值	标准差
服务地方目标的明确性均值	6546	1	5	2.87	0.982
有效的 N	6546				

表 5-3 呈现的是是否知道您所在学校是在为当地基础教育系统培养师资的情况。从表 5-3 中可以看出，完全不知道的师范生被试有 202 人，占 3.1%；不太清楚的师范生被试有 1624 人，占 24.8%；一般的师范生被试有 2409 人，占 36.8%；比较清楚的师范生被试有 1754 人，占 26.8%；非常清楚的师范生被试有 557 人，占 8.5%。依据统计结果可以推断 72.1% 的被试清楚所在学校是在为当地基础教育系统培养师资，但仍有 27.9% 的被试不清楚所在学校是在为当地基础教育系统培养师资。

表 5-3 您是否知道您所在学校是在为当地基础教育系统培养师资的频率统计

项目	频率/人	百分比/%	有效百分比/%	累积百分比/%
非常清楚	557	8.5	8.5	8.5
比较清楚	1754	26.8	26.8	35.3
一般	2409	36.8	36.8	72.1
不太清楚	1624	24.8	24.8	96.9
完全不知道	202	3.1	3.1	100.0
合计	6546	100.0	100.0	

（二）课程设置的地域性

表 5-4 呈现的是课程设置的地域性描述统计情况。从表 5-4 中可以看出，课程设置的地域性最小值为 1，最大值为 5，均值为 3.17，标准差为 0.938，课程设置的地域性水平一般。

表 5-4 课程设置的地域性描述统计

项目	N	极小值	极大值	均值	标准差
课程设置的地域性均值	6546	1	5	3.17	0.938
有效的 N	6546				

表 5-5 呈现的是您所学的课程中与"农村"有关的情况。从表 5-5 中可以看出，没有的师范生被试有 478 人，占 7.3%；不太多的师范生被试有 1784 人，占 27.3%；一般的师范生被试有 2934 人，占 44.8%；比较多的师范生被试有 1052 人，占 16.1%；非常多的师范生被试有 298 人，占 4.6%。依据统计结果可以推断 65.4% 的被试认为所学的课程中与"农村"有关的内容多，但仍有 34.6% 的被试认为所学的课程中与"农村"有关的内容不多。

表 5-5 您所学的课程中与"农村"有关的内容频率统计

项目	频率/人	百分比/%	有效百分比/%	累积百分比/%
非常多	298	4.6	4.6	4.6
比较多	1052	16.1	16.1	20.6
一般	2934	44.8	44.8	65.4
不太多	1784	27.3	27.3	92.7
没有	478	7.3	7.3	100.0
合计	6546	100.0	100.0	

（三）实践教学的地域性

表 5-6 呈现的是实践教学的地域性描述统计情况。从表 5-6 中可以看出，实践教学的地域性最小值为 1，最大值为 5，均值为 2.91，标准差为 0.853，实践教学的地域性水平一般。

表 5-6 实践教学的地域性描述统计

项目	N	极小值	极大值	均值	标准差
课程设置的地域性均值	6546	1	5	2.91	0.853
有效的 N	6546				

表 5-7 呈现的是所在学校的师范生到农村学校进行教育实习的情况。从表 5-7 中可以看出，没有的师范生被试有 171 人，占 2.6%；不太多的师范生被试有 1228 人，占 18.8%；一般的师范生被试有 3344 人，占 51.5%；比较多的师范生被试有 1435 人，占 21.9%；非常多的师范生被试有 368 人，占 5.6%。依据统计结果可以推断 78.6% 的被试到农村学校进行教育实习的学生频率高，但仍有 21.4% 的被试到农村学校进行教育实习的学生频率不高。

表 5-7 师范生到农村学校进行教育实习的学生频率统计

项目	频率/人	百分比/%	有效百分比/%	累积百分比/%
非常多	368	5.6	5.6	5.6
比较多	1435	21.9	21.9	27.5
一般	3344	51.5	51.5	78.6
不太多	1228	18.8	18.8	97.4
没有	171	2.6	2.6	100.0
合计	6546	100.0	100.0	

(四) 学校文化导向的地域性

表 5-8 呈现的是学校文化导向的地域性描述统计情况。从表 5-8 中可以看出，学校文化导向的地域性最小值为 1，最大值为 5，均值为 2.99，标准差为 0.939，学校文化导向的地域性水平一般。

表 5-8 学校文化导向的地域性描述统计

项目	N	极小值	极大值	均值	标准差
课程设置的地域性均值	6546	1	5	2.99	0.939
有效的 N	6546				

表 5-9 呈现的是所在学校邀请农村杰出教师给师范生作报告的情况。从表 5-9 中可以看出，没有的师范生被试有 431 人，占 6.6%；不太多的师范生被试有 1154 人，占 17.6%；一般的师范生被试有 3250 人，占 49.6%；比较多的师范生被试有 1315 人，占 20.1%；非常多的师范生被试有 396 人，占 6.0%。依据统计结果可以推断 75.8% 的被试所在学校邀请农村杰出教师给师范生作报告的频率高，但仍有 24.2% 的被试所在学校邀请农村杰出教师给师范生作报告的频率不高。

表 5-9 所在学校邀请农村杰出教师给师范生作报告的情况频率统计

项目	频率/人	百分比/%	有效百分比/%	累积百分比/%
非常多	396	6.0	6.0	6.0
比较多	1315	20.1	20.1	26.1
一般	3250	49.6	49.6	75.8
不太多	1154	17.6	17.6	93.4
没有	431	6.6	6.6	100.0
合计	6546	100.0	100.0	

（五）就业指导课程的地域性

表 5-10 呈现的是就业指导课程的地域性描述统计情况。从表 5-10 中可以看出，课程设置的地域性最小值为 1，最大值为 5，均值为 2.92，标准差为 0.856，就业指导课程的地域性水平一般。

表 5-10 就业指导课程的地域性描述统计

项目	N	极小值	极大值	均值	标准差
课程设置的地域性均值	6546	1	5	2.92	0.856
有效的 N	6546				

表 5-11 呈现的是您所在学校的师范生就业指导课程中有关农村地区就业的信息的情况。从表 5-11 可以看出，没有的师范生被试有 216 人，占 3.3%；不太多的师范生被试有 1129 人，占 17.2%；一般的师范生被试有 3455 人，占 52.8%；比较多的师范生被试有 1380 人，占 21.1%；非常多的师范生被试有 366 人，占 5.6%。依据统计结果可以推断 79.5%的被试所在学校的师范生就业指导课程中有关农村地区就业的信息多，但仍有 20.5%的被试所在学校的师范生就业指导课程中有关农村地区就业的信息不多。

表 5-11 师范生就业指导课程中有关农村地区就业的信息频率统计

项目	频率/人	百分比/%	有效百分比/%	累积百分比/%
非常多	366	5.6	5.6	5.6

项目	频率/人	百分比/%	有效百分比/%	累积百分比/%
比较多	1380	21.1	21.1	26.7
一般	3455	52.8	52.8	79.5
不太多	1129	17.2	17.2	96.7
没有	216	3.3	3.3	100.0
合计	6546	100.0	100.0	

第二节　高校因素与地方高校师范生
乡村任教意愿的相关分析

一、高校因素与地方高校师范生乡村任教意愿整体相关性

表 5-12 呈现的是高校因素与地方高校师范生乡村任教意愿整体相关性分析情况。从表 5-12 可以看出，高校因素与地方高校师范生乡村任教意愿整体存在显著相关，相关系数为 0.358，p 值小于 0.01。进一步分析，发现高校因素与地方高校师范生乡村环境任教意愿、地方高校师范生乡村学生任教意愿和地方高校师范生乡村同事任教意愿之间也存在显著相关，高校因素与地方高校师范生乡村环境任教意愿相关系数为 0.411，p 值小于 0.01；高校因素与地方高校师范生乡村学生任教意愿相关系数为 0.226，p 值小于 0.01；高校因素与地方高校师范生乡村同事任教意愿相关系数为 0.277，p 值小于 0.01。

表 5-12　高校因素与地方高校师范生乡村任教意愿整体相关性分析

项目	乡村学校任教意愿总体	乡村环境任教意愿	乡村学生任教意愿	乡村同事任教意愿
高校因素	0.358	0.411	0.226	0.277

注：$p<0.01$。

二、高校因素分项与地方高校师范生乡村任教意愿分项相关性

为了更好地分析高校因素的各个方面对地方高校师范生乡村环境、学生和同事任教意愿的相关程度，对服务地方目标的明确性、课程设置的地域性、实践教学的地域性、学校文化导向的地域性和就业指导课程的地域性进行了统计分析，统计结果见表 5-13。表 5-13 的数据显示，服务地方目标的明确性与地方高校师范

范生乡村环境任教意愿之间显著相关，相关系数 0.356；服务地方目标的明确性与地方高校师范生乡村学生任教意愿之间显著相关，相关系数 0.340；服务地方目标的明确性与地方高校师范生乡村同事任教意愿之间显著相关，相关系数 0.356。课程设置的地域性与地方高校师范生乡村环境任教意愿之间显著相关，相关系数 0.216；课程设置的地域性与地方高校师范生乡村学生任教意愿之间显著相关，相关系数 0.178；课程设置的地域性与地方高校师范生乡村同事任教意愿之间显著相关，相关系数 0.215。实践教学的地域性与地方高校师范生乡村环境任教意愿之间显著相关，相关系数 0.255；实践教学的地域性与地方高校师范生乡村学生任教意愿之间显著相关，相关系数 0.225；实践教学的地域性与地方高校师范生乡村同事任教意愿之间显著相关，相关系数 0.255。学校文化导向的地域性与地方高校师范生乡村环境任教意愿之间显著相关，相关系数 0.511；学校文化导向的地域性与地方高校师范生乡村学生任教意愿之间显著相关，相关系数 0.512；学校文化导向的地域性与地方高校师范生乡村同事任教意愿之间显著相关，相关系数 0.517。就业指导课程的地域性与地方高校师范生乡村环境任教意愿之间显著相关，相关系数 0.644；就业指导课程的地域性与地方高校师范生乡村学生任教意愿之间显著相关，相关系数 0.641；就业指导课程的地域性与地方高校师范生乡村同事任教意愿之间显著相关，相关系数 0.638。

各个高校因素之间也存在显著相关关系，服务地方目标的明确性与课程设置的地域性相关系数为 0.525，服务地方目标的明确性与实践教学的地域性相关系数为 0.579，服务地方目标的明确性与学校文化导向的地域性相关系数为 0.315，服务地方目标的明确性与就业指导课程的地域性相关系数为 0.355；课程设置的地域性与实践教学的地域性相关系数为 0.793，课程设置的地域性与学校文化导向的地域性相关系数为 0.191，课程设置的地域性与就业指导课程的地域性相关系数为 0.150；实践教学的地域性与学校文化导向的地域性相关系数为 0.216，实践教学的地域性与就业指导课程的地域性相关系数为 0.211；学校文化导向的地域性与就业指导课程的地域性相关系数为 0.562。地方高校师范生乡村环境、学生和同事任教意愿三者之间也存在显著相关，地方高校师范生乡村环境任教意愿与地方高校师范生乡村学生任教意愿相关系数为 0.724，地方高校师范生乡村环境任教意愿与地方高校师范生乡村同事任教意愿相关系数为 0.718，地方高校师范生乡村学生任教意愿与地方高校师范生乡村同事任教意愿相关系数为 0.802，p 值均小于 0.01。

表 5-13　高校因素分项与地方高校师范生乡村任教意愿分项相关性分析

项目	1	2	3	4	5	6	7	8
服务地方目标的明确性 1	—							

续表 5-13

项目	1	2	3	4	5	6	7	8
课程设置的地域性 2	0.525	—						
实践教学的地域性 3	0.579	0.793	—					
学校文化导向的地域性 4	0.315	0.191	0.216	—				
就业指导课程的地域性 5	0.355	0.150	0.211	0.562	—			
环境 6	0.356	0.216	0.255	0.511	0.644	—		
学生 7	0.340	0.178	0.225	0.512	0.641	0.724	—	
同事 8	0.356	0.215	0.255	0.517	0.638	0.718	0.802	—

注：$p<0.01$。

第三节 高校因素与地方高校师范生 乡村任教意愿的差异分析

一、高校因素与地方高校师范生乡村任教意愿整体差异比较

通过高校因素与地方高校师范生乡村任教意愿整体情况描述统计分析表（表5-14）可以看出，高校因素均值为 2.64，地方高校师范生乡村任教意愿总体均值为 2.97。

表 5-14　高校因素与地方高校师范生乡村任教意愿整体差异比较

项目	均值	标准差	标准误差
高校因素	2.64	0.917	0.11
地方高校师范生乡村任教意愿总体	2.97	0.763	0.009

高校因素与地方高校师范生乡村任教意愿整体的方差分析表（表5-15）可以显示，组间Ⅲ型平方和为795.530，DF为20，均方为39.776，F值为55.168；组内Ⅲ型平方和为4705.543，DF为6525，均方为0.721；高校因素与地方高校师范生乡村任教意愿整体存在显著差异（$p<0.001$）。进一步从关联强度指数来看，ω^2的值等于0.128，可见，高校因素与地方高校师范生乡村任教意愿整体存在相关关系。统计检验力等于1.000，决策正确率很高，高校因素与地方高校师范生乡村任教意愿整体的解释量很大。

表5-15 高校因素与地方高校师范生乡村任教意愿整体差异的方差分析表

变异来源	SS（Ⅲ型平方和）	DF	MS（均方）	F	ω^2	统计检验力
组间	795.530	20	39.776	55.168①		
组内	4705.543	6525	0.721		0.128	1.000
全体	5500.073	6545				

①$p<0.001$。

二、高校因素与地方高校师范生乡村任教意愿组成要素差异比较

（一）服务地方目标的明确性与地方高校师范生乡村任教意愿组成要素差异比较

1. 服务地方目标的明确性与喜欢乡村学校环境

通过服务地方目标的明确性与喜欢乡村学校环境的描述统计分析表（表5-16）可以看出，服务地方目标的明确性均值为2.87，喜欢乡村学校环境均值为2.85。

表5-16 服务地方目标的明确性与喜欢乡村学校环境描述统计

项目	均值	标准差	标准误差
服务地方目标的明确性	2.87	0.982	0.12
喜欢乡村学校环境	2.85	0.813	0.10

服务地方目标的明确性与喜欢乡村学校环境的方差分析表（表5-17）可以显示，组间Ⅲ型平方和为466.234，DF为4，均方为116.559，F值为197.562；组内Ⅲ型平方和为3859.083，DF为6541，均方为0.590；服务地方目标的明确性与喜欢乡村学校环境方面存在显著差异（$p<0.001$）。

由事后比较得知，非常清楚服务地方目标的被试喜欢乡村学校环境均值大于比较清楚服务地方目标的被试喜欢乡村学校环境均值，即非常清楚服务地方

目标的被试地方高校师范生乡村之环境任教意愿好于比较清楚服务地方目标的被试喜欢乡村学校环境。比较清楚服务地方目标的被试喜欢乡村学校环境均值大于一般清楚服务地方目标的被试喜欢乡村学校环境均值，即比较清楚服务地方目标的被试喜欢乡村学校环境明显好于一般清楚服务地方目标的被试喜欢乡村学校环境。一般清楚服务地方目标的被试喜欢乡村学校环境均值大于不太清楚服务地方目标的被试喜欢乡村学校环境均值，即一般清楚服务地方目标的被试喜欢乡村学校环境明显好于不太清楚服务地方目标的被试喜欢乡村学校环境。不太清楚服务地方目标的被试喜欢乡村学校环境均值大于完全不知道服务地方目标的被试喜欢乡村学校环境均值，即不太清楚服务地方目标的被试喜欢乡村学校环境明显好于完全不知道服务地方目标的被试喜欢乡村学校环境。进一步从关联强度指数来看，ω^2 的值等于 0.099，可见，服务地方目标的明确性与地方高校师范生乡村任教意愿存在相关关系。统计检验力等于 1.000，决策正确率很高，服务地方目标的明确性与地方高校师范生乡村任教意愿的解释量很大。

表 5-17 服务地方目标的明确性与喜欢乡村学校环境的方差分析表

变异来源	SS（Ⅲ型平方和）	DF	MS（均方）	F	事后比较	ω^2	统计检验力
组间	466.234	4	116.559	197.562[①]	非常清楚＞比较清楚；比较清楚＞一般；一般＞不太清楚；不太清楚＞完全不知道	0.099	1.000
组内	3859.083	6541	0.590				
全体	4325.317	6545					

①$p < 0.001$。

2. 服务地方目标的明确性与愿意帮助乡村学生

通过服务地方目标的明确性与愿意帮助乡村学生情况描述统计分析表（表5-18）可以看出，服务地方目标的明确性均值为 2.87，愿意帮助乡村学生均值为 2.26。

表 5-18 服务地方目标的明确性与愿意帮助乡村学生描述统计

项目	均值	标准差	标准误差
服务地方目标的明确性	2.87	0.982	0.012
愿意帮助乡村学生	2.26	0.836	0.10

服务地方目标的明确性与愿意帮助乡村学生的方差分析表（表 5-19）可以显示，组间Ⅲ型平方和为 320.217，DF 为 4，均方为 80.054，F 值为 123.072；组内Ⅲ型平方和为 4254.691，DF 为 6541，均方为 0.650 服务地方目标的明确性与愿意帮助乡村学生存在显著差异（p<0.001）。

由事后比较得知，非常清楚服务地方目标的被试愿意帮助乡村学生均值大于比较清楚服务地方目标的被试愿意帮助乡村学生均值，即非常清楚服务地方目标的被试地方高校师范生乡村之学生任教意愿好于比较清楚服务地方目标的被试愿意帮助乡村学生。比较清楚服务地方目标的被试愿意帮助乡村学生均值大于一般清楚服务地方目标的被试愿意帮助乡村学生均值，即比较清楚服务地方目标的被试愿意帮助乡村学生明显好于一般清楚服务地方目标的被试愿意帮助乡村学生。

一般清楚服务地方目标的被试愿意帮助乡村学生均值大于不太清楚服务地方目标的被试愿意帮助乡村学生均值，即一般清楚服务地方目标的被试愿意帮助乡村学生明显好于不太清楚服务地方目标的被试愿意帮助乡村学生。不太清楚服务地方目标的被试愿意帮助乡村学生均值大于完全不知道服务地方目标的被试愿意帮助乡村学生均值，即不太清楚服务地方目标的被试愿意帮助乡村学生明显好于完全不知道服务地方目标的被试愿意帮助乡村学生。进一步从关联强度指数来看，ω^2 的值等于 0.036，可见，服务地方目标的明确性与愿意帮助乡村学生存在相关关系。统计检验力等于 1.000，决策正确率很高，服务地方目标的明确性与愿意帮助乡村学生解释量很大。

表 5-19　服务地方目标的明确性与愿意帮助乡村学生的方差分析表

变异来源	SS（Ⅲ型平方和）	DF	MS（均方）	F	事后比较	ω^2	统计检验力
组间	320.217	4	80.054	123.072[1]	非常清楚＞比较清楚；		
组内	4254.691	6541	0.650		比较清楚＞一般；一般＞不太清楚；不太清楚＞完全不知道	0.036	1.000
全体	4574.908	6545					

①p<0.001。

3. 服务地方目标的明确性与愿意同乡村教师合作

通过服务地方目标的明确性与愿意同乡村教师合作情况描述统计分析表（表 5-20）可以看出，服务地方目标的明确性均值为 2.87，愿意同乡村教师合作均值为 2.39。

表 5-20 服务地方目标的明确性与愿意同乡村教师合作描述统计

项目	均值	标准差	标准误差
服务地方目标的明确性	2.87	0.982	0.012
愿意同乡村教师合作	2.39	0.839	0.10

服务地方目标的明确性与愿意同乡村教师合作的方差分析表（表 5-21）可以显示，组间Ⅲ型平方和为 348.626，DF 为 4，均方为 87.156，F 值为 133.702；组内Ⅲ型平方和为 4263.873，DF 为 6541，均方为 0.652；不同所在地学校的学校办学质量方面存在显著差异（$p<0.001$）。

由事后比较得知，非常清楚服务地方目标的被试愿意同乡村教师合作均值大于比较清楚服务地方目标的被试愿意同乡村教师合作均值，即非常清楚服务地方目标的被试地方高校师范生乡村之同事任教意愿好于比较清楚服务地方目标的被试愿意同乡村教师合作。比较清楚服务地方目标的被试愿意同乡村教师合作均值大于一般清楚服务地方目标的被试愿意同乡村教师合作均值，即比较清楚服务地方目标的被试愿意同乡村教师合作明显好于一般清楚服务地方目标的被试愿意同乡村教师合作。

一般清楚服务地方目标的被试愿意同乡村教师合作均值大于不太清楚服务地方目标的被试愿意同乡村教师合作均值，即一般清楚服务地方目标的被试愿意同乡村教师合作明显好于不太清楚服务地方目标的被试愿意同乡村教师合作。不太清楚服务地方目标的被试愿意同乡村教师合作均值大于完全不知道服务地方目标的被试愿意同乡村教师合作均值，即不太清楚服务地方目标的被试愿意同乡村教师合作明显好于完全不知道服务地方目标的被试愿意同乡村教师合作。进一步从关联强度指数来看，ω^2 的值等于 0.046，可见，服务地方目标的明确性与愿意同乡村教师合作存在相关关系。统计检验力等于 1.000，决策正确率很高，服务地方目标的明确性与愿意同乡村教师合作的解释量很大。

表 5-21 服务地方目标的明确性与愿意同乡村教师合作的方差分析表

变异来源	SS（Ⅲ型平方和）	DF	MS（均方）	F	事后比较	ω^2	统计检验力
组间	348.626	4	87.156	133.702[①]	非常清楚＞比较清楚；比较清楚＞一般；一般＞不太清楚；不太清楚＞完全不知道	0.046	1.000
组内	4263.873	6541	0.652				
全体	4612.498	6545					

①$p<0.001$。

（二）课程设置的地域性与地方高校师范生乡村任教意愿组成要素差异比较

1. 课程设置的地域性与喜欢乡村学校环境

通过课程设置的地域性与喜欢乡村学校环境情况描述统计分析表（表5-22）可以看出，课程设置的地域性均值为3.17，喜欢乡村学校环境均值为2.85。

表5-22　课程设置的地域性与喜欢乡村学校环境描述统计

项目	均值	标准差	标准误差
课程设置的地域性	3.17	0.938	0.12
喜欢乡村学校环境	2.85	0.813	0.10

课程设置的地域性与喜欢乡村学校环境的方差分析表（表5-23）可以显示，组间Ⅲ型平方和为607.408，DF为4，均方为151.852，F值为267.156；组内Ⅲ型平方和为3717.909，DF为6541，均方为0.568；课程设置的地域性与喜欢乡村学校环境存在显著差异（$p<0.001$）。

由事后比较得知，课程设置中非常多"农村"内容的被试喜欢乡村学校环境均值大于课程设置中比较多"农村"内容的被试喜欢乡村学校环境均值，即课程设置中非常多"农村"内容的被试地方高校师范生乡村之环境任教意愿好于课程设置中比较多"农村"内容的被试喜欢乡村学校环境。课程设置中比较多"农村"内容的被试喜欢乡村学校环境均值大于课程设置中一般多"农村"内容的被试喜欢乡村学校环境均值，即课程设置中比较多"农村"内容的被试喜欢乡村学校环境明显好于课程设置中一般多"农村"内容的被试喜欢乡村学校环境。

课程设置中一般多"农村"内容的被试喜欢乡村学校环境均值大于课程设置中不太多"农村"内容的被试喜欢乡村学校环境均值，即课程设置中一般多"农村"内容的被试喜欢乡村学校环境明显好于课程设置中不太多"农村"内容的被试喜欢乡村学校环境。课程设置中不太多"农村"内容的被试喜欢乡村学校环境均值大于课程设置中没有"农村"内容的被试喜欢乡村学校环境均值，即课程设置中不太多"农村"内容的被试喜欢乡村学校环境明显好于课程设置中没有"农村"内容的被试喜欢乡村学校环境。进一步从关联强度指数来看，ω^2的值等于0.126，可见，课程设置的地域性与喜欢乡村学校环境存在相关关系。统计检验力等于1.000，决策正确率很高，课程设置的地域性与喜欢乡村学校环境的解释量很大。

表 5-23 课程设置的地域性与喜欢乡村学校环境的方差分析表

变异来源	SS（Ⅲ型平方和）	DF	MS（均方）	F	事后比较	ω^2	统计检验力
组间	607.408	4	151.852	267.156①	非常多>比较多；比较多>一般多；一般多>不太多；不太多>没有	0.126	1.000
组内	3717.909	6541	0.568				
全体	4325.317	6545					

①$p<0.001$。

2. 课程设置的地域性与愿意帮助乡村学生

通过课程设置的地域性与愿意帮助乡村学生情况描述统计分析表（表 5-24）可以看出，课程设置的地域性均值为 3.17，愿意帮助乡村学生均值为 2.26。

表 5-24 课程设置的地域性与愿意帮助乡村学生描述统计

项目	均值	标准差	标准误差
课程设置的地域性	3.17	0.938	0.012
愿意帮助乡村学生	2.26	0.836	0.10

课程设置的地域性与愿意帮助乡村学生的方差分析表（表 5-25）可以显示，组间Ⅲ型平方和为 196.282，DF 为 4，均方为 49.070，F 值为 73.304；组内Ⅲ型平方和为 4378.626，DF 为 6541，均方为 0.669；课程设置的地域性与愿意帮助乡村学生存在显著差异（$p<0.001$）。

由事后比较得知，课程设置中非常多"农村"内容的被试愿意帮助乡村学生均值大于课程设置中比较多"农村"内容的被试愿意帮助乡村学生均值，即课程设置中非常多"农村"内容的被试地方高校师范生乡村之学生任教意愿好于课程设置中比较多"农村"内容的被试愿意帮助乡村学生。课程设置中比较多"农村"内容的被试愿意帮助乡村学生均值大于课程设置中不太多"农村"内容的被试愿意帮助乡村学生均值，即课程设置中比较多"农村"内容的被试愿意帮助乡村学生明显好于课程设置中不太多"农村"内容的被试愿意帮助乡村学生。课程设置中一般多"农村"内容的被试愿意帮助乡村学生均值大于课程设置中没有"农村"内容的被试愿意帮助乡村学生均值，即课程设置中一般多"农村"内容的被试愿意帮助乡村学生明显好于课程设置中没有"农村"内容的被试愿意帮助乡村学生。进一步从关联强度指数来看，ω^2 的值等于0.022，可见，课程设置的地域性与愿意帮助乡村学生存在相关关系。统计检验力等于 1. 000，决策正确率很高，课程设置的地域性与愿意帮助乡村学生的解释量很大。

表 5-25 课程设置的地域性与愿意帮助乡村学生的方差分析表

变异来源	SS（Ⅲ型平方和）	DF	MS（均方）	F	事后比较	ω^2	统计检验力
组间	196. 282	4	49. 070	73. 304[①]	非常多>比较多；比较多>不太多；一般多>没有	0. 022	1. 000
组内	4378. 626	6541	0. 669				
全体	4574. 908	6545					

①$p < 0.001$。

3. 课程设置的地域性与愿意同乡村教师合作

通过课程设置的地域性与愿意同乡村教师合作情况描述统计分析表（表 5-26）可以看出，课程设置的地域性均值为 3. 17，愿意同乡村教师合作均值为 2. 39。

表 5-26 课程设置的地域性与愿意同乡村教师合作描述统计

项目	均值	标准差	标准误差
课程设置的地域性	3. 17	0. 938	0. 012
愿意同乡村教师合作	2. 39	0. 839	0. 10

课程设置的地域性与愿意同乡村教师合作的方差分析表（表 5-27）可以显示，组间Ⅲ型平方和为 286. 673，DF 为 4，均方为 71. 668，F 值为 108. 368；组内Ⅲ型平方和为 4325. 825，DF 为 6541，均方为 0. 661；课程设置的地域性与愿意同乡村教师合作存在显著差异（$p < 0.001$）。

由事后比较得知，课程设置中非常多"农村"内容的被试愿意同乡村教师合作均值大于课程设置中比较多"农村"内容的被试愿意同乡村教师合作均值，即课程设置中非常多"农村"内容的被试地方高校师范生乡村之同事任教意愿好于课程设置中比较多"农村"内容的被试愿意同乡村教师合作。课程设置中比较多"农村"内容的被试愿意同乡村教师合作均值大于课程设置中不太多"农村"内容的被试愿意同乡村教师合作均值，即课程设置中比较多"农村"内容的被试愿意同乡村教师合作明显好于课程设置中不太多"农村"内容的被试愿意同乡村教师合作。课程设置中不太多"农村"内容的被试愿意同乡村教师合作均值大于课程设置中没有"农村"内容的被试愿意同乡村教师合作均值，即课程设置中不太多"农村"内容的被试愿意同乡村教师合作明显好于课程设置中没有"农村"内容的被试愿意同乡村教师合作。进一步从关联强度指数来看，ω^2 的值等于 0.045，可见，课程设置的地域性与愿意同乡村教师合作存在相关关系。统计检验力等于 1.000，决策正确率很高，课程设置的地域性与愿意同乡村教师合作的解释量很大。

表 5-27　课程设置的地域性与愿意同乡村教师合作的方差分析表

变异来源	SS（Ⅲ型平方和）	DF	MS（均方）	F	事后比较	ω^2	统计检验力
组间	286.673	4	71.668	108.368[①]			
组内	4325.825	6541	0.661		非常多>比较多；比较多>不太多；一般多>没有	0.045	1.000
全体	4612.498	6545					

①$p<0.001$。

（三）实践教学的地域性与地方高校师范生乡村任教意愿组成要素差异比较

1. 实践教学的地域性与喜欢乡村学校环境

通过实践教学的地域性与喜欢乡村学校环境情况描述统计分析表（表 5-28）可以看出，实践教学的地域性均值为 2.91，喜欢乡村学校环境均值为 2.85。

表 5-28　实践教学的地域性与喜欢乡村学校环境描述统计

项目	均值	标准差	标准误差
实践教学的地域性	2.91	0.853	0.11
喜欢乡村学校环境	2.85	0.813	0.10

实践教学的地域性与喜欢乡村学校环境的方差分析表（表 5-29）可以显示，组间Ⅲ型平方和为 591.090，DF 为 4，均方为 147.772，F 值为 258.843；组内Ⅲ型平方和为 3734.227，DF 为 6541，均方为 0.571；实践教学的地域性与西欢乡村学校环境存在显著差异（$p<0.001$）。

由事后比较得知，实践教学非常多的被试喜欢乡村学校环境均值大于实践教学比较多的被试喜欢乡村学校环境均值，即实践教学非常多的被试地方高校师范生乡村之环境任教意愿好于实践教学比较多的被试喜欢乡村学校环境。实践教学比较多的被试喜欢乡村学校环境均值大于实践教学一般多的被试喜欢乡村学校环境均值，即实践教学比较多的被试喜欢乡村学校环境明显好于实践教学一般多的被试喜欢乡村学校环境。实践教学一般多的被试喜欢乡村学校环境均值大于实践教学比较少的被试喜欢乡村学校环境均值，即实践教学一般多的被试喜欢乡村学校环境明显好于实践教学比较少的被试喜欢乡村学校环境。实践教学比较少的被试喜欢乡村学校环境均值大于没有实践教学的被试喜欢乡村学校环境均值，即实践教学比较少的被试喜欢乡村学校环境明显好于没有实践教学的被试喜欢乡村学校环境。进一步从关联强度指数来看，ω^2 的值等于 0.127，可见，实践教学的地域性与喜欢乡村学校环境存在相关关系。统计检验力等于 1.000，决策正确率很高，实践教学的地域性与喜欢乡村学校环境的解释量很大。

表 5-29 实践教学的地域性与喜欢乡村学校环境的方差分析表

变异来源	SS（Ⅲ型平方和）	DF	MS（均方）	F	事后比较	ω^2	统计检验力
组间	591.090	4	147.772	258.843[①]	非常多>比较多；比较多>一般多；一般多>比较少；比较少>没有	0.127	1.000
组内	3734.227	6541	0.571				
全体	4325.317	6545					

①$p<0.001$。

2. 实践教学的地域性与愿意帮助乡村学生

通过实践教学的地域性与愿意帮助乡村学生情况描述统计分析表（表 5-30）可以看出，实践教学的地域性均值为 2.91，愿意帮助乡村学生均值为 2.26。

表 5-30 实践教学的地域性与愿意帮助乡村学生描述统计

项目	均值	标准差	标准误差
实践教学的地域性	2.91	0.853	0.011
愿意帮助乡村学生	2.26	0.836	0.10

实践教学的地域性与愿意帮助乡村学生的方差分析表（表 5-31）可以显示，组间Ⅲ型平方和为 309.439，DF 为 4，均方为 77.360，F 值为 118.629；组内Ⅲ型平方和为 4265.469，DF 为 6541，均方为 0.652；不实践教学的地域性与愿意帮助乡村学生存在显著差异（$p<0.001$）。

由事后比较得知，实践教学非常多的被试喜欢乡村学校环境均值大于实践教学比较多的被试喜欢乡村学校环境均值，即实践教学非常多的被试地方高校师范生乡村之环境任教意愿好于实践教学比较多的被试喜欢乡村学校环境。实践教学比较多的被试喜欢乡村学校环境均值大于实践教学比较少的被试喜欢乡村学校环境均值，即实践教学比较多的被试喜欢乡村学校环境明显好于实践教学比较少的被试喜欢乡村学校环境。实践教学比较少的被试喜欢乡村学校环境均值大于实践教学一般多的被试喜欢乡村学校环境均值，即实践教学比较少的被试喜欢乡村学校环境明显好于实践教学一般多的被试喜欢乡村学校环境。实践教学一般多的被试喜欢乡村学校环境均值大于没有实践教学的被试喜欢乡村学校环境均值，即实践教学一般多的被试喜欢乡村学校环境明显好于没有实践教学的被试喜欢乡村学校环境。进一步从关联强度指数来看，ω^2 的值等于 0.047，可见，实践教学的地域性与愿意帮助乡村学生存在相关关系。统计检验力等于 1.000，决策正确率很高，实践教学的地域性与愿意帮助乡村学生的解释量很大。

表 5-31　实践教学的地域性与愿意帮助乡村学生的方差分析表

变异来源	SS（Ⅲ型平方和）	DF	MS（均方）	F	事后比较	ω^2	统计检验力
组间	309.439	4	77.360	118.629[①]	非常多>比较多；比较多>比较少；比较少>一般；一般>没有	0.047	1.000
组内	4265.469	6541	0.652				
全体	4574.908	6545					

①$p<0.001$。

3. 实践教学的地域性与愿意同乡村教师合作

通过实践教学的地域性与愿意同乡村教师合作描述统计分析表（表 5-32）可以看出，实践教学的地域性均值为 2.91，愿意同乡村教师合作均值为 2.39。

表 5-32　实践教学的地域性与愿意同乡村教师合作描述统计

项目	均值	标准差	标准误差
实践教学的地域性	2.91	0.853	0.011
愿意同乡村教师合作	2.39	0.839	0.10

实践教学的地域性与愿意同乡村教师合作的方差分析表（表 5-33）可以显示，组间Ⅲ型平方和为 386.242，DF 为 4，均方为 95.560，F 值为 149.447；组内Ⅲ型平方和为 4226.257，DF 为 6541，均方为 0.646；实践教学的地域性与愿意同乡村教师合作存在显著差异（$p<0.001$）。

由事后比较得知，实践教学非常多的被试愿意同乡村教师合作均值大于实践教学比较多的被试愿意同乡村教师合作均值，即实践教学非常多的被试地方高校师范生乡村之同事任教意愿好于实践教学比较多的被试愿意同乡村教师合作。实践教学比较多的被试愿意同乡村教师合作均值大于实践教学一般多的被试愿意同乡村教师合作均值，即实践教学比较多的被试愿意同乡村教师合作明显好于实践教学一般多的被试愿意同乡村教师合作。实践教学一般多的被试愿意同乡村教师合作均值大于实践教学比较少的被试愿意同乡村教师合作均值，即实践教学一般多的被试愿意同乡村教师合作明显好于实践教学比较少的被试愿意同乡村教师合作。实践教学比较少的被试愿意同乡村教师合作均值大于没有实践教学的被试愿意同乡村教师合作均值，即实践教学比较少的被试愿意同乡村教师合作明显好于没有实践教学的被试愿意同乡村教师合作。进一步从关联强度指数来看，ω^2 的值等于 0.065，可见，实践教学的地域性与愿意同乡村教师合作存在相关关系。统计检验力等于 1.000，决策正确率很高，实践教学的地域性与愿意同乡村教师合作的解释量很大。

表 5-33　实践教学的地域性与愿意同乡村教师合作的方差分析表

变异来源	SS（Ⅲ型平方和）	DF	MS（均方）	F	事后比较	ω^2	统计检验力
组间	386.242	4	95.560	149.447[①]	非常多>比较多；比较多>一般多；一般多>比较少；比较少>没有	0.065	1.000
组内	4226.257	6541	0.646				
全体	4612.498	6545					

①$p < 0.001$。

（四）学校文化导向的地域性与地方高校师范生乡村任教意愿组成要素差异比较

1. 学校文化导向的地域性与喜欢乡村学校环境

通过学校文化导向的地域性与喜欢乡村学校环境情况描述统计分析表（表5-34）可以看出，学校文化导向的地域性均值为2.99，喜欢乡村学校环境均值为2.85。

表 5-34　学校文化导向的地域性与喜欢乡村学校环境描述统计

项目	均值	标准差	标准误差
学校文化导向的地域性	2.99	0.939	0.12
喜欢乡村学校环境	2.85	0.813	0.10

学校文化导向的地域性与喜欢乡村学校环境的方差分析表（表5-35）可以显示，组间Ⅲ型平方和为584.385，DF为4，均方为146.096，F值为255.449；组内Ⅲ型平方和为3740.932，DF为6541，均方为0.572；学校文化导向的地域性与喜欢乡村学校环境存在显著差异（$p<0.001$）。

由事后比较得知，学校文化导向非常多的被试喜欢乡村学校环境均值大于学校文化导向比较多的被试喜欢乡村学校环境均值，即学校文化导向非常多的被试地方高校师范生乡村之环境任教意愿好于学校文化导向比较多的被试喜欢乡村学校环境。学校文化导向比较多的被试喜欢乡村学校环境均值大于学校文化导向一般多的被试喜欢乡村学校环境均值，即学校文化导向比较多的被试喜欢乡村学校环境明显好于学校文化导向一般多的被试喜欢乡村学校环境。

学校文化导向一般多的被试喜欢乡村学校环境均值大于学校文化导向比较少的被试喜欢乡村学校环境均值，即学校文化导向一般多的被试喜欢乡村学校环境明显好于学校文化导向比较少的被试喜欢乡村学校环境。学校文化导向比较少的被试喜欢乡村学校环境均值大于从来没有学校文化导向的被试喜欢乡村学校环境均值，即学校文化导向比较少的被试喜欢乡村学校环境明显好于从来没有学校文化导向的被试喜欢乡村学校环境。进一步从关联强度指数来看，ω^2的值等于0.115，可见，学校文化导向的地域性与喜欢乡村学校环境存在相关关系。统计检验力等于1.000，决策正确率很高，学校文化导向的地域性与喜欢乡村学校环境的解释量很大。

表5-35　学校文化导向的地域性与喜欢乡村学校环境的方差分析表

变异来源	SS（Ⅲ型平方和）	DF	MS（均方）	F	事后比较	ω^2	统计检验力
组间	584.385	4	146.096	255.449[①]			
组内	3740.932	6541	0.572		非常多>比较多；比较多>一般多；比较多>一般；一般>从来没有	0.115	1.000
全体	4325.317	6545					

①$p<0.001$。

2. 学校文化导向的地域性与愿意帮助乡村学生

通过学校文化导向的地域性与愿意帮助乡村学生情况描述统计分析表（表5-36）可以看出，学校文化导向的地域性均值为2.99，愿意帮助乡村学生均值为2.26。

表 5-36　学校文化导向的地域性与愿意帮助乡村学生描述统计

项目	均值	标准差	标准误
学校文化导向的地域性	2.99	0.939	0.012
愿意帮助乡村学生	2.26	0.836	0.10

学校文化导向的地域性与愿意帮助乡村学生的方差分析表（表 5-37）可以显示，组间Ⅲ型平方和为 284.760，DF 为 4，均方为 71.190，F 值为 108.540；组内Ⅲ型平方和为 4290.148，DF 为 6541，均方为 0.656；学校文化导向的地域性与愿意帮助乡村学生存在显著差异（$p < 0.001$）。

由事后比较得知，学校文化导向非常多的被试愿意帮助乡村学生均值大于学校文化导向比较多的被试愿意帮助乡村学生均值，即学校文化导向非常多的被试地方高校师范生乡村之学生任教意愿好于学校文化导向比较多的被试愿意帮助乡村学生。进一步从关联强度指数来看，ω^2 的值等于 0.032，可见，学校文化导向的地域性与愿意帮助乡村学生存在相关关系。统计检验力等于 1.000，决策正确率很高，学校文化导向的地域性与愿意帮助乡村学生的解释量很大。

表 5-37　学校文化导向的地域性与愿意帮助乡村学生的方差分析表

变异来源	SS（Ⅲ型平方和）	DF	MS（均方）	F	事后比较	ω^2	统计检验力
组间	284.760	4	71.190	108.540①			
组内	4290.148	6541	0.656		非常多>比较多	0.032	1.000
全体	4574.908	6545					

①$p < 0.001$。

3. 学校文化导向的地域性与愿意同乡村教师合作

通过学校文化导向的地域性与愿意同乡村教师合作情况描述统计分析表（表5-38）可以看出，学校文化导向的地域性均值为 2.99，愿意同乡村教师合作均值为 2.39。

表 5-38　学校文化导向的地域性与愿意同乡村教师合作描述统计

项目	均值	标准差	标准误差
学校文化导向的地域性	2.99	0.939	0.012
愿意同乡村教师合作	2.39	0.839	0.10

学校文化导向的地域性与愿意同乡村教师合作的方差分析表（表5-39）可以显示，组间Ⅲ型平方和为369.475，DF为4，均方为92.369，F值为142.395；组内Ⅲ型平方和为4243.023，DF为6541，均方为0.649；学校文化导向的地域性与愿意同乡村教师合作存在显著差异（$p<0.001$）。

由事后比较得知，学校文化导向非常多的被试愿意同乡村教师合作均值大于学校文化导向比较多的被试愿意同乡村教师合作均值，即学校文化导向非常多的被试地方高校师范生乡村之同事任教意愿好于学校文化导向比较多的被试愿意同乡村教师合作。进一步从关联强度指数来看，ω^2的值等于0.051，可见，学校文化导向的地域性与愿意同乡村教师合作存在相关关系。统计检验力等于1.000，决策正确率很高，学校文化导向的地域性与愿意同乡村教师合作的解释量很大。

表5-39 学校文化导向的地域性与愿意同乡村教师合作的方差分析表

变异来源	SS（Ⅲ型平方和）	DF	MS（均方）	F	事后比较	ω^2	统计检验力
组间	369.475	4	92.369	142.395①			
组内	4243.023	6541	0.649		非常多>比较多	0.051	1.000
全体	4612.498	6545					

①$p<0.001$。

（五）就业指导课程的地域性与地方高校师范生乡村任教意愿组成要素差异比较

1. 就业指导课程的地域性与喜欢乡村学校环境

通过就业指导课程的地域性与喜欢乡村学校环境情况描述统计分析表（表5-40）可以看出，就业指导课程的地域性均值为2.92，喜欢乡村学校环境均值为2.85。

表5-40 就业指导课程的地域性与喜欢乡村学校环境描述统计

项目	均值	标准差	标准误差
就业指导课程的地域性	2.92	0.856	0.11
喜欢乡村学校环境	2.85	0.813	0.10

就业指导课程的地域性与喜欢乡村学校环境的方差分析表（表5-41）可以显示，组间Ⅲ型平方和为611.543，DF为4，均方为152.886，F值为269.275；

组内Ⅲ型平方和为 3713.774，DF 为 6541，均方为 0.568；就业指导课程的地域性与喜欢乡村学校环境存在显著差异（$p<0.001$）。

由事后比较得知，就业指导课程非常多的被试喜欢乡村学校环境均值大于就业指导课程比较多的被试喜欢乡村学校环境均值，即就业指导课程非常多的被试地方高校师范生乡村之环境任教意愿好于就业指导课程比较多的被试喜欢乡村学校环境。就业指导课程比较多的被试喜欢乡村学校环境均值大于就业指导课程一般多的被试喜欢乡村学校环境均值，即就业指导课程比较多的被试喜欢乡村学校环境明显好于就业指导课程一般多的被试喜欢乡村学校环境。进一步从关联强度指数来看，ω^2 的值等于 0.126，可见，就业指导课程的地域性与喜欢乡村学校环境存在相关关系。统计检验力等于 1.000，决策正确率很高，就业指导课程的地域性与喜欢乡村学校环境的解释量很大。

表 5-41　就业指导课程的地域性与喜欢乡村学校环境的方差分析表

变异来源	SS（Ⅲ型平方和）	DF	MS（均方）	F	事后比较	ω^2	统计检验力
组间	611.543	4	152.886	269.275[①]	非常多>比较多；比较多>一般多；比较多>一般	0.126	1.000
组内	3713.774	6541	0.568				
全体	4325.317	6545					

①$p<0.001$。

2. 就业指导课程的地域性与愿意帮助乡村学生

通过就业指导课程的地域性与愿意帮助乡村学生情况描述统计分析表（表5-42）可以看出，就业指导课程的地域性均值为 2.92，愿意帮助乡村学生均值为 2.26。

表 5-42　就业指导课程的地域性与愿意帮助乡村学生描述统计

项目	均值	标准差	标准误差
就业指导课程的地域性	2.92	0.856	0.011
愿意帮助乡村学生	2.26	0.836	0.10

就业指导课程的地域性与愿意帮助乡村学生的方差分析表（见表 5-43）可以显示，组间Ⅲ型平方和为 329.869，DF 为 4，均方为 82.467，F 值为 127.070；组内Ⅲ型平方和为 4245.039，DF 为 6541，均方为 0.649；就业指导课程的地域性与愿意帮助乡村学生存在显著差异（$p<0.001$）。

由事后比较得知，就业指导课程非常多的被试愿意帮助乡村学生均值大于就业指导课程比较多的被试愿意帮助乡村学生均值，即就业指导课程非常多的被试地方高校师范生乡村之学生任教意愿好于就业指导课程比较多的被试愿意帮助乡村学生。就业指导课程比较多的被试愿意帮助乡村学生均值大于就业指导课程一般多的被试愿意帮助乡村学生均值，即就业指导课程比较多的被试愿意帮助乡村学生明显好于就业指导课程一般多的被试愿意帮助乡村学生。

就业指导课程一般多的被试愿意帮助乡村学生均值大于就业指导课程比较少的被试愿意帮助乡村学生均值，即就业指导课程一般多的被试愿意帮助乡村学生明显好于就业指导课程比较少的被试愿意帮助乡村学生。就业指导课程比较少的被试愿意帮助乡村学生均值大于从来没有就业指导课程的被试愿意帮助乡村学生均值，即就业指导课程比较少的被试愿意帮助乡村学生明显好于从来没有就业指导课程的被试愿意帮助乡村学生。进一步从关联强度指数来看，ω^2 的值等于 0.046，可见，就业指导课程的地域性与愿意帮助乡村学生存在相关关系。统计检验力等于 1.000，决策正确率很高，就业指导课程的地域性与愿意帮助乡村学生的解释量很大。

表 5-43　就业指导课程的地域性与愿意帮助乡村学生的方差分析表

变异来源	SS（Ⅲ型平方和）	DF	MS（均方）	F	事后比较	ω^2	统计检验力
组间	329.869	4	82.467	127.070[①]	非常多>比较多；比较多>一般多；一般多>比较少；比较少>从来没有	0.046	1.000
组内	4245.039	6541	0.649				
全体	4574.908	6545					

①$p<0.001$。

3. 就业指导课程的地域性与愿意同乡村教师合作

通过就业指导课程的地域性与愿意同乡村教师合作情况描述统计分析表（表5-44）可以看出，就业指导课程的地域性均值为2.92，愿意同乡村教师合作均值为2.39。

表 5-44　就业指导课程的地域性与愿意同乡村教师合作描述统计

项目	均值	标准差	标准误差
就业指导课程的地域性	2.92	0.856	0.011
愿意同乡村教师合作	2.39	0.839	0.10

就业指导课程的地域性与愿意同乡村教师合作的方差分析表（表5-45）可以显示，组间Ⅲ型平方和为408.935，DF为4，均方为102.234，F值为159.082；组内Ⅲ型平方和为4203.563，DF为6541，均方为0.643；就业指导课程的地域性与愿意同乡村教师合作存在显著差异（$p<0.001$）。

由事后比较得知，就业指导课程非常多的被试愿意同乡村教师合作均值大于就业指导课程比较多的被试愿意同乡村教师合作均值，即就业指导课程非常多的被试地方高校师范生乡村之同事任教意愿好于就业指导课程比较多的被试愿意同乡村教师合作。就业指导课程比较多的被试愿意同乡村教师合作均值大于就业指导课程一般多的被试愿意同乡村教师合作均值，即就业指导课程比较多的被试愿意同乡村教师合作明显好于就业指导课程一般多的被试愿意同乡村教师合作。就业指导课程比较少的被试愿意同乡村教师合作均值大于从来没有就业指导课程的被试愿意同乡村教师合作均值，即就业指导课程比较少的被试愿意同乡村教师合作明显好于从来没有就业指导课程的被试愿意同乡村教师合作。进一步从关联强度指数来看，ω^2的值等于0.065，可见，就业指导课程的地域性与愿意同乡村教师合作存在相关关系。统计检验力等于1.000，决策正确率很高，就业指导课程的地域性与愿意同乡村教师合作的解释量很大。

表5-45 就业指导课程的地域性与愿意同乡村教师合作的方差分析表

变异来源	SS（Ⅲ型平方和）	DF	MS（均方）	F	事后比较	ω^2	统计检验力
组间	408.935	4	102.234	159.082[①]			
组内	4203.563	6541	0.643		非常多>比较多；比较多>一般多；比较少>从来没有	0.065	1.000
全体	4612.498	6545					

①$p<0.001$。

第四节 高校因素与地方高校师范生乡村任教意愿的回归分析

一、高校因素与地方高校师范生乡村任教意愿整体回归分析

结合前面所做的相关性分析结果，采用回归法对高校因素与地方高校师范生乡村任教意愿整体进行回归分析来确定其相关显著性。以地方高校师范生乡村任教意愿整体作为因变量，将高校因素作为自变量进行多元回归分析，统计结果见

表 5-46。模型 1 中进入自变量高校因素，此变量对地方高校师范生乡村任教意愿整体解释度为 12.8%，在 0.000 显著性水平上，模型 1 回归效果显著（$F = 963.714$，$p < 0.001$）。在 0.000 显著性水平上，高校因素与地方高校师范生乡村任教意愿整体有显著差异（$\beta = 0.358$，$p < 0.001$）。

表 5-46　高校因素与地方高校师范生乡村任教意愿整体回归分析

模型		非标准化系数		标准系数	t	F	R 方	R 方更改
		B	标准误差	试用版				
1	（常量）	1.364	0.042		32.089[①]	963.714[①]	0.128	0.128
	高校因素	0.430	0.014	0.358	31.044[①]			

注：因变量：地方高校师范生乡村任教意愿整体。

　　预测变量：高校因素。

[①]$p < 0.001$。

二、高校因素分项与地方高校师范生乡村任教意愿分项回归分析

（一）服务地方目标的明确性与地方高校师范生乡村任教意愿分项回归分析

采用回归法对服务地方目标的明确性与乡村学校环境进行回归分析来确定其相关显著性。以乡村学校环境作为因变量，将服务地方目标的明确性作为自变量进行多元回归分析，统计结果见表 5-47。模型 1 中进入自变量服务地方目标的明确性，此变量对乡村学校环境解释度为 9.9%，在 0.000 显著性水平上，模型 1 回归效果显著（$F = 721.000$，$p < 0.001$）。在 0.000 显著性水平上，服务地方目标的明确性与乡村学校环境有显著差异（$\beta = 0.315$，$p < 0.001$）。

表 5-47　服务地方目标的明确性与乡村学校环境回归分析

模型		非标准化系数		标准系数	t	F	R 方	R 方更改
		B	标准误差	试用版				
1	（常量）	2.098	0.029		71.134[①]	721.000[①]	0.099	0.099
	服务地方目标的明确性	0.261	0.010	0.315	26.851[①]			

注：因变量：乡村学校环境。

　　预测变量：（常量），服务地方目标的明确性。

[①]$p < 0.001$。

采用回归法对服务地方目标的明确性与愿意帮助乡村学生进行回归分析来确

定其相关显著性。以愿意帮助乡村学生作为因变量，将服务地方目标的明确性作为自变量进行多元回归分析，统计结果见表5-48。模型1中进入自变量服务地方目标的明确性，此变量对愿意帮助乡村学生解释度为3.6%，在0.000显著性水平上，模型1回归效果显著（$F=248.213$，$p<0.001$）。在0.000显著性水平上，服务地方目标的明确性与愿意帮助乡村学生有显著差异（$\beta=0.191$，$p<0.001$）。

表5-48 服务地方目标的明确性与愿意帮助乡村学生回归分析

模型		非标准化系数		标准系数	t	F	R方	R方更改
		B	标准误差	试用版				
1	（常量）	1.793	0.031		57.164①	248.213①	0.036	0.036
	服务地方目标的明确性	0.163	0.010	0.191	15.755①			

注：因变量：愿意帮助乡村学生。
　　预测变量：（常量），服务地方目标的明确性。
　①$p<0.001$。

采用回归法对服务地方目标的明确性与愿意同乡村教师合作进行回归分析来确定其相关显著性。以愿意同乡村教师合作作为因变量，将服务地方目标的明确性作为自变量进行多元回归分析，统计结果见表5-49。模型1中进入自变量服务地方目标的明确性，此变量对愿意同乡村教师合作解释度为4.6%，在0.000显著性水平上，模型1回归效果显著（$F=320.109$，$p<0.001$）。在0.000显著性水平上，服务地方目标的明确性与愿意同乡村教师合作有显著差异（$\beta=0.216$，$p<0.001$）。

表5-49 服务地方目标的明确性与愿意同乡村教师合作回归分析

模型		非标准化系数		标准系数	t	F	R方	R方更改
		B	标准误差	试用版				
1	（常量）	1.863	0.031		59.479①	320.109①	0.046	0.046
	服务地方目标的明确性	0.185	0.010	0.216	17.892①			

注：因变量：愿意同乡村教师合作。
　　预测变量：（常量），服务地方目标的明确性。
　①$p<0.001$。

（二）课程设置的地域性与地方高校师范生乡村任教意愿分项回归分析

采用回归法对课程设置的地域性与乡村学校环境进行回归分析来确定其相关

显著性。以乡村学校环境作为因变量，将课程设置的地域性作为自变量进行多元回归分析，统计结果见表5-50。模型1中进入自变量课程设置的地域性，此变量对乡村学校环境解释度为12.6%，在0.000显著性水平上，模型1回归效果显著（$F=943.281$，$p<0.001$）。在0.000显著性水平上，课程设置的地域性与乡村学校环境有显著差异（$\beta=0.355$，$p<0.001$）。

表 5-50 课程设置的地域性与乡村学校环境回归分析

模型		非标准化系数		标准系数	t	F	R 方	R 方更改
		B	标准误差	试用版				
1	（常量）	1.873	0.033		56.603[①]	943.281[①]	0.126	0.126
	课程设置的地域性	0.308	0.010	0.355	30.713[①]			

注：因变量：乡村学校环境。

　　预测变量：（常量），课程设置的地域性。

①$p<0.001$。

　　采用回归法对课程设置的地域性与愿意帮助乡村学生进行回归分析来确定其相关显著性。以愿意帮助乡村学生作为因变量，将课程设置的地域性作为自变量进行多元回归分析，统计结果见表5-51。模型1中进入自变量课程设置的地域性，此变量对愿意帮助乡村学生解释度为2.2%，在0.000显著性水平上，模型1回归效果显著（$F=150.514$，$p<0.001$）。在0.000显著性水平上，课程设置的地域性与愿意帮助乡村学生有显著差异（$\beta=0.150$，$p<0.001$）。

表 5-51 课程设置的地域性与愿意帮助乡村学生回归分析

模型		非标准化系数		标准系数	t	F	R 方	R 方更改
		B	标准误差	试用版				
1	（常量）	1.837	0.036		51.059[①]	150.514[①]	0.022	0.022
	课程设置的地域性	0.134	0.011	0.150	12.268[①]			

注：因变量：愿意帮助乡村学生。

　　预测变量：（常量），课程设置的地域性。

①$p<0.001$。

　　采用回归法对课程设置的地域性与愿意同乡村教师合作进行回归分析来确定其相关显著性。以愿意同乡村教师合作作为因变量，将课程设置的地域性作为自变量进行多元回归分析，统计结果见表5-52。模型1中进入自变量课程设置的地域性，此变量对愿意同乡村教师合作解释度为 4.5%，在 0.000 显著性水平上，模型 1 回归效果显著（$F=305.937$，$p<0.001$）。在 0.000 显著性水平上，课程设置的地域性与愿意同乡村教师合作有显著差异（$\beta=0.211$，$p<0.001$）。

表 5-52　课程设置的地域性与愿意同乡村教师合作回归分析

模型		非标准化系数		标准系数	t	F	R 方	R 方更改
		B	标准误差	试用版				
1	（常量）	1.795	0.036		50.247[①]	305.937[①]	0.045	0.045
	课程设置的地域性	0.189	0.011	0.211	17.491[①]			

注：因变量：愿意同乡村教师合作。
　　预测变量：（常量），课程设置的地域性。
①$p<0.001$。

（三）实践教学的地域性与地方高校师范生乡村任教意愿分项回归分析

采用回归法对实践教学的地域性与乡村学校环境进行回归分析来确定其相关显著性。以乡村学校环境作为因变量，将实践教学的地域性作为自变量进行多元回归分析，统计结果见表 5-53。模型 1 中进入自变量实践教学的地域性，此变量对乡村学校环境解释度为 12.7%，在 0.000 显著性水平上，模型 1 回归效果显著（$F=952.281$，$p<0.001$）。在 0.000 显著性水平上，实践教学的地域性与乡村学校环境有显著差异（$\beta=0.356$，$p<0.001$）。

表 5-53　实践教学的地域性与乡村学校环境回归分析

模型		非标准化系数		标准系数	t	F	R 方	R 方更改
		B	标准误差	试用版				
1	（常量）	1.859	0.033		55.737[①]	952.281[①]	0.127	0.127
	实践教学的地域性	0.340	0.011	0.356	30.860[①]			

注：因变量：乡村学校环境。
　　预测变量：（常量），实践教学的地域性。
①$p<0.001$。

采用回归法对实践教学的地域性与愿意帮助乡村学生进行回归分析来确定其相关显著性。以愿意帮助乡村学生作为因变量，将实践教学的地域性作为自变量进行多元回归分析，统计结果见表 5-54。模型 1 中进入自变量实践教学的地域性，此变量对愿意帮助乡村学生解释度为 4.7%，在 0.000 显著性水平上，模型 1 回归效果显著（$F=321.034$，$p<0.001$）。在 0.000 显著性水平上，实践教学的地域性与愿意帮助乡村学生有显著差异（$\beta=0.216$，$p<0.001$）。

表 5-54　实践教学的地域性与愿意帮助乡村学生回归分析

模型		非标准化系数		标准系数	t	F	R 方	R 方更改
		B	标准误差	试用版				
1	（常量）	1.644	0.036		45.868[①]	321.034[①]	0.047	0.047
	实践教学的地域性	0.212	0.012	0.216	17.917[①]			

注：因变量：愿意帮助乡村学生。
　　预测变量：（常量），实践教学的地域性。
[①]$p<0.001$。

采用回归法对实践教学的地域性与愿意同乡村教师合作进行回归分析来确定其相关显著性。以愿意同乡村教师合作作为因变量，将实践教学的地域性作为自变量进行多元回归分析，统计结果见表 5-55。模型 1 中进入自变量实践教学的地域性，此变量对愿意同乡村教师合作解释度为 6.5%，在 0.000 显著性水平上，模型 1 回归效果显著（$F=454.527$，$p<0.001$）。在 0.000 显著性水平上，实践教学的地域性与愿意同乡村教师合作有显著差异（$\beta=0.255$，$p<0.001$）。

表 5-55　实践教学的地域性与愿意同乡村教师合作回归分析

模型		非标准化系数		标准系数	t	F	R 方	R 方更改
		B	标准误差	试用版				
1	（常量）	1.664	0.036		46.690[①]	454.527[①]	0.065	0.065
	实践教学的地域性	0.251	0.012	0.255	21.320[①]			

注：因变量：愿意同乡村教师合作。
　　预测变量：（常量），实践教学的地域性。
[①]$p<0.001$。

（四）学校文化导向的地域性与地方高校师范生乡村任教意愿分项回归分析

采用回归法对学校文化导向的地域性与乡村学校环境进行回归分析来确定其相关显著性。以乡村学校环境作为因变量，将学校文化导向的地域性作为自变量进行多元回归分析，统计结果见表 5-56。模型 1 中进入自变量学校文化导向的地域性，此变量对乡村学校环境解释度为 11.5%，在 0.000 显著性水平上，模型 1 回归效果显著（$F=854.994$，$p<0.001$）。在 0.000 显著性水平上，学校文化导向的地域性与乡村学校环境有显著差异（$\beta=0.340$，$p<0.001$）。

表 5-56　学校文化导向的地域性与乡村学校环境回归分析

模型		非标准化系数		标准系数	t	F	R 方	R 方更改
		B	标准误差	试用版				
1	（常量）	1.968	0.031		62.501[①]	854.994[①]	0.116	0.115
	学校文化导向的地域性	0.294	0.011	0.340	29.240[①]			

注：因变量：乡村学校环境。

　　预测变量：（常量），学校文化导向的地域性。

①$p<0.001$。

采用回归法对学校文化导向的地域性与愿意帮助乡村学生进行回归分析来确定其相关显著性。以愿意帮助乡村学生作为因变量，将学校文化导向的地域性作为自变量进行多元回归分析，统计结果见表 5-57。模型 1 中进入自变量学校文化导向的地域性，此变量对愿意帮助乡村学生解释度为 3.2%，在 0.000 显著性水平上，模型 1 回归效果显著（$F=213.987$，$p<0.001$）。在 0.000 显著性水平上，学校文化导向的地域性与愿意帮助乡村学生有显著差异（$\beta=0.178$，$p<0.001$）。

表 5-57　学校文化导向的地域性与愿意帮助乡村学生回归分析

模型		非标准化系数		标准系数	t	F	R 方	R 方更改
		B	标准误差	试用版				
1	（常量）	1.788	0.034		52.746[①]	213.987[①]	0.032	0.032
	学校文化导向的地域性	0.158	0.011	0.178	14.628[①]			

注：因变量：愿意帮助乡村学生。

　　预测变量：（常量），学校文化导向的地域性。

①$p<0.001$。

采用回归法对学校文化导向的地域性与愿意同乡村教师合作进行回归分析来确定其相关显著性。以愿意同乡村教师合作作为因变量，将学校文化导向的地域性作为自变量进行多元回归分析，统计结果见表 5-58。模型 1 中进入自变量学校文化导向的地域性，此变量对愿意同乡村教师合作解释度为 5.1%，在 0.000 显著性水平上，模型1回归效果显著（$F=349.271$，$p<0.001$）。在 0.000 显著性水平上，学校文化导向的地域性与愿意同乡村教师合作有显著差异（$\beta=0.225$，$p<0.001$）。

表 5-58　学校文化导向的地域性与愿意同乡村教师合作回归分析

模型		非标准化系数		标准系数	t	F	R 方	R 方更改
		B	标准误差	试用版				
1	（常量）	1.793	0.034		53.215[1]	349.271[1]	0.051	0.051
	学校文化导向的地域性	0.201	0.011	0.225	18.689[1]			

注：因变量：愿意同乡村教师合作。

　　预测变量：（常量），学校文化导向的地域性。

①$p<0.001$。

（五）就业指导课程的地域性与地方高校师范生乡村任教意愿分项回归分析

采用回归法对就业指导课程的地域性与乡村学校环境进行回归分析来确定其相关显著性。以乡村学校环境作为因变量，将就业指导课程的地域性作为自变量进行多元回归分析，统计结果见表 5-59。模型1中进入自变量就业指导课程的地域性，此变量对乡村学校环境解释度为 12.7%，在 0.000 显著性水平上，模型1回归效果显著（$F=948.453$，$p<0.001$）。在 0.000 显著性水平上，就业指导课程的地域性与乡村学校环境有显著差异（$\beta=0.356$，$p<0.001$）。

表 5-59　就业指导课程的地域性与乡村学校环境回归分析

模型		非标准化系数		标准系数	t	F	R 方	R 方更改
		B	标准误差	试用版				
1	（常量）	1.861	0.033		55.790[1]	948.453[1]	0.127	0.126
	学校文化导向的地域性	0.338	0.011	0.356	30.797[1]			

注：因变量：乡村学校环境。

　　预测变量：（常量），就业指导课程的地域性。

①$p<0.001$。

采用回归法对就业指导课程的地域性与愿意帮助乡村学生进行回归分析来确定其相关显著性。以愿意帮助乡村学生作为因变量，将就业指导课程的地域性作为自变量进行多元回归分析，统计结果见表5-60。模型1中进入自变量就业指导课程的地域性，此变量对愿意帮助乡村学生解释度为4.6%，在0.000显著性水平上，模型1回归效果显著（$F=318.473$，$p<0.001$）。在0.000显著性水平上，就业指导课程的地域性与愿意帮助乡村学生有显著差异（$\beta=0.215$，$p<0.001$）。

表5-60　就业指导课程的地域性与愿意帮助乡村学生回归分析

模型		非标准化系数		标准系数	t	F	R 方	R 方更改
		B	标准误差	试用版				
1	（常量）	1.647	0.036		45.935[1]	318.473[1]	0.046	0.046
	学校文化导向的地域性	0.211	0.012	0.215	17.846[1]			

注：因变量：愿意帮助乡村学生。

　　预测变量：（常量），就业指导课程的地域性。

①$p<0.001$。

采用回归法对就业指导课程的地域性与愿意同乡村教师合作进行回归分析来确定其相关显著性。以愿意同乡村教师合作作为因变量，将就业指导课程的地域性作为自变量进行多元回归分析，统计结果见表5-61。模型1中进入自变量就业指导课程的地域性，此变量对愿意同乡村教师合作解释度为6.5%，在0.000显著性水平上，模型1回归效果显著（$F=455.307$，$p<0.001$）。在0.000显著性水平上，就业指导课程的地域性与愿意同乡村教师合作有显著差异（$\beta=0.255$，$p<0.001$）。

表5-61　就业指导课程的地域性与愿意同乡村教师合作回归分析

模型		非标准化系数		标准系数	t	F	R 方	R 方更改
		B	标准误差	试用版				
1	（常量）	1.664	0.036		46.688[1]	455.307[1]	0.065	0.065
	学校文化导向的地域性	0.250	0.012	0.255	21.338[1]			

注：因变量：愿意同乡村教师合作。

　　预测变量：（常量），就业指导课程的地域性。

①$p<0.001$。

第六章　家庭因素对地方高校师范生乡村任教意愿的影响

家庭是由婚姻、血缘或收养关系所组成的社会组织的基本单位。家长作为重要家庭成员，不仅是家庭的构建者，也是子女成长过程中的重要他人。家长的社会经济地位、价值观念、对子女的教养方式、教育期望等因素都会影响子女未来的人生选择。

第一节　地方高校师范生家庭环境现实描述

一、地方高校师范生家庭环境整体基本概况

地方高校师范生家庭环境主要由四个方面组成，即家庭年收入、家庭经济状况、父母期望、父母态度。从地方高校师范生家庭环境的现实数据（表6-1）来看，地方高校师范生家庭环境整体水平处于中等水平，均值为2.5669。

表 6-1　地方高校师范生家庭环境整体描述统计

项目	N	极小值	极大值	均值	标准差
家庭环境整体	6546	1	5	2.5669	0.48067
有效的 N	6546				

二、地方高校师范生家庭环境组成要素基本概况

（一）家庭年收入

表6-2呈现的是地方高校师范生家庭年收入描述统计情况。从表6-2中可以看出，地方高校师范生家庭年收入整体情况最小值为1，最大值为5，均值为2.36，标准差为1.136，地方高校师范生家庭年收入整体水平不高。

表 6-2　地方高校师范生家庭年收入描述统计

项目	N	极小值	极大值	均值	标准差
家庭年收入	6546	1	5	2.36	1.136
有效的 N	6546				

　　表 6-3 呈现的是地方高校师范生家庭年收入的情况。从表 6-3 中可以看出，2万元及以下的师范生有 1735 人，占 26.5%；2 万~5 万元的师范生有 2105 人，占 32.2%；5 万~10 万元的师范生有 1681 人，占 25.7%；10 万~15 万元的师范生有 670 人，占 10.2%；15 万元以上的师范生有 355 人，占 5.4%。依据统计结果可以推断家庭年收入低于 5 万元的贫困家庭占 58.7%；家庭年收入 5 万~15 万元的小康家庭占 35.9%，15 万元以上的中产家庭仅占 5.4%。

表 6-3　地方高校师范生家庭年收入频率统计

项目	频率/人	百分比/%	有效百分比/%	累积百分比/%
2 万元及以下	1735	26.5	26.5	26.5
2 万~5 万元	2105	32.2	32.2	58.7
5 万~10 万元	1681	25.7	25.7	84.3
10 万~15 万元	670	10.2	10.2	94.6
15 万元以上	355	5.4	5.4	100
合计	6546	100	100	

（二）家庭经济状况

　　表 6-4 呈现的是地方高校师范生家庭经济状况描述统计情况。从表 6-4 中可以看出，地方高校师范生家庭经济状况整体情况最小值为 1，最大值为 5，均值为 3.13，标准差为 0.719，地方高校师范生家庭经济状况整体处于中等水平。

表 6-4　地方高校师范生家庭经济状况描述统计

项目	N	极小值	极大值	均值	标准差
家庭经济状况	6546	1	5	3.13	0.719
有效的 N	6546				

　　表 6-5 呈现的是地方高校师范生家庭经济状况的情况。从表 6-5 中可以看出，家庭经济状况非常好的师范生有 118 人，占 1.8%；比较好的师范生有 687 人，占 10.5%；一般的师范生有 4221 人，占 64.5%；比较差的师范生有 1247 人，占 19%；非常差的师范生有 273 人，占 4.2%。依据统计结果可以推断 76.8% 的师范生家庭经济状况还可以，但仍有 23.2% 的师范生家庭经济状况很差。

表 6-5 地方高校师范生家庭经济状况频率统计

项目	频率/人	百分比/%	有效百分比/%	累积百分比/%
非常好	118	1.8	1.8	1.8
比较好	687	10.5	10.5	12.3
一般	4221	64.5	64.5	76.8
比较差	1247	19	19	95.8
非常差	273	4.2	4.2	100
总计	6546	100	100	

(三) 父母期望

表 6-6 呈现的是地方高校师范生父母对子女未来在教育领域就业的期望的整体描述情况。从表 6-6 中可以看出，地方高校师范生父母期望整体情况最小值为 1，最大值为 5，均值为 1.88，标准差为 0.797，地方高校师范生父母对子女未来在教育领域就业的期望整体水平较好。

表 6-6 父母期望描述统计

项目	N	极小值	极大值	均值	标准差
父母期望	6546	1	5	1.88	0.797
有效的 N	6546				

表 6-7 呈现的是地方高校师范生父母对于子女未来在教育领域就业的期望情况。从表 6-7 中可以看出，非常希望有 2366 人，占 36.1%；比较希望有 2737 人，占 41.8%；没有意见有 1336 人，占 20.4%；不太希望有 82 人，占 1.3%；完全不希望有 25 人，占 0.4%。依据统计结果可以推断 78% 的父母希望自己的子女未来能够在教育领域就业，仅有 1.7% 的父母不希望自己的子女未来能够在教育领域就业。

表 6-7 父母期望频率统计

项目	频率/人	百分比/%	有效百分比/%	累积百分比/%
非常希望	2366	36.1	36.1	36.1
比较希望	2737	41.8	41.8	78
没有意见	1336	20.4	20.4	98.4

项目	频率/人	百分比/%	有效百分比/%	累积百分比/%
不太希望	82	1.3	1.3	99.6
完全不希望	25	0.4	0.4	100
总计	6546	100	100	

（四）父母态度

表6-8呈现的是地方高校师范生到乡村任教父母的态度的整体描述情况。从表6-8中可以看出，地方高校师范生父母态度整体情况最小值为1，最大值为5，均值为2.90，标准差为0.979，地方高校师范生父母态度整体水平中等偏上。

表6-8　父母态度描述统计

项目	N	极小值	极大值	均值	标准差
父母态度	6546	1	5	2.90	0.979
有效的N	6546				

表6-9呈现的是地方高校师范生到乡村任教父母的态度情况。从表6-9中可以看出，非常支持的有634人，占9.7%；比较支持的有1402人，占21.4%；没有意见的有2725人，占41.6%；不太支持的有1579人，占24.1%；完全反对的有206人，占3.1%。依据统计结果可以推断72.7%的父母可以接受子女到乡村任教；但仍有27.2%的家长不希望子女到乡村任教。

表6-9　父母态度频率统计

项目	频率/人	百分比/%	有效百分比/%	累积百分比/%
非常支持	634	9.7	9.7	9.7
比较支持	1402	21.4	21.4	31.1
没有意见	2725	41.6	41.6	72.7
不太支持	1579	24.1	24.1	96.9
完全反对	206	3.1	3.1	100
总计	6546	100	100	

第二节　家庭因素与地方高校师范生
乡村任教意愿的相关分析

一、家庭因素与地方高校师范生乡村任教意愿的整体相关性

表 6-10 呈现的是家庭因素与任教意愿整体相关性分析情况。从表 6-10 可以看出，家庭因素与地方高校师范生乡村任教意愿存在显著相关，相关系数为 0.468，p 值小于 0.01；进一步分析，发现家庭因素与乡村学校环境、学生、同事之间也存在显著相关，家庭因素与乡村学校环境相关系数为 0.420，p 值小于 0.01；家庭因素与愿意帮助乡村学生相关系数为 0.374，p 值小于 0.01；家庭因素与愿意同乡村教师合作相关系数为 0.411，p 值小于 0.01。

表 6-10　家庭因素与任教意愿整体相关性分析

项目	任教意愿	乡村学校环境	愿意帮助乡村学生	愿意同乡村教师合作
家庭因素	0.468	0.420	0.374	0.411

注：$p<0.01$。

二、家庭因素分项与地方高校师范生乡村任教意愿分项相关性

为了更好地分析家庭因素的各个方面对地方高校师范生乡村任教意愿的相关程度，对家庭因素分项与地方高校师范生乡村任教意愿分项进行了统计分析，统计结果见表 6-11。表 6-11 的数据显示，地方高校师范生的家庭年收入与乡村学校环境之间显著相关，相关系数 0.109；家庭年收入与愿意帮助乡村学生之间显著相关，相关系数 0.059；家庭年收入与愿意同乡村教师合作之间显著相关，相关系数 0.072。家庭经济状况与乡村学校环境之间显著相关，相关系数 0.107；家庭经济状况与愿意帮助乡村学生之间显著相关，相关系数 0.065；家庭经济状况与愿意同乡村教师合作之间显著相关，相关系数 0.069。父母期望与乡村学校环境之间显著相关，相关系数 0.166；父母期望与愿意帮助乡村学生之间显著相关，相关系数 0.293；父母期望与愿意同乡村教师合作之间显著相关，相关系数 0.272。父母态度与乡村学校环境之间显著相关，相关系数 0.486；父母态度与愿意帮助乡村学生之间显著相关，相关系数 0.381；父母态度与愿意同乡村教师合作之间显著相关，相关系数 0.450，p 值均小于 0.01。

家庭各因素之间也存在显著相关关系，家庭年收入与家庭经济状况相关系数为 -0.412，家庭年收入与父母期望相关系数为 0.043，家庭年收入与父母态度相关系数为 0.129；家庭经济状况与父母期望相关系数为 0.051，家庭经济状况与

父母态度相关系数为 0.083；父母期望与父母态度相关系数为 0.275。乡村学校环境与愿意帮助乡村学生之间也存在显著相关，相关系数为 0.525；乡村学校环境与愿意同乡村教师合作之间也存在显著相关，相关系数为 0.579。愿意帮助乡村学生与愿意同乡村教师合作相关系数为 0.793，p 值均小于 0.01。

表 6-11　家庭因素分项与任教意愿分项相关性分析

项目	1	2	3	4	5	6
家庭年收入 1	—					
家庭经济状况 2	−0.412	—				
父母期望 3	0.043	0.051	—			
父母态度 4	0.129	0.083	0.275	—		
乡村学校环境 5	0.109	0.107	0.166	0.486	—	
愿意帮助乡村学生 6	0.059	0.065	0.293	0.381	0.525	—
愿意同乡村教师合作 7	0.072	0.069	0.272	0.450	0.579	0.793

注：$p<0.01$。

三、任教意愿与家庭因素各要素相关分析

表 6-12 呈现的是任教意愿与家庭因素各要素相关分析情况。从表 6-12 的数据可以看出，地方高校师范生任教意愿与家庭因素各要素之间存在显著相关关系。其中，任教意愿与家庭年收入相关系数为 0.105，任教意愿与家庭经济状况相关系数为 0.064，任教意愿与父母期望相关系数为 0.231，任教意愿与父母态度相关系数为 0.563，p 值均小于 0.01。

表 6-12　任教意愿与家庭因素各要素相关分析

项目	家庭年收入	家庭经济状况	父母期望	父母态度
任教意愿总体	0.105	0.064	0.231	0.563

注：$p<0.01$。

四、家庭因素与任教意愿各要素相关分析

表 6-13 呈现的是家庭因素与任教意愿各要素相关分析情况。从表 6-13 的数据可以看出，地方高校师范生家庭因素与任教意愿各要素之间存在显著相关关系。其中，家庭因素与乡村学校环境相关系数为 0.420，家庭因素与愿意帮助乡

村学生相关系数为 0.374，家庭因素与愿意同乡村教师合作相关系数为 0.411，p 值均小于 0.01。

表 6-13　家庭因素与任教意愿各要素相关分析

项目	乡村学校环境	愿意帮助乡村学生	愿意同乡村教师合作
家庭因素总体	0.420	0.374	0.411

注：$p<0.01$。

第三节　家庭因素与地方高校师范生乡村任教意愿的差异分析

一、家庭因素与地方高校师范生乡村任教意愿整体差异比较

（一）不同家庭年收入师范生的任教意愿整体差异比较

通过不同家庭年收入被试的任教意愿情况描述统计分析表（表 6-14）可以看出，家庭年收入在 2 万元及以下的师范生任教意愿均值为 2.52，家庭年收入在 2 万~5 万元的师范生任教意愿均值为 2.61，家庭年收入在 5 万~10 万元的师范生任教意愿均值为 2.7，家庭年收入在 10 万~15 万元的师范生任教意愿均值为 2.78，家庭年收入在 15 万元以上的师范生任教意愿均值为 2.85。

表 6-14　不同家庭年收入师范生的任教意愿整体差异描述统计

项目	均值	标准差	标准误差
2 万元及以下	2.52	0.943	0.023
2 万~5 万元	2.61	0.872	0.019
5 万~10 万元	2.7	0.881	0.021
10 万~15 万元	2.78	0.922	0.036
15 万元以上	2.85	1.098	0.058

不同家庭年收入的任教意愿方差分析表（表 6-15）可以显示，组间 III 型平方和为 60.461，DF 为 4，均方为 15.115，F 值为 18.176；组内 III 型平方和为 5439.612，DF 为 6541，均方为 0.832；不同家庭年收入的任教意愿方面有显著差异（$p<0.01$）。由事后比较得知，家庭年收入 5 万~10 万元被试的任教意愿均值大于家庭年收入 2 万~5 万元被试的任教意愿均值，大于家庭年收入 2 万元以下被试的任教意愿均值。即家庭年收入 5 万~10 万元的师范生任教意愿强于 2 万~

5 万元的师范生，强于 2 万元以下的师范生。进一步从关联强度指数来看，ω^2 的值等于 0.224，可见，师范生的家庭年收入与乡村任教意愿情况存在相关关系。统计检验力等于 1.000，决策正确率较高，师范生家庭年收入对师范生乡村任教意愿的解释量较大。

表 6-15　不同家庭年收入师范生的任教意愿整体差异的方差分析表

变异来源	SS（Ⅲ型平方和）	DF	MS（均方）	F	事后比较	ω^2	统计检验力
组间	60.461	4	15.115	18.176①	5 万~10 万元>2 万~5 万元>2 万元以下	0.224	1.000
组内	5439.612	6541	0.832				
全体	5500.073	6545					

①$p<0.01$。

（二）不同家庭经济状况师范生的任教意愿整体差异比较

通过不同家庭经济状况师范生的任教意愿情况描述统计分析表（表 6-16）可以看出，认为自己家庭经济状况非常好的师范生任教意愿均值为 1.77，认为自己家庭经济状况比较好的师范生任教意愿均值为 2.56，认为自己家庭经济状况一般的师范生任教意愿均值为 2.68，认为自己家庭经济状况比较差的师范生任教意愿均值为 2.6，认为自己家庭经济状况非常差的师范生任教意愿均值为 2.75。

表 6-16　不同家庭经济状况师范生的任教意愿整体差异描述统计

项目	均值	标准差	标准误差
非常好	1.77	1.304	0.12
比较好	2.56	0.973	0.037
一般	2.68	0.856	0.013
比较差	2.6	0.937	0.027
非常差	2.75	1.155	0.07

不同家庭经济状况师范生的任教意愿的方差分析表（表 6-17）可以显示，组间Ⅲ型平方和为 106.271，DF 为 4，均方为 26.568，F 值为 32.218；组内Ⅲ型平方和为 5393.802，DF 为 6541，均方为 0.825；不同家庭经济状况师范生的任教意愿存在显著差异（$p<0.001$）。由事后比较得知，家庭经济状况非常好的师

范生任教意愿均值小于家庭经济状况比较好的师范生任教意愿均值。即家庭经济状况非常好的师范生任教意愿强于家庭经济状况比较好的师范生。

进一步从关联强度指数来看，ω^2 的值等于 0.019，可见，师范生的家庭经济状况与乡村任教意愿情况存在相关关系。统计检验力等于 1.000，决策正确率较高，师范生家庭经济状况对师范生乡村任教意愿的解释量较大。

表 6-17　不同家庭经济状况师范生的任教意愿整体差异的方差分析表

变异来源	SS（Ⅲ型平方和）	DF	MS（均方）	F	事后比较	ω^2	统计检验力
组间	106.271	4	26.568	32.218[①]			
组内	5393.802	6541	0.825		非常好<比较好	0.019	1.000
全体	5500.073	6545					

①$p<0.001$。

(三) 不同父母期望师范生的任教意愿整体差异比较

通过不同父母期望师范生的任教意愿描述统计分析（表 6-18）可以看出，父母非常希望自己的子女在教育领域就业的师范生任教意愿均值为 2.39，父母比较希望自己的子女在教育领域就业的师范生任教意愿均值为 2.71，父母对自己的子女是否在教育领域就业没有意见的师范生任教意愿均值为 2.9，父母不太希望自己的子女在教育领域就业的师范生任教意愿均值为 3.15，父母完全不希望自己的子女在教育领域就业的师范生任教意愿均值为 3.68。

表 6-18　不同父母期望师范生的任教意愿整体差异描述统计

项目	均值	标准差	标准误差
非常希望	2.39	1	0.021
比较希望	2.71	0.832	0.016
没有意见	2.9	0.791	0.022
不太希望	3.15	0.904	0.1
完全不希望	3.68	1.282	0.256

不同父母期望师范生的任教意愿的方差分析表（表 6-19）可以显示，父母不同期望师范生的任教意愿有显著差异（$p<0.001$）。由事后比较得知，父母非

常希望子女在教育领域就业的师范生任教意愿均值小于父母比较希望子女在教育领域就业的师范生任教意愿均值,小于父母对子女是否在教育领域就业没有意见的师范生任教意愿均值。即父母非常希望子女在教育领域就业的师范生任教意愿强于父母比较希望子女在教育领域就业的师范生,强于父母对子女是否在教育领域就业没有意见的师范生。进一步从关联强度指数来看,ω^2 的值等于 0.054,可见,父母期望与乡村任教意愿情况存在相关关系。统计检验力等于 1.000,决策正确率较高,父母期望对师范生乡村任教意愿的解释量较大。

表 6-19 不同父母期望师范生的任教意愿整体差异的方差分析表

变异来源	SS（Ⅲ型平方和）	DF	MS（均方）	F	事后比较	ω^2	统计检验力
组间	300.115	4	75.029	94.378[①]			
组内	5199.958	6541	0.795		非常希望<比较希望<没有意见	0.054	1.000
全体	5500.073	6545					

①$p<0.001$。

(四) 不同父母态度师范生的任教意愿整体差异比较

通过不同父母态度师范生的任教意愿描述统计分析表（表 6-20）可以看出,父母非常支持子女到乡村任教的师范生任教意愿均值为 1.6,父母比较支持子女到乡村任教的师范生任教意愿均值为 2.2,父母对子女是否到乡村任教没有意见的师范生任教意愿均值为 2.71,父母不太支持子女到乡村任教的师范生任教意愿均值为 3.16,父母对子女到乡村任教完全反对的师范生任教意愿均值为 4。

表 6-20 不同父母态度师范生的任教意愿整体差异描述统计

项目	均值	标准差	标准误差
非常支持	1.6	0.824	0.033
比较支持	2.2	0.73	0.02
没有意见	2.71	0.708	0.014
不太支持	3.16	0.784	0.02
完全反对	4	1.034	0.072

不同父母态度师范生的任教意愿的方差分析表（表6-21）可以显示，组间Ⅲ型平方和为1766.418，DF为4，均方为441.604，F值为773.648；组内Ⅲ型平方和为3733.655，DF为6541，均方为0.571；不同父母态度师范生的任教意愿存在显著差异（$p<0.001$）。

由事后比较得知，父母非常支持子女到乡村任教的师范生任教意愿均值小于父母比较支持子女到乡村任教的师范生任教意愿均值，小于父母对子女是否到乡村任教没有意见的师范生任教意愿均值，小于父母不太支持子女到乡村任教的师范生任教意愿均值，小于父母完全反对子女到乡村任教的师范生任教意愿均值。即父母非常支持子女到乡村任教的师范生任教意愿强于父母比较支持子女到乡村任教的师范生，强于父母对子女是否到乡村任教没有意见的师范生，强于父母不太支持子女到乡村任教的师范生，强于父母完全反对子女到乡村任教的师范生。进一步从关联强度指数来看，ω^2的值等于0.321，可见，父母态度与乡村任教意愿情况存在相关关系。统计检验力等于1.000，决策正确率较高，父母态度对师范生乡村任教意愿的解释量较大。

表6-21　不同父母态度师范生的任教意愿整体差异的方差分析表

变异来源	SS（Ⅲ型平方和）	DF	MS（均方）	F	事后比较	ω^2	统计检验力
组间	1766.418	4	441.604	773.648[①]	非常支持<比较支持<没有意见<不太支持<完全反对	0.321	1.000
组内	3733.655	6541	0.571				
全体	5500.073	6545					

①$p<0.001$。

二、地方高校师范生乡村任教意愿组成要素差异比较

（一）不同家庭年收入的师范生任教意愿组成要素差异比较

1. 不同家庭年收入与喜欢乡村学校环境

通过不同家庭年收入的师范生是否喜欢乡村学校的环境情况描述统计分析表（表6-22）可以看出，家庭年收入在2万元及以下的师范生喜欢乡村学校环境均值为2.71，家庭年收入在2万~5万元的师范生喜欢乡村学校环境均值为2.83，家庭年收入在5万~10万元的师范生喜欢乡村学校环境均值为2.92，家庭年收入在10万~15万元的师范生喜欢乡村学校环境均值为2.99，家庭年收入在15万元以上的师范生喜欢乡村学校环境均值为2.94。

表 6-22 不同家庭年收入的师范生喜欢乡村学校环境情况描述统计

项目	均值	标准差	标准误差
2 万元及以下	2.71	0.868	0.021
2 万~5 万元	2.83	0.757	0.016
5 万~10 万元	2.92	0.743	0.018
10 万~15 万元	2.99	0.824	0.032
15 万元以上	2.94	1.031	0.055

不同家庭年收入的喜欢乡村学校环境方差分析表（表 6-23）可以显示，组间Ⅲ型平方和为 58.92，DF 为 4，均方为 14.73，F 值为 22.583；组内Ⅲ型平方和为 4266.397，DF 为 6541，均方为 0.652；不同家庭年收入的师范生喜欢乡村学校环境方面有显著差异（p<0.001）。由事后比较得知，家庭年收入 2 万元以下师范生喜欢乡村学校环境的均值小于 2 万~5 万元的师范生喜欢乡村学校环境的均值，即家庭年收入 2 万元以下的师范生对乡村学校环境的接受程度高于家庭年收入 2 万~5 万元的师范生。进一步从关联强度指数来看，ω^2 的值等于 0.004，可见，师范生家庭收入与喜欢乡村学校环境存在相关关系。统计检验力等于 0.998，决策正确率较高，师范生家庭年收入对喜欢乡村学校环境的解释量较大。

表 6-23 不同家庭年收入的师范生喜欢乡村学校环境的方差分析表

变异来源	SS（Ⅲ型平方和）	DF	MS（均方）	F	事后比较	ω^2	统计检验力
组间	58.92	4	14.73	22.583[①]			
组内	4266.397	6541	0.652		2 万元以下<2 万~5 万元	0.004	0.998
全体	4325.317	6545					

①p<0.001。

2. 不同家庭年收入与愿意帮助乡村学生

通过不同家庭年收入的师范生是否愿意帮助乡村学生情况描述统计分析表（表 6-24）可以看出，家庭年收入在 2 万元及以下的师范生愿意帮助乡村学生均值 2.19，家庭年收入在 2 万~5 万元的师范生愿意帮助乡村学生均值为 2.24，家庭年收入在 5 万~10 万元的师范生愿意帮助乡村学生均值为 2.33，家庭年收入在 10 万~15 万元的师范生愿意帮助乡村学生均值为 2.31，家庭年收入在 15 万元以上的师范生愿意帮助乡村学生均值为 2.3。

表 6-24 不同家庭年收入的师范生愿意帮助乡村学生情况描述统计

项目	均值	标准差	标准误差
2 万元及以下	2.19	0.857	0.021
2 万~5 万元	2.24	0.786	0.017
5 万~10 万元	2.33	0.82	0.02
10 万~15 万元	2.31	0.851	0.033
15 万元以上	2.3	1.015	0.054

不同家庭年收入的师范生愿意帮助乡村学生方差分析表（表 6-25）可以显示，组间Ⅲ型平方和为 22.183，DF 为 4，均方为 5.546，F 值为 7.968；组内Ⅲ型平方和为 4552.726，DF 为 6541，均方为 0.696；不同家庭年收入的师范生愿意帮助乡村学生方面有显著差异（$p<0.05$）。由事后比较得知，家庭年收入 2 万元以下师范生愿意帮助乡村学生的均值小于 2 万~5 万元的师范生愿意帮助乡村学生的均值，小于 5 万~10 万元的师范生愿意帮助乡村学生的均值。即家庭年收入 2 万元以下的师范生帮助乡村学生的意愿强于家庭年收入 2 万~5 万元的师范生，强于家庭年收入 5 万~10 万元的师范生。进一步从关联强度指数来看，ω^2 的值等于 0.004，可见，师范生家庭收入与愿意帮助乡村学生存在相关关系。统计检验力等于 0.998，决策正确率较高，师范生家庭年收入对愿意帮助乡村学生的解释量较大。

表 6-25 不同家庭年收入师范生愿意帮助乡村学生的方差分析表

变异来源	SS（Ⅲ型平方和）	DF	MS（均方）	F	事后比较	ω^2	统计检验力
组间	22.183	4	5.546	7.968[①]	2 万元以下<2 万~5 万元 < 5 万~10 万元	0.004	0.998
组内	4552.726	6541	0.696				
全体	4574.908	6545					

①$p<0.05$。

3. 不同家庭年收入与愿意同乡村教师合作

通过不同家庭年收入的师范生愿意和乡村学校的老师一起工作情况描述统计

分析表（表6-26）可以看出，家庭年收入在2万元及以下的师范生愿意同乡村教师合作均值为2.31，家庭年收入在2万~5万元的师范生愿意同乡村教师合作均值为2.38，家庭年收入在5万~10万元的师范生愿意同乡村教师合作均值为2.45，家庭年收入在10万~15万元的师范生愿意帮助乡村学生均值为2.45，家庭年收入在15万元以上的师范生愿意帮助乡村学生均值为2.5。

表6-26 不同家庭年收入的师范生愿意同乡村教师合作情况描述统计

项目	均值	标准差	标准误差
2万元及以下	2.31	0.871	0.021
2万~5万元	2.38	0.789	0.017
5万~10万元	2.45	0.797	0.019
10万~15万元	2.45	0.858	0.033
15万元以上	2.5	1.064	0.056

不同家庭年收入的师范生愿意同乡村教师合作方差分析表（表6-27）可以显示，组间Ⅲ型平方和为26.143，DF为4，均方为6.536，F值为9.321；组内Ⅲ型平方和为4586.356，DF为6541，均方为0.701；不同家庭年收入的师范生愿意同乡村教师合作有显著差异（$p<0.001$）。由事后比较得知，家庭年收入2万元以下师范生愿意同乡村教师合作的均值小于2万~5万元的师范生愿意同乡村教师合作的均值，小于5万~10万元的师范生愿意同乡村教师合作的均值，即家庭年收入2万元以下的师范生同乡村教师合作的意愿高于家庭年收入2万~5万元的师范生，高于家庭年收入5万~10万元的师范生。进一步从关联强度指数来看，ω^2的值等于0.005，可见，师范生家庭收入与愿意同乡村教师合作存在相关关系。统计检验力等于1.000，决策正确率较高，师范生家庭年收入对愿意同乡村教师合作的解释量较大。

表6-27 不同家庭年收入师范生愿意同乡村教师合作的方差分析表

变异来源	SS（Ⅲ型平方和）	DF	MS（均方）	F	事后比较	ω^2	统计检验力
组间	26.143	4	6.536	9.321[①]	2万元以下<2万~5万元<5万~10万元	0.005	1.000
组内	4586.356	6541	0.701				
全体	4612.498	6545					

①$p<0.05$。

（二）不同家庭经济状况的任教意愿组成要素差异比较

1. 不同家庭经济状况与喜欢乡村学校环境

通过不同家庭经济状况师范生是否喜欢乡村学校环境情况描述统计分析表（表6-28）可以看出，认为自己家庭经济状况非常好的师范生喜欢乡村学校环境均值为1.67，认为自己家庭经济状况比较好的师范生喜欢乡村学校环境均值为2.72，认为自己家庭经济状况一般的师范生喜欢乡村学校环境均值为2.9，认为自己家庭经济状况比较差的师范生喜欢乡村学校环境均值为2.83，认为自己家庭经济状况非常差的师范生喜欢乡村学校环境均值为2.98。

表 6-28　不同家庭经济状况师范生喜欢乡村学校环境差异描述统计

项目	均值	标准差	标准误差
非常好	1.67	1.254	0.115
比较好	2.72	0.889	0.034
一般	2.9	0.734	0.011
比较差	2.83	0.825	0.023
非常差	2.98	1.032	0.062

不同家庭经济状况师范生喜欢乡村学校环境的方差分析表（表6-29）可以显示，组间Ⅲ型平方和为190.56，DF为4，均方为47.64，F值为75.364；组内Ⅲ型平方和为4134.757，DF为6541，均方为0.632；不同家庭经济状况师范生是否喜欢乡村学校环境存在显著差异（$p<0.01$）。

由事后比较得知，家庭经济条件非常好的师范生喜欢乡村学校环境的均值小于家庭经济条件比较好的师范生喜欢乡村学校环境均值，小于家庭经济条件比较差的师范生喜欢乡村学校环境均值，小于家庭经济条件一般的师范生喜欢乡村学校环境均值，小于家庭经济条件非常差的师范生喜欢乡村学校环境均值。即家庭经济状况非常好的师范生对乡村学校环境的接受程度高于比较好的，家庭经济状况比较好的师范生对乡村学校环境的接受程度高于比较差的，家庭经济状况比较差的师范生对乡村学校环境的接受程度高于一般的，家庭经济状况一般的师范生对乡村学校环境的接受程度高于非常差的师范生。

进一步从关联强度指数来看，ω^2的值等于0.043，可见，师范生家庭经济状况与喜欢乡村学校环境存在相关关系。统计检验力等于1.000，决策正确率较高，师范生家庭经济状况对喜欢乡村学校环境的解释量较大。

表6-29　不同家庭经济状况师范生喜欢乡村学校环境差异的方差分析表

变异来源	SS（Ⅲ型平方和）	DF	MS（均方）	F	事后比较	ω^2	统计检验力
组间	190.56	4	47.64	75.364[①]	非常好＜比较好＜比较差＜一般＜非常差	0.043	1.000
组内	4134.757	6541	0.632				
全体	4325.317	6545					

①$p<0.01$。

2. 不同家庭经济状况与愿意帮助乡村学生

通过不同家庭经济状况师范生愿意帮助乡村学生描述统计分析表（表6-30）可以看出，家庭经济状况非常好的师范生愿意帮助乡村学生均值为1.49，家庭经济状况比较好的师范生愿意帮助乡村学生均值为2.15，家庭经济状况一般的师范生愿意帮助乡村学生均值为2.31，家庭经济状况比较差的师范生愿意帮助乡村学生均值为2.2，家庭经济状况非常差的师范生愿意帮助乡村学生均值为2.4。

表6-30　不同家庭经济状况师范生愿意帮助乡村学生差异描述统计

项目	均值	标准差	标准误差
非常好	1.49	0.913	0.084
比较好	2.15	0.827	0.032
一般	2.31	0.799	0.012
比较差	2.2	0.834	0.024
非常差	2.4	1.13	0.068

不同家庭经济状况师范生愿意帮助乡村学生的方差分析表（表6-31）可以显示，组间Ⅲ型平方和为96.186，DF为4，均方为24.046，F值为35.119；组内Ⅲ型平方和为4478.722，DF为6541，均方为0.685；不同家庭经济状况师范生愿意帮助乡村学生存在显著差异（$p<0.001$）。

由事后比较得知，家庭经济状况非常好的师范生愿意帮助乡村学生均值小于家庭经济状况比较好的师范生，家庭经济状况比较好的师范生愿意帮助乡村学生均值小于家庭经济状况比较差的师范生，家庭经济状况比较差的师范生愿意帮助乡村学生均值小于家庭经济状况一般的师范生，家庭经济状况一般的师范生愿意帮助乡村学生均值小于家庭经济状况非常差的师范生。即家庭经济状况非常好的师范生帮助乡村学生的意愿高于家庭经济状况比较好的师范生，家庭经济状况比较好的师范生帮助乡村学生的意愿高于家庭经济状况比较差的师范生，家庭经济状况比较差的师范生帮助乡村学生的意愿高于家庭经济状况一般的师范生，家庭经济状况一般的师范生帮助乡村学生的意愿高于家庭经济状况非常差的师范生。

进一步从关联强度指数来看，ω^2 的值等于 0.020，可见，师范生家庭经济状况与帮助乡村学生存在相关关系。统计检验力等于 1.000，决策正确率较高，师范生家庭经济状况对帮助乡村学生的解释量较大。

表 6-31　不同家庭经济状况师范生愿意帮助乡村学生差异的方差分析表

变异来源	SS（Ⅲ型平方和）	DF	MS（均方）	F	事后比较	ω^2	统计检验力
组间	96.186	4	24.046	35.119[①]			
组内	4478.722	6541	0.685		非常好<比较好<比较差<一般<非常差	0.020	1.000
全体	4574.908	6545					

①$p<0.001$。

3. 不同家庭经济状况与愿意同乡村教师合作

通过不同家庭经济状况师范生愿意同乡村教师合作描述统计分析表（表6-32）可以看出，认为自己家庭经济状况非常好的师范生愿意同乡村教师合作均值为 1.62，认为自己家庭经济状况比较好的师范生愿意同乡村教师合作均值为2.29，认为自己家庭经济状况一般的师范生愿意同乡村教师合作均值为2.44，认为自己家庭经济状况比较差的师范生愿意同乡村教师合作均值为2.35，认为自己家庭经济状况非常差的师范生愿意同乡村教师合作均值为 2.54。

表 6-32　不同家庭经济状况师范生愿意同乡村教师合作的差异描述统计

项目	均值	标准差	标准误差
非常好	1.62	1.124	0.103
比较好	2.29	0.855	0.033
一般	2.44	0.79	0.012
比较差	2.35	0.858	0.024
非常差	2.54	1.084	0.066

不同家庭经济状况师范生愿意同乡村教师合作的方差分析表（表6-33）可以显示，组间Ⅲ型平方和为95.169，DF为4，均方为23.792，F值为34.451；组内Ⅲ型平方和为4517.329，DF为6541，均方为0.691；不同家庭经济状况师范生对于和乡村学校老师一起工作的意愿存在显著差异（$p < 0.001$）。

由事后比较得知，家庭经济状况非常好的师范生同乡村教师合作均值小于家庭经济状况比较好的师范生，家庭经济状况比较好的师范生同乡村教师合作均值小于家庭经济状况比较差的师范生，家庭经济状况比较差的师范生同乡村教师合作均值小于家庭经济状况一般的师范生，家庭经济状况一般的师范生同乡村教师合作均值小于家庭经济状况非常差的师范生。

即家庭经济状况非常好的师范生同乡村教师合作的意愿高于家庭经济状况比较好的师范生，家庭经济状况比较好的师范生同乡村教师合作的意愿高于家庭经济状况比较差的师范生，家庭经济状况比较差的师范生同乡村教师合作的意愿高于家庭经济状况一般的师范生，家庭经济状况一般的师范生同乡村教师合作的意愿高于家庭经济状况非常差的师范生。

进一步从关联强度指数来看，ω^2的值等于0.020，可见，师范生家庭经济状况与同乡村教师合作存在相关关系。统计检验力等于1.000，决策正确率较高，师范生家庭经济状况对同乡村教师合作的解释量较大。

表 6-33　不同家庭经济状况师范生愿意同乡村教师合作差异的方差分析表

变异来源	SS（Ⅲ型平方和）	DF	MS（均方）	F	事后比较	ω^2	统计检验力
组间	95.169	4	23.792	34.451①			
组内	4517.329	6541	0.691		非常好<比较好<比较差<一般<非常差	0.020	1.000
全体	4612.498	6545					

①$p < 0.001$。

（三）不同父母期望的师范生任教意愿组成要素差异比较

1. 不同父母期望与喜欢乡村学校环境

通过不同父母期望的师范生喜欢乡村学校环境描述统计分析（表6-34）可以看出，父母非常希望自己的子女在教育领域就业的师范生喜欢乡村学校环境均值为2.68，父母比较希望自己的子女在教育领域就业的师范生喜欢乡村学校环境均值为2.9，父母对自己的子女是否在教育领域就业没有意见的师范生喜欢乡村学校环境均值为3.02，父母不太希望自己的子女在教育领域就业的师范生喜欢乡村学校环境均值为3.16，父母完全不希望自己的子女在教育领域就业的师范生喜欢乡村学校环境均值为3.12。

表6-34 不同父母期望师范生喜欢乡村学校环境差异描述统计

项目	均值	标准差	标准误差
非常希望	2.68	0.912	0.019
比较希望	2.9	0.713	0.014
没有意见	3.02	0.733	0.02
不太希望	3.16	0.909	0.1
完全不希望	3.12	1.509	0.302

不同父母期望的师范生喜欢乡村学校环境的方差分析表（表6-35）可以显示，组间Ⅲ型平方和为126.091，DF为4，均方为31.523，F值为49.102；组内Ⅲ型平方和为4199.226，DF为6541，均方为0.642；不同父母期望的师范生对喜欢乡村学校环境存在显著差异（$p<0.001$）。

由事后比较得知，父母非常希望子女在教育领域就业的师范生喜欢乡村学校环境均值小于父母比较希望子女在教育领域就业的师范生喜欢乡村学校环境均值，即父母非常希望子女在教育领域就业的师范生对乡村学校环境的接受程度高于父母比较希望子女在教育领域就业的师范生；父母比较希望子女在教育领域就业的师范生喜欢乡村学校环境均值小于父母对子女是否在教育领域就业没有意见的师范生喜欢乡村学校环境均值，即父母比较希望子女在教育领域就业的师范生对乡村学校环境的接受程度高于父母对子女是否在教育领域就业没有意见的师范生。进一步从关联强度指数来看，ω^2的值等于0.029，可见，父母期望与喜欢乡村学校环境存在相关关系。统计检验力等于1.000，决策正确率较高，父母期望对同乡村教师合作的解释量较大。

表6-35 不同父母期望的师范生喜欢乡村学校环境差异的方差分析表

变异来源	SS（Ⅲ型平方和）	DF	MS（均方）	F	事后比较	ω^2	统计检验力
组间	126.091	4	31.523	49.102[1]	非常希望<比较希望；比较希望<没有意见	0.029	1.000
组内	4199.226	6541	0.642				
全体	4325.317	6545					

[1]$p<0.001$。

2. 不同父母期望与愿意帮助乡村学生

通过不同父母期望的师范生愿意帮助乡村学生描述统计分析（表6-36）可以看出，父母非常希望自己的子女在教育领域就业的师范生愿意帮助乡村学生均值为1.97，父母比较希望自己的子女在教育领域就业的师范生愿意帮助乡村学生均值为2.32，父母对自己的子女是否在教育领域就业没有意见的师范生愿意帮助乡村学生均值为2.6，父母不太希望自己的子女在教育领域就业的师范生愿意帮助乡村学生均值为2.82，父母完全不希望自己的子女在教育领域就业的师范生愿意帮助乡村学生均值为3。

表6-36 不同父母期望师范生愿意帮助乡村学生的差异描述统计

项目	均值	标准差	标准误差
非常希望	1.97	0.845	0.017
比较希望	2.32	0.747	0.014
没有意见	2.6	0.797	0.022
不太希望	2.82	0.877	0.097
完全不希望	3	1.443	0.289

不同父母期望的师范生愿意帮助乡村学生的方差分析表（表6-37）可以显示，组间Ⅲ型平方和为398.194，DF为4，均方为99.548，F值为155.899；组内Ⅲ型平方和为4176.715，DF为6541，均方为0.639；不同父母期望的师范生对愿意帮助乡村学生存在显著差异（$p<0.001$）。由事后比较得知，父母非常希望子女在教育领域就业的师范生愿意帮助乡村学生均值小于父母比较希望子女在教育领域就业的师范生愿意帮助乡村学生均值，父母比较希望子女在教育领域就业的师范生愿意帮助乡村学生均值小于父母对子女是否在教育领域就业没有意见的师范生愿意帮助乡村学生均值。即父母非常希望子女在教育领域就业的师范生帮助乡村学生的意愿高于父母比较希望子女在教育领域就业的师范生；父母比较希望子女在教育领域就业的师范生帮助乡村学生的意愿高于父母对子女是否在教育领域就业没有意见的师范生。进一步从关联强度指数来看，ω^2的值等于0.086，可见，父母期望与帮助乡村学生存在相关关系。统计检验力等于1.000，决策正确率较高，父母期望对帮助乡村学生的解释量较大。

表 6-37　不同父母期望的师范生愿意帮助乡村学生差异的方差分析表

变异来源	SS（Ⅲ型平方和）	DF	MS（均方）	F	事后比较	ω^2	统计检验力
组间	398.194	4	99.548	155.899①	非常希望＜比较希望；　比较希望＜没有意见	0.086	1.000
组内	4176.715	6541	0.639				
全体	4574.908	6545					

①$p<0.001$。

3. 不同父母期望与愿意同乡村教师合作

通过不同父母期望的师范生愿意同乡村教师合作的描述统计分析（表 6-38）可以看出，父母非常希望自己的子女在教育领域就业的师范生愿意同乡村教师合作均值为 2.12，父母比较希望自己的子女在教育领域就业的师范生愿意同乡村教师合作均值为 2.46，父母对自己的子女是否在教育领域就业没有意见的师范生愿意同乡村教师合作均值为 2.69，父母不太希望自己的子女在教育领域就业的师范生愿意同乡村教师合作均值为 2.88，父母完全不希望自己的子女在教育领域就业的师范生愿意同乡村教师合作均值为 3.44。

表 6-38　不同父母期望师范生愿意同乡村教师合作的差异描述统计

项目	均值	标准差	标准误差
非常希望	2.12	0.883	0.018
比较希望	2.46	0.747	0.014
没有意见	2.69	0.771	0.021
不太希望	2.88	0.866	0.096
完全不希望	3.44	1.294	0.259

不同父母期望的师范生愿意同乡村教师合作的方差分析表（表 6-39）可以显示，组间Ⅲ型平方和为 348.31，DF 为 4，均方为 87.078，F 值为 133.572；组内Ⅲ型平方和为 4264.188，DF 为 6541，均方为 0.652；不同父母期望的师范生对愿意同乡村教师合作存在显著差异（$p<0.001$）。父母不同期望师范生对于和乡村学校老师一起工作的意愿有显著差异（$p<0.05$）。

由事后比较得知，父母非常希望子女在教育领域就业的师范生愿意同乡村教师合作均值小于父母比较希望子女在教育领域就业的师范生愿意同乡村教师合作均值，父母比较希望子女在教育领域就业的师范生愿意同乡村教师合作均值小于父母对子女是否在教育领域就业没有意见的师范生愿意同乡村教师合作均值。即父母非常希望子女在教育领域就业的师范生同乡村教师合作的意愿强于父母比较希望子女在教育领域就业的师范生；父母比较希望子女在教育领域就业的师范生同乡村教师合作的意愿强于父母对子女是否在教育领域就业没有意见的师范生。进一步从关联强度指数来看，ω^2 的值等于 0.075，可见，父母期望与同乡村教师合作存在相关关系。统计检验力等于 1.000，决策正确率较高，父母期望对同乡村教师合作的解释量较大。

表 6-39　不同父母期望的师范生愿意同乡村教师合作差异的方差分析表

变异来源	SS（Ⅲ型平方和）	DF	MS（均方）	F	事后比较	ω^2	统计检验力
组间	348.31	4	87.078	133.572[1]	非常希望＜比较希望；比较希望＜没有意见	0.075	1.000
组内	4264.188	6541	0.652				
全体	4612.498	6545					

[1]$p<0.001$。

（四）不同父母态度的任教意愿组成要素差异比较

1. 不同父母态度与喜欢乡村学校环境

通过不同父母态度师范生喜欢乡村学校环境描述统计分析表（表 6-40）可以看出，父母非常支持子女到乡村任教的师范生喜欢乡村学校环境均值为 2.01，父母比较支持子女到乡村任教的师范生喜欢乡村学校环境均值为 2.53，父母对子女是否到乡村任教没有意见的师范生喜欢乡村学校环境均值为 2.9，父母不太支持子女到乡村任教的师范生喜欢乡村学校环境均值为 3.24，父母对子女到乡村任教完全反对的师范生喜欢乡村学校环境均值为 3.83。

表 6-40　不同父母态度师范生喜欢乡村学校环境差异描述统计

项目	均值	标准差	标准误差
非常支持	2.01	0.908	0.036
比较支持	2.53	0.694	0.019
没有意见	2.9	0.605	0.012
不太支持	3.24	0.733	0.018
完全反对	3.83	1.101	0.077

不同父母态度师范生喜欢乡村学校环境的方差分析表（表6-41）可以显示，组间Ⅲ型平方和为1036.664，DF为4，均方为259.166，F值为515.471；组内Ⅲ型平方和为3288.653，DF为6541，均方为0.503；不同父母态度师范生对乡村学校环境的接受程度存在显著差异（$p<0.001$）。

由事后比较得知，父母非常支持子女到乡村任教的师范生喜欢乡村学校环境均值小于父母比较支持子女到乡村任教的师范生喜欢乡村学校环境均值，小于父母对子女是否到乡村任教没有意见的师范生喜欢乡村学校环境均值，小于父母不太支持子女到乡村任教的师范生喜欢乡村学校环境均值，小于父母完全反对子女到乡村任教的师范生喜欢乡村学校环境均值。即父母非常支持子女到乡村任教的师范生对乡村学校环境的喜爱程度高于父母比较支持子女到乡村任教的师范生，高于父母对子女是否到乡村任教没有意见的师范生，高于父母不太支持子女到乡村任教的师范生，高于父母完全反对子女到乡村任教的师范生。进一步从关联强度指数来看，ω^2的值等于0.239，可见，父母态度与喜欢乡村学校环境存在相关关系。统计检验力等于1.000，决策正确率较高，父母态度对喜欢乡村学校环境的解释量较大。

表6-41 不同父母态度师范生喜欢乡村学校环境差异的方差分析表

变异来源	SS（Ⅲ型平方和）	DF	MS（均方）	F	事后比较	ω^2	统计检验力
组间	1036.664	4	259.166	515.471[①]	非常支持<比较支持<没有意见<不太支持<完全反对	0.239	1.000
组内	3288.653	6541	0.503				
全体	4325.317	6545					

①$p<0.001$。

2. 不同父母态度与愿意帮助乡村学生

通过不同父母态度师范生愿意帮助乡村学生描述统计分析表（表6-42）可以看出，父母非常支持子女到乡村任教的师范生愿意帮助乡村学生均值为1.55，父母比较支持子女到乡村任教的师范生愿意帮助乡村学生均值为1.99，父母对子女是否到乡村任教没有意见的师范生愿意帮助乡村学生均值为2.35，父母不太支持子女到乡村任教的师范生愿意帮助乡村学生均值为2.53，父母对子女到乡村任教完全反对的师范生愿意帮助乡村学生均值为3.09。

表6-42 不同父母态度师范生愿意帮助乡村学生差异描述统计

项目	均值	标准差	标准误差
非常支持	1.55	0.788	0.031

项目	均值	标准差	标准误差
比较支持	1.99	0.707	0.019
没有意见	2.35	0.749	0.014
不太支持	2.53	0.784	0.02
完全反对	3.09	1.186	0.083

不同父母态度师范生愿意帮助乡村学生的方差分析表（表 6-43）可以显示，组间Ⅲ型平方和为 695.74，DF 为 4，均方为 173.935，F 值为 293.287；组内Ⅲ型平方和为 3879.168，DF 为 6541，均方为 0.593；不同父母态度师范生愿意帮助乡村学生存在显著差异（$p<0.001$）。

由事后比较得知，父母非常支持子女到乡村任教的师范生愿意帮助乡村学生均值小于父母比较支持子女到乡村任教的师范生愿意帮助乡村学生均值，小于父母对子女是否到乡村任教没有意见的师范生愿意帮助乡村学生均值，小于父母不太支持子女到乡村任教的师范生愿意帮助乡村学生均值，小于父母完全反对子女到乡村任教的师范生愿意帮助乡村学生均值。即父母非常支持子女到乡村任教的师范生帮助乡村学生的意愿高于父母比较支持子女到乡村任教的师范生，高于父母对子女是否到乡村任教没有意见的师范生，高于父母不太支持子女到乡村任教的师范生，高于父母完全反对子女到乡村任教的师范生。进一步从关联强度指数来看，ω^2 的值等于 0.152，可见，父母态度与愿意帮助乡村学生存在相关关系。统计检验力等于 1.000，决策正确率较高，父母态度对愿意帮助乡村学生的解释量较大。

表 6-43　不同父母态度师范生愿意帮助乡村学生差异的方差分析表

变异来源	SS（Ⅲ型平方和）	DF	MS（均方）	F	事后比较	ω^2	统计检验力
组间	695.74	4	173.935	293.287[①]			
组内	3879.168	6541	0.593		非常支持<比较支持<没有意见<不太支持<完全反对	0.152	1.000
全体	4574.908	6545					

①$p<0.001$。

3. 不同父母态度与愿意同乡村教师合作

通过不同父母态度师范生愿意同乡村教师合作描述统计分析表（表 6-44）可以看出，父母非常支持子女到乡村任教的师范生愿意同乡村教师合作的意愿均值为 1.58，父母比较支持子女到乡村任教的师范生愿意同乡村教师合作的意愿均值为 2.08，父母对子女是否到乡村任教没有意见的师范生愿意同乡村教师合作的意愿均值为 2.47，父母不太支持子女到乡村任教的师范生愿意同乡村教师合作的意愿均值为 2.73，父母对子女到乡村任教完全反对的师范生愿意同乡村教师合作的意愿均值为 3.4。

表 6-44　不同父母态度师范生愿意同乡村教师合作差异描述统计

项目	均值	标准差	标准误差
非常支持	1.58	0.813	0.032
比较支持	2.08	0.703	0.019
没有意见	2.47	0.721	0.014
不太支持	2.73	0.74	0.019
完全反对	3.4	1.12	0.078

不同父母态度师范生愿意同乡村教师合作的方差分析表（表 6-45）可以显示，组间Ⅲ型平方和为 964.893，DF 为 4，均方为 241.223，F 值为 432.569；组内Ⅲ型平方和为 3647.605，DF 为 6541，均方为 0.558；不同父母态度师范生愿意同乡村教师合作存在显著差异（$p<0.001$）。

由事后比较得知，父母非常支持子女到乡村任教的师范生愿意同乡村教师合作均值小于父母比较支持子女到乡村任教的师范生愿意同乡村教师合作均值，小于父母对子女是否到乡村任教没有意见的师范生同乡村教师合作均值，小于父母不太支持子女到乡村任教的师范生愿意同乡村教师合作均值，小于父母完全反对子女到乡村任教的师范生愿意同乡村教师合作均值。即父母非常支持子女到乡村任教的师范生同乡村教师合作的意愿高于父母比较支持子女到乡村任教的师范生，高于父母对子女是否到乡村任教没有意见的师范生，高于父母不太支持子女到乡村任教的师范生，高于父母完全反对子女到乡村任教的师范生。进一步从关联强度指数来看，ω^2 的值等于 0.209，可见，父母态度与愿意同乡村教师合作存在相关关系。统计检验力等于 1.000，决策正确率较高，父母态度对同乡村教师合作的解释量较大。

表 6-45 不同父母态度师范生愿意同乡村教师合作差异的方差分析表

变异来源	SS（Ⅲ型平方和）	DF	MS（均方）	F	事后比较	ω^2	统计检验力
组间	964.893	4	241.223	432.569[①]	非常支持<比较支持<没有意见<不太支持<完全反对	0.209	1.000
组内	3647.605	6541	0.558				
全体	4612.498	6545					

①$p<0.001$。

第四节 家庭因素与地方高校师范生乡村任教意愿的回归分析

一、家庭因素与地方高校师范生乡村任教意愿整体回归分析

结合前面所做的相关性分析结果，采用回归法对家庭因素总体与地方高校师范生乡村任教意愿整体进行回归分析来确定其相关显著性。以地方高校师范生乡村任教意愿整体作为因变量，将家庭因素作为自变量进行多元回归分析，统计结果见表 6-46。模型 1 中进入自变量家庭因素总体，此变量对地方高校师范生乡村任教意愿整体解释度为 21.9%，在 0.001 显著性水平上，模型 1 回归效果显著（$F=1838.425$，$p<0.001$）。在 0.001 显著性水平上，不同家庭情况的学生任教意愿整体有显著差异（$\beta=0.468$，$p<0.001$）。

表 6-46 家庭因素与地方高校师范生乡村任教意愿整体回归分析

模型		非标准化系数		标准系数	t	F	R 方	R 方更改
		B	标准误差	试用版				
1	（常量）	0.349	0.054		6.408[①]	1838.425[①]	0.219	0.219
	家庭因素总体	0.893	0.021	0.468	42.877[①]			

注：因变量：地方高校师范生乡村任教意愿总体。
预测变量：家庭因素总体。
①$p<0.001$。

采用回归法对家庭因素总体与学生对乡村学校环境的喜爱程度进行回归分析来确定其相关显著性。以乡村学校环境作为因变量，将家庭因素总体作为自变量

进行多元回归分析，统计结果见表6-47。模型1中进入自变量家庭因素总体，此变量对学生对乡村学校环境的喜爱程度解释度为17.7%，在0.001显著性水平上，模型1回归效果显著（$F = 1404.59$，$p < 0.001$）。在0.001显著性水平上，不同家庭情况的学生间对乡村学校环境的喜爱程度有显著差异（$\beta = 0.42$，$p < 0.001$）。

表6-47　家庭因素与乡村学校环境回归分析

模型		非标准化系数		标准系数	t	F	R方	R方更改
		B	标准误差	试用版				
1	（常量）	1.022	0.05		20.627[①]	1404.59[①]	0.177	0.177
	家庭因素总体	0.711	0.019	0.42	37.478[①]			

注：因变量：乡村学校环境。

　　预测变量：（常量），家庭因素总体。

[①]$p < 0.001$。

　　采用回归法对家庭因素总体与学生是否愿意帮助乡村学校学生进行回归分析来确定其相关显著性。以愿意帮助乡村学生作为因变量，将家庭因素总体作为自变量进行多元回归分析，统计结果见表6-48。模型1中进入自变量家庭因素总体，此变量对是否愿意帮助乡村学校学生的解释度为14%，在0.001显著性水平上，模型1回归效果显著（$F = 1067.436$，$p < 0.001$）。在0.001显著性水平上，不同家庭情况的学生间对于是否愿意帮助乡村学校学生有显著差异（$\beta = 0.374$，$p < 0.001$）。

表6-48　家庭因素与愿意帮助乡村学生回归分析

模型		非标准化系数		标准系数	t	F	R方	R方更改
		B	标准误差	试用版				
1	（常量）	0.588	0.052		11.303[①]	1067.436[①]	0.14	0.14
	家庭因素总体	0.651	0.02	0.374	32.672[①]			

注：因变量：愿意帮助乡村学生。

　　预测变量：（常量），家庭因素总体。

[①]$p < 0.001$。

　　采用回归法对家庭因素总体与学生是否愿意和乡村学校老师一起工作进行回归分析来确定其相关显著性。以愿意同乡村教师合作作为因变量，将家庭因素总体作为自变量进行多元回归分析，统计结果见表6-49。模型1中进入自变量家庭因素总体，此变量对愿意同乡村教师合作解释度为16.9%，在0.001显著性水平上，模型1回归效果显著（$F=1327.065$，$p<0.001$）。在0.001显著性水平上，不同家庭情况的学生间和乡村学校老师一起工作的意愿存在显著差异（$\beta=0.411$，$p<0.001$）。

表6-49　家庭因素与愿意同乡村教师合作回归分析

模型		非标准化系数		标准系数	t	F	R方	R方更改
		B	标准误差	试用版				
1	（常量）	0.553	0.051		10.755[①]	1327.065[①]	0.169	0.169
	家庭因素总体	0.717	0.02	0.411	36.429[①]			

注：因变量：愿意同乡村教师合作。

预测变量：（常量），家庭因素总体。

①$p<0.001$。

二、地方高校师范生乡村任教意愿分项与家庭因素分项回归分析

1. 乡村学校环境与家庭因素分项回归分析

采用回归法对学生家庭年收入与学生对乡村学校环境的喜爱程度进行回归分析来确定其相关显著性。以学生对乡村学校环境的喜爱程度作为因变量，将学生家庭年收入作为自变量进行多元回归分析，统计结果见表6-50。模型1中进入自变量家庭年收入，此变量对学生是否喜爱乡村学校环境的解释度为1.2%，在0.001显著性水平上，模型1回归效果显著（$F=78.055$，$p<0.001$）。在0.001显著性水平上，不同家庭年收入的学生间对乡村学校环境的喜爱程度有显著差异（$\beta=0.109$，$p<0.001$）。

表6-50　乡村学校环境与家庭年收入回归分析

模型		非标准化系数		标准系数	t	F	R方	R方更改
		B	标准误差	试用版				
1	（常量）	2.663	0.023		115.677[①]	78.055[①]	0.012	0.012
	家庭年收入	0.078	0.009	0.109	8.835[①]			

注：因变量：乡村学校环境。

预测变量：（常量），家庭年收入。

①$p<0.001$。

采用回归法对学生家庭经济状况与学生对乡村学校环境的喜爱程度进行回归分析来确定其相关显著性。以学生对乡村学校环境的喜爱程度作为因变量，将学生家庭经济状况作为自变量进行多元回归分析，统计结果见表6-51。模型1中进入自变量家庭经济状况，此变量对学生是否喜爱乡村学校环境的解释度为1.1%，在0.001显著性水平上，模型1回归效果显著（$F = 75.431$，$p < 0.001$）。在0.001显著性水平上，不同家庭经济状况的学生对乡村学校环境的喜爱程度有显著差异（$\beta = 0.107$，$p < 0.001$）。

表6-51 乡村学校环境与家庭经济状况回归分析

模型		非标准化系数		标准系数	t	F	R 方	R 方更改
		B	标准误差	试用版				
1	（常量）	2.469	0.045		55.255[①]	75.431[①]	0.011	0.011
	家庭经济状况	0.121	0.014	0.107	8.685[①]			

注：因变量：乡村学校环境。

预测变量：（常量），家庭经济状况。

①$p < 0.001$。

采用回归法对家庭中的父母期望与学生对乡村学校环境的喜爱程度进行回归分析来确定其相关显著性。以学生对乡村学校环境的喜爱程度作为因变量，将父母期望作为自变量进行多元回归分析，统计结果见表6-52。模型1中进入自变量父母期望，此变量对学生对是否喜爱乡村学校环境的解释度为2.8%，在0.001显著性水平上，模型1回归效果显著（$F = 186.359$，$p < 0.001$）。在0.001显著性水平上，不同父母期望的学生对乡村学校环境的喜爱程度有显著差异（$\beta = 0.166$，$p < 0.001$）。

表6-52 乡村学校环境与父母期望回归分析

模型		非标准化系数		标准系数	t	F	R 方	R 方更改
		B	标准误差	试用版				
1	（常量）	2.528	0.025		99.631[①]	186.359[①]	0.028	0.028
	父母期望	0.17	0.012	0.166	13.651[①]			

注：因变量：乡村学校环境。

预测变量：（常量），父母期望。

①$p < 0.001$。

采用回归法对父母态度与学生对乡村学校环境的喜爱程度进行回归分析来确

定其相关显著性。以乡村学校环境作为因变量，将家庭中学生父母的态度作为自变量进行多元回归分析，统计结果见表6-53。模型1中进入自变量父母态度，此变量对学生对是否喜爱乡村学校环境解释度为23.6%，在0.001显著性水平上，模型1回归效果显著（$F = 2021.389$，$p < 0.001$）。在0.001显著性水平上，父母持有不同态度的学生对乡村学校环境的喜爱程度有显著差异（$\beta = 0.486$，$p < 0.001$）。

表6-53　乡村学校环境与父母态度回归分析

模型		非标准化系数		标准系数	t	F	R 方	R 方更改
		B	标准误差	试用版				
1	（常量）	1.678	0.027		61.171[1]	2021.389[1]	0.236	0.236
	父母态度	0.403	0.009	0.486	44.96[1]			

注：因变量：乡村学校环境。

　　预测变量：（常量），父母态度。

①$p < 0.001$。

2. 愿意帮助乡村学生与家庭因素分项回归分析

采用回归法对学生的家庭年收入与帮助乡村学校学生的意愿进行回归分析来确定其相关显著性。以愿意帮助乡村学生作为因变量，将学生的家庭年收入作为自变量进行多元回归分析，统计结果见表6-54。模型1中进入自变量家庭年收入，此变量对学生是否愿意帮助乡村学校学生的解释度为0.3%，在0.001显著性水平上，模型1回归效果显著（$F = 22.720$，$p < 0.001$）。在0.001显著性水平上，不同家庭年收入的学生帮助乡村学校学生的意愿方面有显著差异（$\beta = 0.059$，$p < 0.001$）。

表6-54　愿意帮助乡村学生与家庭年收入回归分析

模型		非标准化系数		标准系数	t	F	R 方	R 方更改
		B	标准误差	试用版				
1	（常量）	2.158	0.024		90.723[1]	22.720[1]	0.003	0.003
	家庭年收入	0.043	0.009	0.059	4.767[1]			

注：因变量：愿意帮助乡村学生。

　　预测变量：（常量），家庭年收入。

①$p < 0.001$。

采用回归法对学生的家庭经济状况与帮助乡村学校学生的意愿进行回归分析来确定其相关显著性。以愿意帮助乡村学生作为因变量，将学生的家庭经济状况作为自变量进行多元回归分析，统计结果见表6-55。模型1中进入自变量家庭经济状况，此变量对学生是否愿意帮助乡村学校学生的解释度为0.4%，在0.001显著性水平上，模型1回归效果显著（$F=27.701$，$p<0.001$）。在0.001显著性水平上，不同家庭经济状况的学生帮助乡村学校学生的意愿方面存在显著差异（$\beta=0.065$，$p<0.001$）。

表6-55 愿意帮助乡村学生与家庭经济状况回归分析

模型		非标准化系数		标准系数	t	F	R方	R方更改
		B	标准误差	试用版				
1	（常量）	2.024	0.046		43.889[①]	27.701[①]	0.004	0.004
	家庭经济状况	0.076	0.014	0.065	5.263[①]			

注：因变量：愿意帮助乡村学生。

预测变量：（常量），家庭经济状况。

①$p<0.001$。

采用回归法对父母期望与学生帮助乡村学校学生的意愿进行回归分析来确定其相关显著性。以学生帮助乡村学校学生的意愿作为因变量，将父母期望作为自变量进行多元回归分析，统计结果见表6-56。模型1中进入自变量父母期望，此变量对学生是否愿意帮助乡村学校学生的解释度为8.6%，在0.001显著性水平上，模型1回归效果显著（$F=615.499$，$p<0.001$）。在0.001显著性水平上，父母的不同期望学生在是否愿意帮助乡村学校学生方面存在显著差异（$\beta=0.293$，$p<0.001$）。

表6-56 愿意帮助乡村学生与父母期望回归分析

模型		非标准化系数		标准系数	t	F	R方	R方更改
		B	标准误差	试用版				
1	（常量）	1.683	0.025		66.506[①]	615.499[①]	0.086	0.086
	父母期望	0.308	0.012	0.293	24.809[①]			

注：因变量：愿意帮助乡村学生。

预测变量：（常量），父母期望。

①$p<0.001$。

采用回归法对家庭中的父母态度与帮助乡村学校学生的意愿进行回归分析来确定其相关显著性。以学生帮助乡村学校学生的意愿作为因变量，将学生的父母态度作为自变量进行多元回归分析，统计结果见表6-57。模型1中进入自变量父母态度，此变量对学生是否愿意帮助乡村学校学生的解释度为14.5%，在0.001显著性水平上，模型1回归效果显著（$F=1110.224$，$p<0.001$）。在0.001显著性水平上，父母的不同态度与学生是否愿意帮助乡村学校学生之间存在显著差异（$\beta=0.381$，$p<0.001$）。

表6-57　愿意帮助乡村学生与父母态度回归分析

模型		非标准化系数		标准系数	t	F	R方	R方更改
		B	标准误差	试用版				
1	（常量）	1.318	0.03		44.168[①]	1110.224[①]	0.145	0.145
	父母态度	0.325	0.01	0.381	33.32[①]			

注：因变量：愿意帮助乡村学生。

　　预测变量：（常量），父母态度。

①$p<0.001$。

3. 愿意同乡村教师合作与家庭因素分项回归分析

采用回归法对学生的家庭年收入与学生是否愿意和乡村学校老师一起工作进行回归分析来确定其相关显著性。以学生是否愿意和乡村学校老师一起工作作为因变量，将学生的家庭年收入作为自变量进行多元回归分析，统计结果见表6-58。模型1中进入自变量家庭年收入，此变量对学生是否愿意和乡村学校老师一起工作的解释度为0.5%，在0.001显著性水平上，模型1回归效果显著（$F=33.957$，$p<0.001$）。在0.001显著性水平上，不同家庭年收入的学生在是否愿意和乡村学校老师一起工作方面存在显著差异（$\beta=0.072$，$p<0.001$）。

表6-58　愿意同乡村教师合作与家庭年收入回归分析

模型		非标准化系数		标准系数	t	F	R方	R方更改
		B	标准误差	试用版				
1	（常量）	2.268	0.024		95.084[①]	33.957[①]	0.005	0.005
	家庭年收入	0.053	0.009	0.072	5.827[①]			

注：因变量：愿意同乡村教师合作。

　　预测变量：（常量），家庭年收入。

①$p<0.001$。

采用回归法对学生的家庭经济状况与学生是否愿意和乡村学校老师一起工作进行回归分析来确定其相关显著性。以学生是否愿意和乡村学校老师一起工作作为因变量，将学生的家庭经济状况作为自变量进行多元回归分析，统计结果见表6-59。模型1中进入自变量家庭经济状况，此变量对学生是否愿意和乡村学校老师一起工作的解释度为 0.5%，在 0.001 显著性水平上，模型 1 回归效果显著（$F=31.760$，$p<0.001$）。在 0.001 显著性水平上，不同家庭经济状况的学生在是否愿意和乡村学校老师一起工作方面存在显著差异（$\beta=0.069$，$p<0.001$）。

表 6-59　愿意同乡村教师合作与家庭经济状况回归分析

模型		非标准化系数		标准系数	t	F	R 方	R 方更改
		B	标准误差	试用版				
1	（常量）	2.139	0.046		46.219[①]	31.760[①]	0.005	0.005
	家庭经济状况	0.081	0.014	0.069	5.636[①]			

注：因变量：愿意同乡村教师合作。

预测变量：（常量），家庭经济状况。

①$p<0.001$。

采用回归法对父母期望与学生是否愿意和乡村学校老师一起工作进行回归分析来确定其相关显著性。以学生是否愿意和乡村学校老师一起工作作为因变量，将学生的父母期望作为自变量进行多元回归分析，统计结果见表 6-60。模型 1 中进入自变量父母期望，此变量对学生是否愿意和乡村学校老师一起工作的解释度为 7.4%，在 0.001 显著性水平上，模型 1 回归效果显著（$F=523.790$，$p<0.001$）。在 0.001 显著性水平上，不同父母期望的学生在是否愿意和乡村学校老师一起工作方面存在显著差异（$\beta=0.272$，$p<0.001$）。

表 6-60　愿意同乡村教师合作与父母期望回归分析

模型		非标准化系数		标准系数	t	F	R 方	R 方更改
		B	标准误差	试用版				
1	（常量）	1.855	0.026		72.549[①]	523.790[①]	0.074	0.074
	父母期望	0.287	0.013	0.272	22.886[①]			

注：因变量：愿意同乡村教师合作。

预测变量：（常量），父母期望。

①$p<0.001$。

采用回归法对学生的父母态度与是否愿意和乡村学校老师一起工作进行回归分析来确定其相关显著性。以学生是否愿意和乡村学校老师一起工作作为因变量，将学生的父母态度作为自变量进行多元回归分析，统计结果见表 6-61。模型 1 中进入自变量父母态度，此变量对学生是否愿意和乡村学校老师一起工作的解释度为 20.3%，在 0.001 显著性水平上，模型 1 回归效果显著（$F=1665.437$，$p<0.001$）。在 0.001 显著性水平上，父母对于乡村任教持有不同态度的学生在是否愿意和乡村学校老师一起工作方面存在显著差异（$\beta=0.45$，$p<0.001$）。

表 6-61　愿意同乡村教师合作与父母态度回归分析

模型		非标准化系数		标准系数	t	F	R 方	R 方更改
		B	标准误差	试用版				
1	（常量）	1.275	0.029		44.054[①]	1665.437[①]	0.203	0.203
	父母态度	0.386	0.009	0.45	40.81[①]			

注：因变量：愿意同乡村教师合作。
　　预测变量：（常量），父母态度。
①$p<0.001$。

　　上面的回归分析的是单独将家庭因素分项作为自变量投入方程中的结果。考虑到现实中，家庭因素的各个方面是同时存在的，因此，用分层回归法再次分析家庭因素的所有分项内容对地方高校师范生乡村任教意愿的影响程度，分析结果见表 6-62～表 6-64。

三、地方高校师范生乡村任教意愿与家庭因素的所有分项分层回归分析

（一）乡村学校环境与家庭因素的所有分项分层回归分析

表 6-62　乡村学校环境与家庭因素的所有分项回归分析

模型		非标准化系数		标准系数	t	F	R 方	R 方更改
		B	标准误差	试用版				
1	（常量）	2.663	0.023		115.677[①]	78.055[①]	0.012	0.012
	家庭年收入	0.078	0.009	0.109	8.835[①]			
2	（常量）	1.89	0.061		31.088[①]	134.373[①]	0.039	0.039
	家庭年收入	0.132	0.01	0.184	13.825[①]			
	家庭经济状况	0.206	0.015	0.183	13.728[①]			
3	（常量）	1.665	0.063		26.554[①]	143.88[①]	0.062	0.061
	家庭年收入	0.123	0.009	0.172	13.078[①]			
	家庭经济状况	0.192	0.015	0.17	12.908[①]			
	父母期望	0.153	0.012	0.15	12.51[①]			

模型		非标准化系数		标准系数	t	F	R 方	R 方更改
		B	标准误差	试用版				
4	（常量）	1.161	0.058		20.194①	539.876①	0.248	0.248
	家庭年收入	0.066	0.009	0.092	7.65①			
	家庭经济状况	0.119	0.013	0.105	8.823①			
	父母期望	0.032	0.011	0.031	2.817②			
	父母态度	0.379	0.009	0.457	40.261①			

注：因变量：乡村学校环境。

模型1：预测变量：（常量），家庭年收入。

模型2：预测变量：（常量），家庭年收入，家庭经济状况。

模型3：预测变量：（常量），家庭年收入，家庭经济状况，父母期望。

模型4：预测变量：（常量），家庭年收入，家庭经济状况，父母期望，父母态度。

①$p<0.001$；②$p<0.01$。

模型1：进入自变量——家庭年收入，此变量对学生是否喜欢乡村学校的环境解释度为1.2%，在0.001显著性水平上，模型1回归效果显著（$F=78.055$，$p<0.001$）。在0.001显著性水平上，不同家庭年收入的学生在是否喜欢乡村学校的环境方面有显著差异（$\beta=0.109$，$p<0.001$）。

模型2：进一步进入自变量——家庭年收入，家庭经济状况，所有变量对学生学业成绩解释度3.9%，其中家庭经济状况的解释度为2.7%。在0.001显著性水平上，模型2回归效果显著（$F=134.373$，$p<0.001$）。在0.001显著性水平上，不同家庭年收入的学生在是否喜欢乡村学校环境方面有显著差异（$\beta=0.184$，$p<0.001$）；不同家庭经济状况的学生在是否喜欢乡村学校环境方面有显著差异（$\beta=0.183$，$p<0.001$）。

模型3：进一步进入自变量——家庭年收入，家庭经济状况，父母期望，所有变量对学生学业成绩解释度6.2%，其中父母期望的解释度为2.3%。在0.001显著性水平上，模型3回归效果显著（$F=143.88$，$p<0.001$）。在0.001显著性水平上，不同家庭年收入的学生在是否喜欢乡村学校环境方面有显著差异（$\beta=0.172$，$p<0.001$）；不同家庭经济状况的学生在是否喜欢乡村学校环境方面有显著差异（$\beta=0.17$，$p<0.001$）；不同父母期望的学生在是否喜欢乡村学校环境方面有显著差异（$\beta=0.15$，$p<0.001$）。

模型4：进一步进入自变量——家庭年收入，家庭经济状况，父母期望，父母态度，所有变量对学生学业成绩解释度24.8%，其中父母态度的解释度为18.6%。在0.001显著性水平上，模型4回归效果显著（$F=539.876$，$p<$

0.001）。不同家庭年收入的学生在是否喜欢乡村学校环境方面有显著差异（$\beta=0.092$，$p<0.001$）；不同家庭经济状况的学生在是否喜欢乡村学校环境方面有显著差异（$\beta=0.105$，$p<0.001$）；不同父母态度的学生在是否喜欢乡村学校环境方面有显著差异（$\beta=0.457$，$p<0.001$）；在 0.01 显著性水平上，不同父母期望的学生在是否喜欢乡村学校环境方面有显著差异（$\beta=0.031$，$p<0.01$）。

（二）愿意帮助乡村学生与家庭因素的所有分项分层回归分析

表 6-63　愿意帮助乡村学生与家庭因素的所有分项回归分析

模型		非标准化系数		标准系数	t	F	R 方	R 方更改
		B	标准误差	试用版				
1	（常量）	2.158	0.024		90.763[①]	22.72[①]	0.003	0.003
	家庭年收入	0.043	0.009	0.059	4.767[①]			
2	（常量）	1.69	0.063		26.67[①]	43.237[①]	0.013	0.013
	家庭年收入	0.076	0.01	0.103	7.65[①]			
	家庭经济状况	0.125	0.016	0.107	7.971[①]			
3	（常量）	1.251	0.063		19.745[①]	226.046[①]	0.094	0.094
	家庭年收入	0.06	0.01	0.081	6.272[①]			
	家庭经济状况	0.098	0.015	0.084	6.474[①]			
	父母期望	0.299	0.012	0.285	24.165[①]			
4	（常量）	0.89	0.062		14.446[①]	370.457[①]	0.185	0.184
	家庭年收入	0.018	0.009	0.025	1.993[③]			
	家庭经济状况	0.045	0.014	0.038	3.101[②]			
	父母期望	0.212	0.012	0.202	17.42[①]			
	父母态度	0.272	0.01	0.319	26.987[①]			

注：因变量：愿意帮助乡村学生。
　模型 1：预测变量：（常量），家庭年收入。
　模型 2：预测变量：（常量），家庭年收入，家庭经济状况。
　模型 3：预测变量：（常量），家庭年收入，家庭经济状况，父母期望。
　模型 4：预测变量：（常量），家庭年收入，家庭经济状况，父母期望，父母态度。
①$p<0.001$；②$p<0.01$；③$p<0.05$。

模型1：进入自变量——家庭年收入，此变量对是否愿意帮助乡村学生的解释度为0.3%，在0.001显著性水平上，模型1回归效果显著（$F=22.72$，$p<0.001$）。在0.001显著性水平上，不同家庭年收入的学生在是否愿意帮助乡村学生方面有显著差异（$\beta=0.059$，$p<0.001$）。

模型2：进一步进入自变量——家庭年收入，家庭经济状况，所有变量对是否愿意帮助乡村学生解释度1.3%，其中家庭经济状况的解释度为1%。在0.001显著性水平上，模型2回归效果显著（$F=43.237$，$p<0.001$）。在0.001显著性水平上，不同家庭年收入的学生在是否愿意帮助乡村学生方面有显著差异（$\beta=0.103$，$p<0.001$）；不同家庭经济状况的学生在是否愿意帮助乡村学生方面有显著差异（$\beta=0.107$，$p<0.001$）。

模型3：进一步进入自变量——家庭年收入，家庭经济状况，父母期望，所有变量对是否愿意帮助乡村学生解释度9.4%，其中父母期望的解释度为7.1%。在0.001显著性水平上，模型3回归效果显著（$F=226.046$，$p<0.001$）。在0.001显著性水平上，不同家庭年收入的学生在是否愿意帮助乡村学生方面有显著差异（$\beta=0.081$，$p<0.001$）；不同家庭经济状况的学生在是否愿意帮助乡村学生方面有显著差异（$\beta=0.084$，$p<0.001$）；不同父母期望的学生在是否愿意帮助乡村学生方面有显著差异（$\beta=0.285$，$p<0.001$）。

模型4：进一步进入自变量——家庭年收入，家庭经济状况，父母期望，父母态度，所有变量对是否愿意帮助乡村学生解释度18.5%，其中父母态度的解释度为9.1%。在0.05显著性水平上，模型4回归效果显著（$F=370.457$，$p<0.001$）。不同家庭年收入的学生在是否愿意帮助乡村学生方面有显著差异（$\beta=0.025$，$p<0.05$）；在0.01显著性水平上，不同家庭经济状况的学生在是否愿意帮助乡村学生方面有显著差异（$\beta=0.038$，$p<0.01$）；在0.001显著性水平上，不同父母期望的学生在是否愿意帮助乡村学生方面有显著差异（$\beta=0.202$，$p<0.01$），不同父母态度的学生在是否愿意帮助乡村学生方面有显著差异（$\beta=0.319$，$p<0.001$）。

（三）愿意同乡村教师合作与家庭因素的所有分项分层回归分析

表6-64 愿意同乡村教师合作与家庭因素的所有分项回归分析

模型		非标准化系数		标准系数	t	F	R 方	R 方更改
		B	标准误差	试用版				
1	（常量）	2.268	0.024		95.084[①]	33.957[①]	0.005	0.005
	家庭年收入	0.053	0.009	0.072	5.827[①]			

模型		非标准化系数		标准系数	t	F	R 方	R 方更改
		B	标准误差	试用版				
2	（常量）	1.746	0.063		27.491①	56.588①	0.017	0.017
	家庭年收入	0.089	0.01	0.121	9.002①			
	家庭经济状况	0.139	0.016	0.119	8.878①			
3	（常量）	1.34	0.064		20.962①	204.201①	0.086	0.085
	家庭年收入	0.075	0.01	0.101	7.758①			
	家庭经济状况	0.114	0.015	0.098	7.509①			
	父母期望	0.277	0.012	0.263	22.157①			
4	（常量）	0.885	0.06		14.709①	483.367①	0.228	0.228
	家庭年收入	0.022	0.009	0.03	2.496③			
	家庭经济状况	0.048	0.014	0.041	3.382②			
	父母期望	0.167	0.012	0.159	14.054①			
	父母态度	0.343	0.01	0.399	34.754①			

注：因变量：愿意同乡村教师合作。

模型1：预测变量：（常量），家庭年收入。

模型2：预测变量：（常量），家庭年收入，家庭经济状况。

模型3：预测变量：（常量），家庭年收入，家庭经济状况，父母期望。

模型4：预测变量：（常量），家庭年收入，家庭经济状况，父母期望，父母态度。

①$p<0.001$；②$p<0.01$；③$p<0.05$。

模型1：进入自变量——家庭年收入，此变量对学生是否愿意和乡村学校老师一起工作的解释度为0.5%，在0.001显著性水平上，模型1回归效果显著（$F=33.957$，$p<0.001$）。在0.001显著性水平上，不同家庭年收入的学生在是否愿意和乡村学校老师一起工作方面有显著差异（$\beta=0.072$，$p<0.001$）。

模型2：进一步进入自变量——家庭年收入，家庭经济状况，所有变量对学生是否愿意和乡村学校老师一起工作解释度1.7%，其中家庭经济状况的解释度为1.2%。在0.001显著性水平上，模型2回归效果显著（$F=56.588$，$p<0.001$）。在0.001显著性水平上，不同家庭年收入的学生在是否愿意和乡村学校老师一起工作方面有显著差异（$\beta=0.121$，$p<0.001$）；不同家庭经济状况的学生在是否愿意和乡村学校老师一起工作方面有显著差异（$\beta=0.119$，$p<0.001$）。

模型3：进一步进入自变量——家庭年收入，家庭经济状况，父母期望，所有变量对学生是否愿意和乡村学校老师一起工作解释度8.6%，其中父母期望的解释度为6.9%。在0.001显著性水平上，模型3回归效果显著（$F=204.201$，$p<0.001$）；不同家庭年收入的学生在是否愿意和乡村学校老师一起工作方面有显著差异（$\beta=0.101$，$p<0.001$）；不同家庭经济状况的学生在是否愿意和乡村学校老师一起工作方面有显著差异（$\beta=0.098$，$p<0.001$）；不同父母期望的学生在是否愿意和乡村学校老师一起工作方面有显著差异（$\beta=0.263$，$p<0.001$）。

模型4：进一步进入自变量——家庭年收入，家庭经济状况，父母期望，父母态度，所有变量对学生是否愿意和乡村学校老师一起工作解释度22.8%，其中父母态度的解释度为14.2%。在0.05显著性水平上，模型4回归效果显著（$F=483.367$，$p<0.001$）。在0.05显著性水平上，不同家庭年收入的学生在是否愿意和乡村学校老师一起工作方面有显著差异（$\beta=0.03$，$p<0.05$）；在0.01显著性水平上，不同家庭经济状况的学生在是否愿意和乡村学校老师一起工作方面有显著差异（$\beta=0.041$，$p<0.01$）；在0.001显著性水平上，不同父母态度的学生在是否愿意和乡村学校老师一起工作方面有显著差异（$\beta=0.159$，$p<0.001$）；在0.01显著性水平上，不同父母期望的学生在是否愿意和乡村学校老师一起工作方面有显著差异（$\beta=0.399$，$p<0.001$）。

第七章 乡村学校对地方高校师范生乡村任教意愿的影响

乡村学校各方面的情况在一定程度上影响地方高校师范生乡村任教的意愿，乡村学校不同的要素对于师范生任教的意愿影响也是不同的。本章依据现实数据分析能进一步揭示乡村学校与地方高校师范生乡村任教意愿之间的关系，以及分析整体情况和组成要素的状况，更好地为高校师范生正确梳理乡村学校任教意愿提供有价值的参考意见。

第一节 乡村学校整体环境的现实描述

一、乡村学校整体环境基本情况

本书将乡村学校环境概括为五个方面，分别是乡村学校地理位置、乡村学校工作条件、乡村学校福利待遇、乡村学校文化环境以及乡村学校专业发展机会。这些乡村学校环境由于指向的方向不同，对高校师范生乡村任教意愿的影响也就不同。从乡村学校整体环境的现实数据（表7-1）来看，乡村学校整体环境水平处于比较好状况，均值为3.01。

表7-1 乡村学校整体环境描述统计

项目	N	极小值	极大值	均值	标准差
乡村学校整体环境	6545	1	5	3.01	0.918
有效的 N	6545				

二、乡村学校环境组成要素基本情况

（一）乡村学校吸引力之地理位置

表7-2呈现的是乡村学校吸引力之地理位置描述统计情况。从表7-2中可以看出，乡村学校吸引力之地理位置情况最小值为1，最大值为5，均值为2.40，标准差为0.894，乡村学校的地理位置对高校师范生任职意愿影响较大。

表 7-2   乡村学校吸引力之地理位置描述统计

项目	N	极小值	极大值	均值	标准差
乡村学校吸引力之地理位置	6546	1	5	2.40	0.894
有效的 N	6546				

表 7-3 呈现的是乡村学校的地理位置对师范生到乡村任教的影响的情况。从表 7-3 中可以看出，受乡村学校的地理位置影响非常大的学生被试有 1027 人，占 15.7%；受乡村学校的地理位置影响比较大的学生被试有 2526 人，占 38.6%；受乡村学校的地理位置影响一般的学生被试有 2532 人，占 38.7%；受乡村学校的地理位置影响比较小的学生被试有 288 人，占 4.4%；没有影响的学生被试有 173 人，占 2.6%。依据统计结果可以推断 54.3% 的被试认为乡村学校的地理位置对乡村任教意愿是有一定影响的，仅有 7% 的被试认为乡村学校的地理位置对乡村任教意愿几乎没有影响。

表 7-3   乡村学校的地理位置对师范生到乡村任教的影响频率统计

项目	频率/人	百分比/%	有效百分比/%	累积百分比/%
非常大	1027	15.7	15.7	15.7
比较大	2526	38.6	38.6	54.3
一般	2532	38.7	38.7	93.0
比较小	288	4.4	4.4	97.4
没有影响	173	2.6	2.6	100.0
合计	6546	100.0	100.0	

（二）乡村学校吸引力之工作条件

表 7-4 呈现的是乡村学校吸引力之工作条件描述统计情况。从表 7-4 中可以看出，乡村学校吸引力之工作条件情况最小值为 1，最大值为 5，均值为 2.45，标准差为 0.880，乡村学校的工作条件对高校师范生任职意愿影响较大。

表 7-4   乡村学校吸引力之工作条件描述统计

项目	N	极小值	极大值	均值	标准差
乡村学校吸引力之工作条件	6546	1	5	2.45	0.880
有效的 N	6546				

表 7-5 呈现的是乡村学校的工作条件对师范生到乡村任教的影响的情况。从表 7-5 中可以看出，受乡村学校的工作条件影响非常大的学生被试有 936 人，占14.3%；受乡村学校的工作条件影响比较大的学生被试有 2326 人，占 35.5%；受乡村学校的工作条件影响一般的学生被试有 2831 人，占 43.2%；受乡村学校的工作条件影响比较小的学生被试有 286 人，占 4.4%；没有影响的学生被试有167 人，占 2.6%。依据统计结果可以推断 49.8%的被试任教意愿受乡村学校工作条件影响比较大，仅有 6.9%的被试认为乡村学校的工作条件对乡村任教意愿几乎没有影响。

表 7-5 乡村学校的工作条件对师范生到乡村任教的影响频率统计

项目	频率/人	百分比/%	有效百分比/%	累积百分比/%
非常大	936	14.3	14.3	14.3
比较大	2326	35.5	35.5	49.8
一般	2831	43.2	43.2	93.1
比较小	286	4.4	4.4	97.4
没有影响	167	2.6	2.6	100.0
合计	6546	100.0	100.0	

（三）乡村学校吸引力之福利待遇

表 7-6 呈现的是乡村学校吸引力之福利待遇描述统计情况。从表 7-6 中可以看出，乡村学校吸引力之福利待遇情况最小值为 1，最大值为 5，均值为 2.40，标准差为 0.877，乡村学校的福利待遇对高校师范生任职意愿影响较大。

表 7-6 乡村学校吸引力之福利待遇描述统计

项目	N	极小值	极大值	均值	标准差
乡村学校吸引力之福利待遇	6546	1	5	2.40	0.877
有效的 N	6546				

表 7-7 呈现的是乡村学校的福利待遇对师范生到乡村任教的影响的情况。从表 7-7 中可以看出，受乡村学校的福利待遇影响非常大的学生被试有 1060 人，占 16.2%；受乡村学校的福利待遇影响比较大的学生被试有 2353 人，占 35.9%；受乡村学校的福利待遇影响一般的学生被试有 2757 人，占 42.1%；受乡村学校的福利待遇影响比较小的学生被试有 226 人，占 3.5%；没有影响的学生被试有

150人，占2.3%。依据统计结果可以推断52.1%的被试任教意愿受乡村学校福利待遇影响比较大，仅有5.7%的被试认为乡村学校的福利待遇对乡村任教意愿几乎没有影响。

表7-7 乡村学校的福利待遇对师范生到乡村任教的影响频率统计

项目	频率/人	百分比/%	有效百分比/%	累积百分比/%
非常大	1060	16.2	16.2	16.2
比较大	2353	35.9	35.9	52.1
一般	2757	42.1	42.1	94.3
比较小	226	3.5	3.5	97.7
没有影响	150	2.3	2.3	100.0
合计	6546	100.0	100.0	

（四）乡村学校吸引力之文化环境

表7-8呈现的是乡村学校吸引力之文化环境描述统计情况。从表7-8中可以看出，乡村学校吸引力之文化环境情况最小值为1，最大值为5，均值为2.41，标准差为0.859，乡村学校的文化环境对高校师范生任职意愿影响较大。

表7-8 乡村学校吸引力之文化环境描述统计

项目	N	极小值	极大值	均值	标准差
乡村学校吸引力之文化环境	6546	1	5	2.41	0.859
有效的 N	6546				

表7-9呈现的是乡村学校的文化环境对师范生到乡村任教的影响的情况。从表7-9中可以看出，受乡村学校的文化环境影响非常大的学生被试有958人，占14.6%；受乡村学校的文化环境影响比较大的学生被试有2479人，占37.9%；受乡村学校的文化环境影响一般的学生被试有2729人，占41.7%；受乡村学校的文化环境影响比较小的学生被试有236人，占3.6%；没有影响的学生被试有144人，占2.2%。依据统计结果可以推断52.5%的被试任教意愿受乡村学校文化环境影响比较大，仅有5.8%的被试认为乡村学校的文化环境对乡村任教意愿几乎没有影响。

表 7-9　乡村学校的文化环境对师范生到乡村任教的影响频率统计

项目	频率/人	百分比/%	有效百分比/%	累积百分比/%
非常大	958	14.6	14.6	14.6
比较大	2479	37.9	37.9	52.5
一般	2729	41.7	41.7	94.2
比较小	236	3.6	3.6	97.8
没有影响	144	2.2	2.2	100.0
合计	6546	100.0	100.0	

（五）乡村学校吸引力之专业发展机会

表 7-10 呈现的是乡村学校吸引力之专业发展机会描述统计情况。从表 7-10 中可以看出，乡村学校吸引力之专业发展机会情况最小值为 1，最大值为 5，均值为 2.38，标准差为 0.858，乡村学校的专业发展机会对高校师范生任职意愿影响较大。

表 7-10　乡村学校吸引力之专业发展机会描述统计

项目	N	极小值	极大值	均值	标准差
乡村学校吸引力之专业发展机会	6545	1	5	2.38	0.858
有效的 N	6545				

表 7-11 呈现的是乡村学校的专业发展机会对师范生到乡村任教的影响的情况。从表 7-11 中可以看出，受乡村学校的专业发展机会影响非常大的学生被试有 1044 人，占 15.9%；受乡村学校的专业发展机会影响比较大的学生被试有 2402 人，占 36.7%；受乡村学校的专业发展机会影响一般的学生被试有 2765 人，占 42.2%；受乡村学校的专业发展机会影响比较小的学生被试有 206 人，占 3.1%；没有影响的学生被试有 128 人，占 2.0%。依据统计结果可以推断 52.7% 的被试任教意愿受乡村学校专业发展机会影响比较大，仅有 5.1% 的被试认为乡村学校的专业发展机会对乡村任教意愿几乎没有影响。

表 7-11　乡村学校的专业发展机会对师范生到乡村任教的影响频率统计

项目	频率/人	百分比/%	有效百分比/%	累积百分比/%
非常大	1044	15.9	16.0	16.0

续表 7-11

项目		频率/人	百分比/%	有效百分比/%	累积百分比/%
比较大		2402	36.7	36.7	52.7
一般		2765	42.2	42.2	94.9
比较小		206	3.1	3.1	98.0
没有影响		128	2.0	2.0	100.0
合计		6545	100.0	100.0	
缺失	系统	1	0.0		
合计		6546	100.0		

第二节　乡村学校与地方高校师范生
乡村任教意愿的相关分析

一、乡村学校与地方高校师范生乡村任教意愿的整体相关性

表 7-12 呈现的是乡村学校与地方高校师范生乡村任教意愿整体相关性分析情况。从表 7-12 中可以看出，乡村学校与地方高校师范生乡村任教意愿存在显著相关。相关系数为 0.478，p 值小于 0.001。进一步分析，发现地方高校师范生乡村任教意愿与农村学校地理位置、农村学校工作条件、农村学校福利待遇、农村学校文化环境以及农村学校专业发展机会之间也存在显著相关，农村学校任教意愿与农村学校地理位置相关系数为 0.201，p 值小于 0.001；农村学校任教意愿与农村学校工作条件相关系数为 0.186，p 值小于 0.001；农村学校任教意愿与农村学校福利待遇相关系数为 0.243，p 值小于 0.001；农村学校任教意愿与农村学校文化环境相关系数为 0.164，p 值小于 0.001；农村学校任教意愿与农村学校专业发展机会相关系数为 0.242，p 值小于 0.001。

表 7-12　乡村学校与地方高校师范生乡村任教意愿整体相关性分析

项目	农村学校总体	农村学校地理位置	农村学校工作条件	农村学校福利待遇	农村学校文化环境	农村学校专业发展机会
师范生任教意愿	0.478	0.201	0.186	0.243	0.164	0.242

注：$p < 0.001$。

二、乡村学校各组成要素与地方高校师范生乡村任教意愿的相关性

为了更好地分析农村学校的各个方面对喜欢乡村学校环境、愿意帮助乡村学生、愿意同乡村教师合作的相关程度，对农村学校分项与乡村任教意愿分项进行了统计分析，统计结果见表 7-13。表 7-13 的数据显示，农村学校地理位置与喜欢乡村学校环境之间显著相关，相关系数 0.151；农村学校地理位置与愿意帮助乡村学生之间显著相关，相关系数 -0.056；农村学校地理位置与愿意同乡村教师合作之间显著相关，相关系数 -0.105。农村学校工作条件与喜欢乡村学校环境之间显著相关，相关系数 -0.184；农村学校工作条件与愿意帮助乡村学生之间显著相关，相关系数 -0.087；农村学校工作条件与愿意同乡村教师合作之间显著相关，相关系数 -0.137。农村学校福利待遇与喜欢乡村学校环境之间显著相关，相关系数 -0.097；农村学校福利待遇与愿意帮助乡村学生之间显著相关，相关系数 -0.011；农村学校福利待遇与愿意同乡村教师合作之间显著相关，相关系数 -0.053。农村学校文化环境与喜欢乡村学校环境之间显著相关，相关系数 -0.117；农村学校文化环境与愿意帮助乡村学生之间显著相关，相关系数 -0.011；农村学校文化环境与愿意同乡村教师合作之间显著相关，相关系数 -0.057。农村学校专业发展机会与喜欢乡村学校环境之间显著相关，相关系数 -0.058；农村学校专业发展机会与愿意帮助乡村学生之间显著相关，相关系数 0.043；农村学校专业发展机会与愿意同乡村教师合作之间显著相关，相关系数 0.004。p 值均小于 0.001。

乡村学校各要素之间也存在显著相关关系，乡村学校地理位置与乡村学校工作条件相关系数为 0.699，乡村学校地理位置与乡村学校福利待遇相关系数为 0.564，乡村学校地理位置与乡村学校文化环境相关系数为 0.580，乡村学校地理位置与乡村学校专业发展机会相关系数为 0.529；乡村学校工作条件与乡村学校福利待遇相关系数为 0.663，乡村学校工作条件与乡村学校文化环境相关系数为 0.687，乡村学校工作条件与乡村学校专业发展机会相关系数为 0.598；乡村学校福利待遇与乡村学校文化环境相关系数为 0.680，乡村学校福利待遇与乡村学校专业发展机会相关系数为 0.650；乡村学校文化环境与乡村学校专业发展机会相关系数为 0.690，p 值均小于 0.001。

表 7-13　乡村学校分项与乡村任教意愿分项相关性

项目	1	2	3	4	5	6	7	8
农村学校吸引力之地理位置 1	—							
农村学校吸引力之工作条件 2	0.699	—						

项目	1	2	3	4	5	6	7	8
农村学校吸引力之福利待遇3	0.564	0.663	—					
农村学校吸引力之文化环境4	0.580	0.687	0.680	—				
农村学校吸引力之专业发展机会5	0.529	0.598	0.650	0.690	—			
乡村学校环境6	0.151	-0.184	-0.097	-0.117	-0.058	—		
愿意帮助乡村学生7	-0.056	-0.087	-0.011	-0.011	0.043	-0.525	—	
愿意同乡村教师合作8	-0.105	-0.137	-0.053	-0.057	0.004	0.579	0.793	—

注：在0.01水平（双侧）上显著相关。

第三节　乡村学校与地方高校师范生
乡村任教意愿的差异分析

一、乡村学校的地理位置与地方高校师范生乡村任教意愿的差异分析

通过不同乡村学校的地理位置的乡村任教意愿情况描述统计分析表（表7-14）可以看出，受地理位置影响非常大的师范生的乡村任教意愿均值为2.89，受地理位置影响比较大的师范生的乡村任教意愿均值为2.65，受地理位置影响一般的师范生的乡村任教意愿均值为2.64，受地理位置影响比较小的师范生的乡村任教意愿均值为2.18，不受地理位置影响的师范生的乡村任教意愿均值为1.82。

表7-14　不同乡村学校地理位置对乡村任教意愿情况差异描述统计

乡村学校的地理位置对乡村任教的影响	均值	标准差	标准误差
非常大	2.89	1.232	0.038
比较大	2.65	0.849	0.017
一般	2.64	0.746	0.015
比较小	2.18	0.988	0.058
没有影响	1.82	1.051	0.080

　　不同乡村学校的地理位置的乡村任教意愿情况方差分析表（表7-15）可以显示，不同乡村学校地理位置对师范生乡村任教意愿有显著差异（$p<0.001$）。由事后比较得知，受乡村学校地理位置影响非常大的师范生乡村任教意愿均值大于受乡村学校地理位置影响比较大的师范生乡村任教意愿均值，即受乡村学校地理位置影响比较大的师范生乡村任教意愿明显强于受乡村学校地理位置影响非常大的师范生。受乡村学校地理位置影响非常大的师范生乡村任教意愿均值大于受乡村学校地理位置影响一般的师范生乡村任教意愿均值，即受乡村学校地理位置影响一般的师范生乡村任教意愿明显强于受乡村学校地理位置影响非常大的师范生。受乡村学校地理位置影响非常大的师范生乡村任教意愿均值大于受乡村学校地理位置影响比较小的师范生乡村任教意愿均值，即受乡村学校地理位置影响比较小的师范生乡村任教意愿明显强于受乡村学校地理位置影响非常大的师范生。受乡村学校地理位置影响非常大的师范生乡村任教意愿均值大于不受乡村学校地理位置影响的师范生乡村任教意愿均值，即不受乡村学校地理位置影响的师范生乡村任教意愿明显强于受乡村学校地理位置影响非常大的师范生。

　　受乡村学校地理位置影响比较大的师范生乡村任教意愿均值大于受乡村学校地理位置影响一般的师范生乡村任教意愿均值，即受乡村学校地理位置影响一般的师范生乡村任教意愿明显强于受乡村学校地理位置影响比较大的师范生。受乡村学校地理位置影响比较大的师范生乡村任教意愿均值大于受乡村学校地理位置影响比较小的师范生乡村任教意愿均值，即受乡村学校地理位置影响比较小的师范生乡村任教意愿明显强于受乡村学校地理位置影响比较大的师范生。受乡村学校地理位置影响比较大的师范生乡村任教意愿均值大于不受乡村学校地理位置影响的师范生乡村任教意愿均值，即不受乡村学校地理位置影响的师范生乡村任教意愿明显强于受乡村学校地理位置影响比较大的师范生。受乡村学校地理位置影响一般的师范生乡村任教意愿均值大于受乡村学校地理位置影响比较小的师范生乡村任教意愿均值，即受乡村学校地理位置影响比较小的师范生乡村任教意愿明显强于受乡村学校地理位置影响一般的师范生。受乡村学校地理位置影响一般的师范生乡村任教意愿均值大于不受乡村学校地理位置影响的师范生乡村任教意愿均值，即不受乡村学校地理位置影响的师范生乡村任教意愿明显强于受乡村学校地理位置影响一般的师范生。受乡村学校地理位置影响比较小的师范生乡村任教意愿均值大于不受乡村学校地理位置影响的师范生乡村任教意愿均值，即不受乡村学校地理位置影响的师范生乡村任教意愿明显强于受乡村学校地理位置影响比较小的师范生。进一步从关联强度指数来看，ω^2 的值等于0.030，可见，乡村学校地理位置与乡村任教意愿情况存在相关关系。统计检验力等于1.000，决策正确率较高，乡村学校地理位置对师范生乡村任教意愿的解释量较大。

表 7-15 不同乡村学校地理位置的师范生乡村任教意愿情况方差分析表

变异来源	SS（Ⅲ型平方和）	DF	MS（均方）	F	事后比较	ω^2	统计检验力
组间	245.833	4	61.458	76.509①	没有影响<比较小<一般<比较大<非常大	0.030	1.000
组内	5254.240	6541	0.803				
全体	5500.073	6545					

①$p<0.001$。

二、乡村学校的工作条件与地方高校师范生乡村任教意愿的差异分析

通过不同乡村学校的工作条件的乡村任教意愿情况描述统计分析表（表 7-16）可以看出，受工作条件影响非常大的师范生的乡村任教意愿均值为 2.96，受工作条件影响比较大的师范生的乡村任教意愿均值为 2.68，受工作条件影响一般的师范生的乡村任教意愿均值为 2.62，受工作条件影响比较小的师范生的乡村任教意愿均值为 2.00，不受工作条件影响的师范生的乡村任教意愿均值为 1.81。

表 7-16 不同乡村学校的工作条件的乡村任教意愿情况描述统计

乡村学校的工作条件对乡村任教的影响	均值	标准差	标准误差
非常大	2.96	1.266	0.041
比较大	2.68	0.836	0.017
一般	2.62	0.750	0.014
比较小	2.00	0.957	0.057
没有影响	1.81	1.073	0.083

不同乡村学校的工作条件的乡村任教意愿情况方差分析表（表 7-17）可以显示，不同乡村学校工作条件对师范生乡村任教意愿有显著差异（$p<0.001$）。由事后比较得知，受乡村学校工作条件影响非常大的师范生乡村任教意愿均值大于受乡村学校工作条件影响比较大的师范生乡村任教意愿均值，即受乡村学校工作条件影响比较大的师范生乡村任教意愿明显强于受乡村学校工作条件影响非常大的师范生。受乡村学校工作条件影响非常大的师范生乡村任教意愿均值大于受乡村学校工作条件影响一般的师范生乡村任教意愿均值，即受乡村学校工作条件影响一般的师范生乡村任教意愿明显强于受乡村学校工作条件影响非常大的师范生。受乡村学校工作条件影响非常大的师范生乡村任教意愿均值大于受乡村学校

工作条件影响比较小的师范生乡村任教意愿均值，即受乡村学校工作条件影响比较小的师范生乡村任教意愿明显强于受乡村学校工作条件影响非常大的师范生。受乡村学校工作条件影响非常大的师范生乡村任教意愿均值大于不受乡村学校工作条件影响的师范生乡村任教意愿均值，即不受乡村学校工作条件影响的师范生乡村任教意愿明显强于受乡村学校工作条件影响非常大的师范生。受乡村学校工作条件影响比较大的师范生乡村任教意愿均值大于受乡村学校工作条件影响一般的师范生乡村任教意愿均值，即受乡村学校工作条件影响一般的师范生乡村任教意愿明显强于受乡村学校工作条件影响比较大的师范生。

受乡村学校工作条件影响比较大的师范生乡村任教意愿均值大于受乡村学校工作条件影响比较小的师范生乡村任教意愿均值，即受乡村学校工作条件影响比较小的师范生乡村任教意愿明显强于受乡村学校工作条件影响比较大的师范生。受乡村学校工作条件影响比较大的师范生乡村任教意愿均值大于不受乡村学校工作条件影响的师范生乡村任教意愿均值，即不受乡村学校工作条件影响的师范生乡村任教意愿明显强于受乡村学校工作条件影响比较大的师范生。受乡村学校工作条件影响一般的师范生乡村任教意愿均值大于受乡村学校工作条件影响比较小的师范生乡村任教意愿均值，即受乡村学校工作条件影响比较小的师范生乡村任教意愿明显强于受乡村学校工作条件影响一般的师范生。受乡村学校工作条件影响一般的师范生乡村任教意愿均值大于不受乡村学校工作条件影响的师范生乡村任教意愿均值，即不受乡村学校工作条件影响的师范生乡村任教意愿明显强于受乡村学校工作条件影响一般的师范生。受乡村学校工作条件影响比较小的师范生乡村任教意愿均值大于不受乡村学校工作条件影响的师范生乡村任教意愿均值，即不受乡村学校工作条件影响的师范生乡村任教意愿明显强于受乡村学校工作条件影响比较小的师范生。进一步从关联强度指数来看，ω^2的值等于0.030，可见，乡村学校工作条件与乡村任教意愿情况存在相关关系。统计检验力等于1.000，决策正确率较高，乡村学校工作条件对师范生乡村任教意愿的解释量较大。

表7-17　不同乡村学校的工作条件的乡村任教意愿情况方差分析表

变异来源	SS（Ⅲ型平方和）	DF	MS（均方）	F	事后比较	ω^2	统计检验力
组间	329.611	4	82.403	104.245[①]			
组内	5170.462	6541	0.790		没有影响>比较小>一般>比较大>非常大	0.030	1.000
全体	5500.073	6545					

①$p<0.001$。

三、乡村学校的福利待遇与地方高校师范生乡村任教意愿的差异分析

通过不同乡村学校的福利待遇的乡村任教意愿情况描述统计分析表（表7-18）可以看出，受福利待遇影响非常大的师范生的乡村任教意愿均值为2.84，受福利待遇影响比较大的师范生的乡村任教意愿均值为2.61，受福利待遇影响一般的师范生的乡村任教意愿均值为2.65，受福利待遇影响比较小的师范生的乡村任教意愿均值2.37，不受福利待遇影响的师范生的乡村任教意愿均值为2.01。

表7-18　不同乡村学校的福利待遇的乡村任教意愿情况描述统计

乡村学校的福利待遇对乡村任教影响	均值	标准差	标准误差
非常大	2.84	1.220	0.037
比较大	2.61	0.818	0.017
一般	2.65	0.788	0.015
比较小	2.37	1.113	0.074
没有影响	2.01	1.272	0.104

不同乡村学校的福利待遇的乡村任教意愿情况方差分析表（表7-19）可以显示，不同乡村学校福利待遇对师范生乡村任教意愿有显著差异（$p<0.001$）。由事后比较得知，受乡村学校福利待遇影响非常大的师范生乡村任教意愿均值大于受乡村学校福利待遇影响比较大的师范生乡村任教意愿均值，即受乡村学校福利待遇影响比较大的师范生乡村任教意愿明显强于受乡村学校福利待遇影响非常大的师范生。受乡村学校福利待遇影响非常大的师范生乡村任教意愿均值大于受乡村学校福利待遇影响一般的师范生乡村任教意愿均值，即受乡村学校福利待遇影响一般的师范生乡村任教意愿明显强于受乡村学校福利待遇影响非常大的师范生。受乡村学校福利待遇影响非常大的师范生乡村任教意愿均值大于受乡村学校福利待遇影响比较小的师范生乡村任教意愿均值，即受乡村学校福利待遇影响比较小的师范生乡村任教意愿明显强于受乡村学校福利待遇影响非常大的师范生。

受乡村学校福利待遇影响非常大的师范生乡村任教意愿均值大于不受乡村学校福利待遇影响的师范生乡村任教意愿均值，即不受乡村学校福利待遇影响的师范生乡村任教意愿明显强于受乡村学校福利待遇影响非常大的师范生。受乡村学校福利待遇影响比较大的师范生乡村任教意愿均值大于受乡村学校福利待遇影响一般的师范生乡村任教意愿均值，即受乡村学校福利待遇影响一般的师范生乡村任教意愿明显强于受乡村学校福利待遇影响比较大的师范生。受乡村学校福利待

遇影响比较大的师范生乡村任教意愿均值大于受乡村学校福利待遇影响比较小的师范生乡村任教意愿均值，即受乡村学校福利待遇影响比较小的师范生乡村任教意愿明显强于受乡村学校福利待遇影响比较大的师范生。受乡村学校福利待遇影响比较大的师范生乡村任教意愿均值大于不受乡村学校福利待遇影响的师范生乡村任教意愿均值，即不受乡村学校福利待遇影响的师范生乡村任教意愿明显强于受乡村学校福利待遇影响比较大的师范生。受乡村学校福利待遇影响一般的师范生乡村任教意愿均值大于受乡村学校福利待遇影响比较小的师范生乡村任教意愿均值，即受乡村学校福利待遇影响比较小的师范生乡村任教意愿明显强于受乡村学校福利待遇影响一般的师范生。受乡村学校福利待遇影响一般的师范生乡村任教意愿均值大于不受乡村学校福利待遇影响的师范生乡村任教意愿均值，即不受乡村学校福利待遇影响的师范生乡村任教意愿明显强于受乡村学校福利待遇影响一般的师范生。受乡村学校福利待遇影响比较小的师范生乡村任教意愿均值大于不受乡村学校福利待遇影响的师范生乡村任教意愿均值，即不受乡村学校福利待遇影响的师范生乡村任教意愿明显强于受乡村学校福利待遇影响比较小的师范生。进一步从关联强度指数来看，ω^2 的值等于 0.030，可见，乡村学校福利待遇与乡村任教意愿情况存在相关关系。统计检验力等于 1.000，决策正确率较高，乡村学校福利待遇对师范生乡村任教意愿的解释量较大。

表 7-19 不同乡村学校的福利待遇的乡村任教意愿情况方差分析表

变异来源	SS（Ⅲ型平方和）	DF	MS（均方）	F	事后比较	ω^2	统计检验力
组间	121.327	4	30.332	36.886[①]			
组内	5738.746	6541	0.822		没有影响>比较小>一般>比较大>非常大	0.030	1.000
全体	5500.073	6545					

①$p < 0.001$。

四、乡村学校的文化环境与地方高校师范生乡村任教意愿的差异分析

通过不同乡村学校的文化环境的乡村任教意愿情况描述统计分析表（表 7-20）可以看出，受文化环境影响非常大的师范生的乡村任教意愿均值为 2.87，受文化环境影响比较大的师范生的乡村任教意愿均值为 2.61，受文化环境影响一般的师范生的乡村任教意愿均值为 2.66，受文化环境影响比较小的师范生的乡村任教意愿均值为 2.25，不受文化环境影响的师范生的乡村任教意愿均值为 1.93。

表 7-20   不同乡村学校的文化环境的乡村任教意愿情况描述统计

乡村学校的文化环境 对乡村任教影响	均值	标准差	标准误差
非常大	2.87	1.255	0.041
比较大	2.61	0.856	0.017
一般	2.66	0.757	0.014
比较小	2.25	1.004	0.065
没有影响	1.93	1.210	0.101

不同乡村学校的文化环境的乡村任教意愿情况方差分析表（表 7-21）可以显示，不同乡村学校文化环境对师范生乡村任教意愿有显著差异（$p < 0.001$）。由事后比较得知，受乡村学校文化环境影响非常大的师范生乡村任教意愿均值大于受乡村学校文化环境影响比较大的师范生乡村任教意愿均值，即受乡村学校文化环境影响比较大的师范生乡村任教意愿明显高于受乡村学校文化环境影响非常大的师范生。受乡村学校文化环境影响非常大的师范生乡村任教意愿均值大于受乡村学校文化环境影响一般的师范生乡村任教意愿均值，即受乡村学校文化环境影响一般的师范生乡村任教意愿明显高于受乡村学校文化环境影响非常大的师范生。受乡村学校文化环境影响非常大的师范生乡村任教意愿均值大于受乡村学校文化环境影响比较小的师范生乡村任教意愿均值，即受乡村学校文化环境影响比较小的师范生乡村任教意愿明显高于受乡村学校文化环境影响非常大的师范生。受乡村学校文化环境影响非常大的师范生乡村任教意愿均值大于不受乡村学校文化环境影响的师范生乡村任教意愿均值，即不受乡村学校文化环境影响的师范生乡村任教意愿明显高于受乡村学校文化环境影响非常大的师范生。

受乡村学校文化环境影响比较大的师范生乡村任教意愿均值大于受乡村学校文化环境影响一般的师范生乡村任教意愿均值，即受乡村学校文化环境影响一般的师范生乡村任教意愿明显高于受乡村学校文化环境影响比较大的师范生。受乡村学校文化环境影响比较大的师范生乡村任教意愿均值大于受乡村学校文化环境影响比较小的师范生乡村任教意愿均值，即受乡村学校文化环境影响比较小的师范生乡村任教意愿明显高于受乡村学校文化环境影响比较大的师范生。受乡村学校文化环境影响比较大的师范生乡村任教意愿均值大于不受乡村学校文化环境影响的师范生乡村任教意愿均值，即不受乡村学校文化环境影响的师范生乡村任教意愿明显高于受乡村学校文化环境影响比较大的师范生。受乡村学校文化环境影响一般的师范生乡村任教意愿均值大于受乡村学校文化环境影响比较小的师范生乡村任教意愿均值，即受乡村学校文化环境影响比较小的师范生乡村任教意愿明显强于受乡村学校文化环境影响一般的师范生。受乡村学校文化环境影响一般的师范生乡村任教意愿均值大于不受乡村学校文化环境影响的师范生乡村任教意愿均值，即不受乡村学校文化环境影响的师范生乡村任教意愿明显强于受乡村学校文化环境影响一般的师范生。受乡村学校文化环境影响比较小的师范生乡村任教意愿均值大于不受乡村学校文化环境影响的师范生乡村任教意愿均值，即不受乡村学校文化环境影响的师范生乡村任教意愿明显强于受乡村学校文化环境影响比较小的师范生。进一步从关联强度指数来看，ω^2 的值等于 0.030，可见，乡村学校文化环境与乡村任教意愿情况存在相关关系。统计检验力等于 1.000，决策正确率较高，乡村学校文化环境对师范生乡村任教意愿的解释量较大。

表 7-21 不同乡村学校的文化环境的乡村任教意愿情况方差分析表

变异来源	SS（Ⅲ型平方和）	DF	MS（均方）	F	事后比较	ω^2	统计检验力
组间	163.641	4	40.910	50.145[①]	没有影响＞比较小＞一般＞比较大＞非常大	0.030	1.000
组内	5336.432	6541	0.816				
全体	5500.073	6545					

[①]$p<0.001$。

五、乡村学校的专业发展机会与地方高校师范生乡村任教意愿的差异分析

通过不同乡村学校的专业发展机会的乡村任教意愿情况描述统计分析表（表7-22）可以看出，受专业发展机会影响非常大的师范生的乡村任教意愿均值为2.82，受专业发展机会影响比较大的师范生的乡村任教意愿均值为2.56，受专业发展机会影响一般的师范生的乡村任教意愿均值为2.68，受专业发展机会影响比较小的师范生的乡村任教意愿均值为2.49，不受专业发展机会影响的师范生的乡村任教意愿均值为1.98。

表 7-22 不同乡村学校的专业发展机会的乡村任教意愿情况描述统计

乡村学校的专业发展机会对乡村任教影响	均值	标准差	标准误差
非常大	2.82	1.257	0.039
比较大	2.56	0.827	0.017
一般	2.68	0.760	0.014
比较小	2.49	1.172	0.082
没有影响	1.98	1.301	0.115

不同乡村学校的专业发展机会的乡村任教意愿情况方差分析表（表7-23）可以显示，不同乡村学校专业发展机会对师范生乡村任教意愿有显著差异（$p<0.001$）。由事后比较得知，受乡村学校专业发展机会影响非常大的师范生乡村任教意愿均值大于受乡村学校专业发展机会影响比较大的师范生乡村任教意愿均值，即受乡村学校专业发展机会影响比较大的师范生乡村任教意愿明显强于受乡村学校专业发展机会影响非常大的师范生。受乡村学校专业发展机会影响非常大的师范生乡村任教意愿均值大于受乡村学校专业发展机会影响一般的师范生乡村任教意愿均值，即受乡村学校专业发展机会影响一般的师范生乡村任教意愿明显强于受乡村学校专业发展机会影响非常大的师范生。受乡村学校专业发展机会影响非常大的师范生乡村任教意愿均值大于受乡村学校专业发展机会影响比较小的师范生乡村任教意愿均值，即受乡村学校专业发展机会影响比较小的师范生乡村任教意愿明显强于受乡村学校专业发展机会影响非常大的师范生。受乡村学校专业发展机会影响非常大的师范生乡村任教意愿均值大于不受乡村学校专业发展机会影响的师范生乡村任教意愿均值，即不受乡村学校专业发展机会影响的师范生乡村任教意愿明显强于受乡村学校专业发展机会影响非常大的师范生。受乡村学校专业发展机会影响比较大的师范生乡村任教意愿均值大于受乡村学校专业发展机会影响一般的师范生乡村任教意愿均值，即受乡村学校专业发展机会影响一般的师范生乡村任教意愿明显强于受乡村学校专业发展机会影响比较大的师范生。受乡村学校专业发展机会影响比较大的师范生乡村任教意愿均值大于受乡村学校专业发展机会影响比较小的师范生乡村任教意愿均值，即受乡村学校专业发展机会影响比较小的师范生乡村任教意愿明显强于受乡村学校专业发展机会影响比较大的师范生。

受乡村学校专业发展机会影响比较大的师范生乡村任教意愿均值大于不受乡村学校专业发展机会影响的师范生乡村任教意愿均值，即不受乡村学校专业发展机会影响的师范生乡村任教意愿明显强于受乡村学校专业发展机会影响比较大的师范生。受乡村学校专业发展机会影响一般的师范生乡村任教意愿均值大于受乡村学校专业发展机会影响比较小的师范生乡村任教意愿均值，即受乡村学校专业发展机会影响比较小的师范生乡村任教意愿明显强于受乡村学校专业发展机会影响一般的师范生。受乡村学校专业发展机会影响一般的师范生乡村任教意愿均值大于不受乡村学校专业发展机会影响的师范生乡村任教意愿均值，即不受乡村学校专业发展机会影响的师范生乡村任教意愿明显强于受乡村学校专业发展机会影响一般的师范生。受乡村学校专业发展机会影响比较小的师范生乡村任教意愿均值大于不受乡村学校专业发展机会影响的师范生乡村任教意愿均值，即不受乡村学校专业发展机会影响的师范生乡村任教意愿明显强于受乡村学校专业发展机会影响比较小的师范生。进一步从关联强度指数来看，ω^2 的值等于 0.030，可见，乡村学校专业发展机会与乡村任教意愿情况存在相关关系。统计检验力等于 1.000，决策正确率较高，乡村学校专业发展机会对师范生乡村任教意愿的解释量较大。

表 7-23 不同乡村学校的专业发展机会乡村任教意愿情况方差分析表

变异来源	SS（Ⅲ型平方和）	DF	MS（均方）	F	事后比较	ω^2	统计检验力
组间	117.870	4	29.467	35.812[①]			
组内	5382.203	6541	0.823		没有影响>比较小>一般>比较大>非常大	0.030	1.000
全体	5500.073	6545					

①$p<0.001$。

第四节 乡村学校与地方高校师范生乡村任教意愿的回归分析

一、乡村学校与地方高校师范生乡村任教意愿的回归

结合前面所做的相关性分析结果，采用回归法对乡村学校与乡村任教意愿整体进行回归分析来确定其相关显著性。以乡村任教意愿作为因变量，将乡村学校作为自变量进行多元回归分析，统计结果见表 7-24。模型 1 中进入乡村学校，此变量对乡村学校任教意愿整体解释度为 64.7%，在 0.001 显著性水平上，模型 1 回归效果显著（$F=12014.416$，$p<0.001$）。在 0.001 显著性水平上，不同乡村学校的乡村学校任教意愿整体有显著差异（$\beta=0.805$，$p<0.001$）。

表 7-24 乡村学校与乡村任教意愿整体回归分析

模型		非标准化系数		标准系数	t	F	R 方	R 方更改
		B	标准误差	试用版				
1	（常量）	1.013	0.019		53.390[①]	12014.416[①]	0.647	0.647
	乡村学校	0.826	0.002	0.805	109.611[①]			

注：因变量：乡村学校任教意愿。

预测变量：乡村学校。

①$p<0.001$。

二、乡村学校分项与师范生乡村学校任教意愿回归分析

（一）喜欢乡村学校环境与乡村学校分项回归分析

采用回归法对乡村学校地理位置与喜欢乡村学校环境进行回归分析来确定其相关显著性。以喜欢乡村学校环境作为因变量，将乡村学校地理位置作为自变量进行多元回归分析，统计结果见表 7-25。模型 1 中进入自变量乡村学校地理位置，此变量对喜欢乡村学校环境解释度为 2.3%，在 0.001 显著性水平上，模型 1 回归效果显著（$F = 152.721$，$p < 0.001$）。在 0.001 显著性水平上，不同乡村学校地理位置与喜欢乡村学校环境有显著差异（$\beta = -0.151$，$p < 0.001$）。

表 7-25 乡村学校地理位置与乡村学校环境回归分析

模型		非标准化系数		标准系数	t	F	R 方	R 方更改
		B	标准误差	试用版				
1	（常量）	3.176	0.028		111.751[1]	152.721	0.023	0.023
	乡村学校地理位置	-0.137	0.011	-0.151	-12.358[1]			

注：因变量：喜欢乡村学校环境。
预测变量：（常量），乡村学校地理位置。
[1]$p < 0.001$。

采用回归法对乡村学校工作条件与喜欢乡村学校环境进行回归分析来确定其相关显著性。以喜欢乡村学校环境作为因变量，将乡村学校工作条件作为自变量进行多元回归分析，统计结果见表 7-26。模型 1 中进入自变量乡村学校工作条件，此变量对喜欢乡村学校环境解释度为 3.4%，在 0.001 显著性水平上，模型 1 回归效果显著（$F = 228.618$，$p < 0.001$）。在 0.001 显著性水平上，不同乡村学校工作条件与喜欢乡村学校环境有显著差异（$\beta = -0.184$，$p < 0.001$）。

表 7-26 乡村学校工作条件与喜欢乡村学校环境回归分析

模型		非标准化系数		标准系数	t	F	R 方	R 方更改
		B	标准误差	试用版				
1	（常量）	3.263	0.029		111.531[1]	228.618	0.034	0.034
	乡村学校工作条件	-0.170	0.011	-0.184	-15.120[1]			

注：因变量：喜欢乡村学校环境。
预测变量：（常量），乡村学校工作条件。
[1]$p < 0.001$。

采用回归法对乡村学校福利待遇与喜欢乡村学校环境进行回归分析来确定其相关显著性。以喜欢乡村学校环境作为因变量，将乡村学校福利待遇作为自变量进行多元回归分析，统计结果见表7-27。模型1中进入自变量乡村学校福利待遇，此变量对喜欢乡村学校环境解释度为0.9%，在0.001显著性水平上，模型1回归效果显著（$F=62.690$，$p<0.001$）。在0.001显著性水平上，不同乡村学校福利待遇与喜欢乡村学校环境有显著差异（$\beta=-0.097$，$p<0.001$）。

表7-27　乡村学校福利待遇与喜欢乡村学校环境回归分析

模型		非标准化系数		标准系数	t	F	R 方	R 方更改
		B	标准误差	试用版				
1	（常量）	3.063	0.029		105.208[①]	62.690	0.009	0.009
	乡村学校福利待遇	-0.090	0.011	-0.097	-7.918[①]			

注：因变量：喜欢乡村学校环境。
　　预测变量：（常量），乡村学校福利待遇。
①$p<0.001$。

采用回归法对乡村学校文化环境与喜欢乡村学校环境进行回归分析来确定其相关显著性。以喜欢乡村学校环境作为因变量，将乡村学校文化环境作为自变量进行多元回归分析，统计结果见表7-28。模型1中进入自变量乡村学校文化环境，此变量对喜欢乡村学校环境解释度为1.4%，在0.001显著性水平上，模型1回归效果显著（$F=91.563$，$p<0.001$）。在0.001显著性水平上，不同乡村学校文化环境与喜欢乡村学校环境有显著差异（$\beta=-0.117$，$p<0.001$）。

表7-28　乡村学校文化环境与喜欢乡村学校环境回归分析

模型		非标准化系数		标准系数	t	F	R 方	R 方更改
		B	标准误差	试用版				
1	（常量）	3.114	0.030		104.873[①]	91.563	0.014	0.014
	乡村学校文化环境	-0.111	0.012	-0.117	-9.569[①]			

注：因变量：喜欢乡村学校环境。
　　预测变量：（常量），乡村学校文化环境。
①$p<0.001$。

采用回归法对乡村学校专业发展机会与喜欢乡村学校环境进行回归分析来确定其相关显著性。以喜欢乡村学校环境作为因变量，将乡村学校专业发展机会作为自变量进行多元回归分析，统计结果见表 7-29。模型 1 中进入自变量乡村学校专业发展机会，此变量对喜欢乡村学校环境解释度为 0.3%，在 0.001 显著性水平上，模型 1 回归效果显著（$F = 22.373$，$p < 0.001$）。在 0.001 显著性水平上，不同乡村学校专业发展机会与喜欢乡村学校环境有显著差异（$\beta = -0.058$，$p < 0.001$）。

表 7-29　乡村学校专业发展机会与喜欢乡村学校环境回归分析

模型		非标准化系数		标准系数	t	F	R 方	R 方更改
		B	标准误差	试用版				
1	（常量）	2.979	0.030		100.539[①]	22.373	0.003	0.003
	乡村学校专业发展机会	-0.055	0.012	-0.058	-4.730[①]			

注：因变量：喜欢乡村学校环境。

　　预测变量：（常量），乡村学校专业发展机会。

[①] $p < 0.001$。

（二）愿意帮助乡村学生与乡村学校分项回归分析

采用回归法对乡村学校地理位置与愿意帮助乡村学生进行回归分析来确定其相关显著性。以愿意帮助乡村学生作为因变量，将乡村学校地理位置作为自变量进行多元回归分析，统计结果见表 7-30。模型 1 中进入自变量乡村学校地理位置，此变量对愿意帮助乡村学生解释度为 0.3%，在 0.001 显著性水平上，模型 1 回归效果显著（$F = 20.458$，$p < 0.001$）。在 0.001 显著性水平上，不同乡村学校地理位置与愿意帮助乡村学生有显著差异（$\beta = -0.056$，$p < 0.001$）。

表 7-30　乡村学校地理位置与愿意帮助乡村学生回归分析

模型		非标准化系数		标准系数	t	F	R 方	R 方更改
		B	标准误差	试用版				
1	（常量）	2.386	0.030		80.811[①]	20.458	0.003	0.003
	乡村学校地理位置	-0.052	0.012	-0.056	-4.523[①]			

注：因变量：愿意帮助乡村学生。

　　预测变量：（常量），乡村学校专业发展机会。

[①] $p < 0.001$。

采用回归法对乡村学校工作条件与愿意帮助乡村学生进行回归分析来确定其

相关显著性。以愿意帮助乡村学生作为因变量，将乡村学校工作条件作为自变量进行多元回归分析，统计结果见表7-31。模型1中进入自变量乡村学校工作条件，此变量对愿意帮助乡村学生解释度为0.8%，在0.001显著性水平上，模型1回归效果显著（$F=49.940$，$p<0.001$）。在0.001显著性水平上，不同乡村学校工作条件与愿意帮助乡村学生有显著差异（$\beta=-0.087$，$p<0.001$）。

表7-31　乡村学校工作条件与愿意帮助乡村学生回归分析

模型		非标准化系数		标准系数	t	F	R 方	R 方更改
		B	标准误差	试用版				
1	（常量）	2.463	0.030		80.777[①]	49.940	0.008	0.007
	乡村学校专业发展机会	−0.083	0.012	−0.087	−7.067[①]			

注：因变量：愿意帮助乡村学生。

　　预测变量：（常量），乡村学校工作条件。

①$p<0.001$。

采用回归法对乡村学校福利待遇与愿意帮助乡村学生进行回归分析来确定其相关显著性。以愿意帮助乡村学生作为因变量，将乡村学校福利待遇作为自变量进行多元回归分析，统计结果见表7-32。模型1中进入自变量乡村学校福利待遇，此变量对愿意帮助乡村学生解释度为0，在0.001显著性水平上，模型1回归效果显著（$F=0.766$，$p<0.001$）。在0.001显著性水平上，不同乡村学校福利待遇与愿意帮助乡村学生有显著差异（$\beta=-0.011$，$p<0.001$）。

表7-32　乡村学校福利待遇与愿意帮助乡村学生回归分析

模型		非标准化系数		标准系数	t	F	R 方	R 方更改
		B	标准误差	试用版				
1	（常量）	2.285	0.030		76.011[①]	0.766	0.000	0.000
	乡村学校福利待遇	−0.010	0.012	−0.011	−0.875[①]			

注：因变量：愿意帮助乡村学生。

　　预测变量：（常量），乡村学校福利待遇。

①$p<0.001$。

采用回归法对乡村学校文化环境与愿意帮助乡村学生进行回归分析来确定其相关显著性。以愿意帮助乡村学生作为因变量，将乡村学校文化环境作为自变量进行多元回归分析，统计结果见表7-33。模型1中进入自变量乡村学校文化环境，此变量对愿意帮助乡村学生解释度为 0，在 0.001 显著性水平上，模型 1 回归效果显著（$F=0.823$，$p<0.001$）。在 0.001 显著性水平上，不同乡村学校文化环境与愿意帮助乡村学生有显著差异（$\beta=-0.011$，$p<0.001$）。

表 7-33　乡村学校文化环境与喜欢乡村学校环境回归分析

模型		非标准化系数		标准系数	t	F	R 方	R 方更改
		B	标准误差	试用版				
1	（常量）	2.287	0.031		74.359[①]	0.823	0.000	0.000
	乡村学校专业发展机会	-0.011	0.012	-0.011	-0.907[①]			

注：因变量：愿意帮助乡村学生。

预测变量：（常量），乡村学校专业发展机会。

[①]$p<0.001$。

采用回归法对乡村学校专业发展机会与愿意帮助乡村学生进行回归分析来确定其相关显著性。以愿意帮助乡村学生作为因变量，将乡村学校专业发展机会作为自变量进行多元回归分析，统计结果见表 7-34。模型 1 中进入自变量乡村学校专业发展机会，此变量对愿意帮助乡村学生解释度为 0.2%，在 0.001 显著性水平上，模型 1 回归效果显著（$F=11.975$，$p<0.001$）。在 0.001 显著性水平上，不同乡村学校专业发展机会与愿意帮助乡村学生有显著差异（$\beta=0.043$，$p<0.001$）。

表 7-34　乡村学校专业发展机会与愿意帮助乡村学生回归分析

模型		非标准化系数		标准系数	t	F	R 方	R 方更改
		B	标准误差	试用版				
1	（常量）	2.161	0.030		70.873[①]	11.975	0.002	0.002
	乡村学校专业发展机会	0.042	0.012	0.043	3.460[①]			

注：因变量：愿意帮助乡村学生。

预测变量：（常量），乡村学校专业发展机会。

[①]$p<0.001$。

（三）愿意同乡村教师合作与乡村学校分项回归分析

采用回归法对乡村学校地理位置与愿意同乡村教师合作进行回归分析来确定其相关显著性。以愿意同乡村教师合作作为因变量，将乡村学校地理位置作为自变量进行多元回归分析，统计结果见表 7-35。模型 1 中进入自变量乡村学校地理位置，此变量对愿意同乡村教师合作解释度为 1.1%，在 0.001 显著性水平上，模型 1 回归效果显著（$F=72.832$，$p<0.001$）。在 0.001 显著性水平上，不同乡村学校地理位置与愿意同乡村教师合作有显著差异（$\beta=-0.105$，$p<0.001$）。

表 7-35　乡村学校地理位置与愿意同乡村教师合作回归分析

模型		非标准化系数		标准系数	t	F	R 方	R 方更改
		B	标准误差	试用版				
1	（常量）	2.630	0.030		89.073[①]	72.832	0.011	0.011
	乡村学校地理位置	-0.098	0.012	-0.105	-8.534[①]			

注：因变量：愿意同乡村教师合作。

　　预测变量：（常量），乡村学校地理位置。

①$p<0.001$。

采用回归法对乡村学校工作条件与愿意同乡村教师合作进行回归分析来确定其相关显著性。以愿意同乡村教师合作作为因变量，将乡村学校工作条件作为自变量进行多元回归分析，统计结果见表 7-36。模型 1 中进入自变量乡村学校工作条件，此变量对愿意同乡村教师合作解释度为 1.9%，在 0.001 显著性水平上，模型 1 回归效果显著（$F=125.957$，$p<0.001$）。在 0.001 显著性水平上，不同乡村学校工作条件与愿意同乡村教师合作有显著差异（$\beta=-0.137$，$p<0.001$）。

表 7-36　乡村学校工作条件与愿意同乡村教师合作回归分析

模型		非标准化系数		标准系数	t	F	R 方	R 方更改
		B	标准误差	试用版				
1	（常量）	2.715	0.030		89.186[①]	125.957	0.019	0.019
	乡村学校工作条件	-0.131	0.012	-0.137	-11.223[①]			

注：因变量：愿意同乡村教师合作。

　　预测变量：（常量），乡村学校工作条件。

①$p<0.001$。

采用回归法对乡村学校福利待遇与愿意同乡村教师合作进行回归分析来确定其相关显著性。以愿意同乡村教师合作作为因变量，将乡村学校福利待遇作为自变量进行多元回归分析，统计结果见表 7-37。模型 1 中进入自变量乡村学校福利待遇，此变量对愿意同乡村教师合作解释度为 0.3%，在 0.001 显著性水平上，模型 1 回归效果显著（$F = 18.383$，$p < 0.001$）。在 0.001 显著性水平上，不同乡村学校福利待遇与愿意同乡村教师合作有显著差异（$\beta = -0.053$，$p < 0.001$）。

表 7-37 乡村学校福利待遇与愿意同乡村教师合作回归分析

模型		非标准化系数		标准系数	t	F	R 方	R 方更改
		B	标准误差	试用版				
1	（常量）	2.515	0.030		83.428[①]	18.383	0.003	0.003
	乡村学校福利待遇	-0.051	0.012	-0.053	-4.278[①]			

注：因变量：愿意同乡村教师合作。

预测变量：（常量），乡村学校福利待遇。

[①] $p < 0.001$。

采用回归法对乡村学校文化环境与愿意同乡村教师合作进行回归分析来确定其相关显著性。以愿意同乡村教师合作作为因变量，将乡村学校文化环境作为自变量进行多元回归分析，统计结果见表 7-38。模型 1 中进入自变量乡村学校文化环境，此变量对愿意同乡村教师合作解释度为 0.3%，在 0.001 显著性水平上，模型 1 回归效果显著（$F = 21.640$，$p < 0.001$）。在 0.001 显著性水平上，不同乡村学校文化环境与愿意同乡村教师合作有显著差异（$\beta = -0.057$，$p < 0.001$）。

表 7-38 乡村学校文化环境与愿意同乡村教师合作回归分析

模型		非标准化系数		标准系数	t	F	R 方	R 方更改
		B	标准误差	试用版				
1	（常量）	2.259	0.031		82.023[①]	21.640	0.003	0.003
	乡村学校文化环境	-0.056	0.012	-0.057	-4.652[①]			

注：因变量：愿意同乡村教师合作。

预测变量：（常量），乡村学校文化环境。

[①] $p < 0.001$。

采用回归法对乡村学校专业发展机会与愿意同乡村教师合作进行回归分析来确定其相关显著性。以愿意同乡村教师合作作为因变量，将乡村学校专业发展机会作为自变量进行多元回归分析，统计结果见表 7-39。模型 1 中进入自变量乡村学校专业发展机会，此变量对愿意同乡村教师合作解释度为 0，在 0.001 显著性水平上，模型 1 回归效果显著（$F = 0.090$，$p < 0.001$）。在 0.001 显著性水平上，不同乡村学校专业发展机会与愿意同乡村教师合作有显著差异（$\beta = -0.004$，$p < 0.001$）。

表 7-39　乡村学校专业发展机会与愿意同乡村教师合作回归分析

模型		非标准化系数		标准系数	t	F	R 方	R 方更改
		B	标准误差	试用版				
1	（常量）	2.385	0.031		77.824①	0.090	0.00	0.00
	乡村学校专业发展机会	−0.004	0.012	−0.004	−0.300①			

注：因变量：愿意同乡村教师合作。

　　预测变量：（常量），乡村学校专业发展机会。

①$p<0.001$。

　　上面的回归分析的是单独将乡村学校分项作为自变量投入方程中的结果。考虑到现实中，乡村学校的各个方面是同时存在的，因此，用分层回归法再次分析乡村学校的所有分项内容对喜欢乡村学校环境、愿意帮助乡村学生和学愿意同乡村教师合作的影响程度，分析结果见表 7-40~表 7-42。

（四）喜欢乡村学校环境与乡村学校的所有分项回归

表 7-40　喜欢乡村学校环境与乡村学校的所有分项回归分析

模型		非标准化系数		标准系数	t	F	R 方	R 方更改
		B	标准误差	试用版				
1	（常量）	3.176	0.028		111.751①	152.721①	0.023	0.023
	乡村学校地理位置	−0.137	0.011	−0.151	−12.358①			
2	（常量）	3.290	0.031		106.308①	117.814①	0.035	0.034
	乡村学校地理位置	−0.040	0.015	−0.044	−2.609①			
	乡村学校工作条件	−0.141	0.016	−0.153	−9.002①			
3	（常量）	3.258	0.032		100.304①	82.121①	0.036	0.036
	地理位置	−0.050	0.016	−0.055	−3.171①			
	工作条件	−0.167	0.018	−0.181	−9.489①			
	福利待遇	0.049	0.015	0.053	3.225①			

模型		非标准化系数		标准系数	t	F	R 方	R 方更改
		B	标准误差	试用版				
4	（常量）	3.256	0.033		98.009①	61.604①	0.036	0.036
	地理位置	-0.050	0.016	-0.055	-3.182①			
	工作条件	-0.169	0.019	-0.183	-9.074①			
	福利待遇	0.047	0.017	0.051	2.853①			
	文化环境	0.005	0.018	0.005	0.293①			
5	（常量）	3.220	0.034		95.258①	55.092①	0.040	0.040
	地理位置	-0.058	0.016	-0.063	-3.638①			
	工作条件	-0.176	0.019	-0.191	-9.461①			
	福利待遇	0.023	0.017	0.024	1.314①			
	文化环境	-0.030	0.019	-0.032	-1.620①			
	专业发展机会	0.090	0.017	0.095	5.294②			

注：因变量：到乡村学校任教环境情况。

模型1：预测变量：（常量），乡村学校地理位置。

模型2：预测变量：（常量），乡村学校地理位置，乡村学校工作条件。

模型3：预测变量：（常量），乡村学校地理位置，乡村学校工作条件，福利待遇。

模型4：预测变量：（常量），乡村学校地理位置，乡村学校工作条件，福利待遇，文化环境。

模型5：预测变量：（常量），乡村学校地理位置，乡村学校工作条件，福利待遇，文化环境，专业发展机会。

①$p<0.001$；②$p<0.01$。

模型1：进入自变量——乡村学校地理位置，此变量对乡村学校任教环境情况解释度为2.3%，在0.001显著性水平上，模型1回归效果显著（$F=152.721$，$p<0.001$）。在0.001显著性水平上，融入乡村生活速度不同的师范生间喜欢乡村学校环境有显著差异（$\beta=-0.151$，$p<0.001$）。

模型2：进一步进入自变量——乡村学校地理位置，工作条件，所有变量对乡村学校任教环境情况解释度3.5%。在0.001显著性水平上，模型2回归效果显著（$F=117.814$，$p<0.001$）。在0.001显著性水平上，乡村学校地理位置与喜欢乡村学校环境显著差异（$\beta=-0.044$，$p<0.001$）；工作条件间喜欢乡村学校环境有显著差异（$\beta=-0.153$，$p<0.001$）。

模型 3：进一步进入自变量——乡村学校地理位置，乡村学校工作条件，福利待遇，所有变量对乡村学校任教环境情况解释度 3.6%，模型 3 回归效果显著（$F=82.121$，$p<0.001$）。在 0.001 显著性水平上，乡村学校地理位置与喜欢乡村学校环境有显著差异（$\beta=-0.055$，$p<0.001$）；在 0.001 显著性水平上，乡村学校工作条件与喜欢乡村学校环境有显著差异（$\beta=-0.181$，$p<0.001$）；在 0.001 显著性水平上，福利待遇与喜欢乡村学校环境有显著差异（$\beta=0.053$，$p<0.001$）。

模型 4：进一步进入自变量——乡村学校地理位置，乡村学校工作条件，福利待遇，文化环境，所有变量对乡村学校任教环境情况解释度 3.6%，模型 4 回归效果显著（$F=61.604$，$p<0.001$）。在 0.001 显著性水平上，乡村学校地理位置间与喜欢乡村学校环境有显著差异（$\beta=-0.055$，$p<0.001$）；在 0.001 显著性水平上，乡村学校工作条件与喜欢乡村学校环境有显著差异（$\beta=-0.183$，$p<0.001$）；在 0.001 显著性水平上，福利待遇与喜欢乡村学校环境有显著差异（$\beta=0.051$，$p<0.001$）；在 0.001 显著性水平上，文化环境间喜欢乡村学校环境有显著差异（$\beta=0.005$，$p<0.001$）。

模型 5：进一步进入自变量——乡村学校地理位置，乡村学校工作条件，福利待遇，文化环境，专业发展机会，所有变量对乡村学校任教环境情况解释度 4.0%。在 0.001 显著性水平上，模型 5 回归效果显著（$F=55.092$，$p<0.001$）。在 0.001 显著性水平上，乡村学校地理位置间喜欢乡村学校环境有显著差异（$\beta=-0.063$，$p<0.001$）；在 0.001 显著性水平上，乡村学校工作条件间喜欢乡村学校环境有显著差异（$\beta=-0.191$，$p<0.001$）；在 0.001 显著性水平上，福利待遇间喜欢乡村学校环境有显著差异（$\beta=0.024$，$p<0.001$）；在 0.001 显著性水平上，文化环境间喜欢乡村学校环境有显著差异（$\beta=-0.032$，$p<0.001$）；在 0.01 显著性水平上，专业发展机会间喜欢乡村学校环境有显著差异（$\beta=0.095$，$p<0.01$）。

（五）愿意帮助乡村学生与乡村学校的所有分项回归

表 7-41 愿意帮助乡村学生与乡村学校的所有分项回归分析

模型		非标准化系数		标准系数	t	F	R 方	R 方更改
		B	标准误差	试用版				
1	（常量）	2.386	0.030		80.811[①]	20.458[①]	0.003	0.003
	乡村学校地理位置	-0.052	0.012	-0.056	-4.523[①]			

模型		非标准化系数		标准系数	t	F	R 方	R 方更改
		B	标准误差	试用版				
2	（常量）	2.457	0.032		76.154[①]	25.126[①]	0.008	0.007
	乡村学校地理位置	0.009	0.016	0.010	0.563[①]			
	乡村学校工作条件	-0.089	0.016	-0.094	-5.450[①]			
3	（常量）	2.405	0.034		71.093[①]	25.391[①]	0.012	0.011
	地理位置	-0.007	0.016	-0.007	-0.399[①]			
	工作条件	-0.131	0.018	-0.138	-7.170[①]			
	福利待遇	0.081	0.016	-0.085	5.073[①]			
4	（常量）	2.378	0.035		68.798[①]	22.607[①]	0.014	0.013
	地理位置	-0.014	0.016	-0.015	-0.878[①]			
	工作条件	-0.155	0.019	-0.163	-8.006[①]			
	福利待遇	0.055	0.017	0.058	3.205[①]			
	文化环境	0.068	0.018	0.070	3.755[①]			
5	（常量）	2.326	0.035		66.262[①]	29.658[①]	0.022	0.021
	地理位置	-0.025	0.016	-0.027	-1.538[①]			
	工作条件	-0.166	0.019	-0.174	-8.581[①]			
	福利待遇	0.019	0.018	0.020	1.047[①]			
	文化环境	0.016	0.019	0.016	0.818[①]			
	专业发展机会	0.134	0.018	0.137	7.555[②]			

注：因变量：到乡村学校任教学生情况。

　　模型 1：预测变量：（常量），乡村学校地理位置。

　　模型 2：预测变量：（常量），乡村学校地理位置，乡村学校工作条件。

　　模型 3：预测变量：（常量），乡村学校地理位置，乡村学校工作条件，福利待遇。

　　模型 4：预测变量：（常量），乡村学校地理位置，乡村学校工作条件，福利待遇，文化环境。

　　模型 5：预测变量：（常量），乡村学校地理位置，乡村学校工作条件，福利待遇，文化环境，专业发展机会。

①$p<0.001$；②$p<0.01$。

模型 1：进入自变量——乡村学校地理位置，此变量对乡村学校任教学生情况解释度为 0.3%，在 0.001 显著性水平上，模型 1 回归效果显著（$F = 20.458$，$p < 0.001$）。在 0.001 显著性水平上，融入乡村生活速度不同的师范生间愿意帮助乡村学生有显著差异（$\beta = -0.056$，$p < 0.001$）。

模型 2：进一步进入自变量——乡村学校地理位置，工作条件，所有变量对乡村学校任教学生情况解释度 0.7%，其中对乡村学校了解程度的解释度为 1.3%。在 0.001 显著性水平上，模型 2 回归效果显著（$F = 25.126$，$p < 0.001$）。在 0.001 显著性水平上，乡村学校地理位置与愿意帮助乡村学生显著差异（$\beta = 0.010$，$p < 0.001$）；工作条件间愿意帮助乡村学生有显著差异（$\beta = -0.094$，$p < 0.001$）。

模型 3：进一步进入自变量——乡村学校地理位置，乡村学校工作条件，福利待遇，所有变量对乡村学校任教学生情况解释度 1.1%，模型 3 回归效果显著（$F = 25.391$，$p < 0.001$）。在 0.001 显著性水平上，乡村学校地理位置与愿意帮助乡村学生有显著差异（$\beta = -0.007$，$p < 0.001$）；在 0.001 显著性水平上，乡村学校工作条件与愿意帮助乡村学生有显著差异（$\beta = -0.138$，$p < 0.001$）；在 0.001 显著性水平上，福利待遇与愿意帮助乡村学生有显著差异（$\beta = -0.085$，$p < 0.001$）。

模型 4：进一步进入自变量——乡村学校地理位置，乡村学校工作条件，福利待遇，文化环境，所有变量对乡村学校任教学生情况解释度 1.3%，模型 4 回归效果显著（$F = 22.607$，$p < 0.001$）。在 0.001 显著性水平上，乡村学校地理位置间与愿意帮助乡村学生有显著差异（$\beta = -0.015$，$p < 0.001$）；在 0.001 显著性水平上，乡村学校工作条件与愿意帮助乡村学生有显著差异（$\beta = -0.163$，$p < 0.001$）；在 0.001 显著性水平上，福利待遇与愿意帮助乡村学生有显著差异（$\beta = 0.058$，$p < 0.001$）；在 0.001 显著性水平上，文化环境间愿意帮助乡村学生有显著差异（$\beta = 0.070$，$p < 0.001$）。

模型 5：进一步进入自变量——乡村学校地理位置，乡村学校工作条件，福利待遇，文化环境，专业发展机会，所有变量对乡村学校任教学生情况解释度 2.1%。在 0.001 显著性水平上，模型 5 回归效果显著（$F = 29.658$，$p < 0.001$）。在 0.001 显著性水平上，乡村学校地理位置间愿意帮助乡村学生有显著差异（$\beta = -0.027$，$p < 0.001$）；在 0.001 显著性水平上，乡村学校工作条件间愿意帮助乡村学生有显著差异（$\beta = -0.174$，$p < 0.001$）；在 0.001 显著性水平上，福利待遇间愿意帮助乡村学生有显著差异（$\beta = 0.020$，$p < 0.001$）；在 0.001 显著性水平上，文化环境间愿意帮助乡村学生有显著差异（$\beta = 0.016$，$p < 0.001$）；在 0.01 显著性水平上，专业发展机会间愿意帮助乡村学生有显著差异（$\beta = 0.137$，$p < 0.01$）。

（六）愿意同乡村教师合作与乡村学校的所有分项回归

表 7-42　愿意同乡村教师合作与乡村学校的所有分项回归分析

模型		非标准化系数		标准系数	t	F	R 方	R 方更改
		B	标准误差	试用版				
1	（常量）	2.630	0.030		89.073[1]	72.832[1]	0.011	0.011
	乡村学校地理位置	-0.098	0.012	-0.105	-8.534[1]			
2	（常量）	2.726	0.032		84.623[1]	63.498[1]	0.019	0.019
	乡村学校地理位置	-0.016	0.016	-0.017	-1.019[1]			
	乡村学校工作条件	-0.119	0.016	-0.125	-7.320[1]			
3	（常量）	2.680	0.034		79.330[1]	49.007[1]	0.022	0.022
	地理位置	-0.030	0.016	-0.032	-1.835[1]			
	工作条件	-0.156	0.018	-0.164	-8.545[1]			
	福利待遇	0.071	0.016	-0.074	4.434[1]			
4	（常量）	2.659	0.035		76.996[1]	38.979[1]	0.023	0.023
	地理位置	-0.036	0.016	-0.039	-2.200[1]			
	工作条件	-0.175	0.019	-0.183	-9.046[1]			
	福利待遇	0.051	0.017	0.053	2.929[1]			
	文化环境	0.054	0.018	0.055	2.953[1]			
5	（常量）	2.607	0.035		74.341[1]	42.705[1]	0.032	0.031
	地理位置	-0.047	0.016	-0.050	-2.856[1]			
	工作条件	-0.186	0.019	-0.195	-9.617[1]			
	福利待遇	0.014	0.018	0.015	0.794[1]			
	文化环境	0.002	0.019	0.002	0.085[1]			
	专业发展机会	0.133	0.018	0.136	7.503[2]			

注：因变量：到乡村学校任教同事情况。

模型 1：预测变量：（常量），乡村学校地理位置。

模型 2：预测变量：（常量），乡村学校地理位置，乡村学校工作条件。

模型 3：预测变量：（常量），乡村学校地理位置，乡村学校工作条件，福利待遇。

模型 4：预测变量：（常量），乡村学校地理位置，乡村学校工作条件，福利待遇，文化环境。

模型 5：预测变量：（常量），乡村学校地理位置，乡村学校工作条件，福利待遇，文化环境，专业发展机会。

[1]$p<0.001$；[2]$p<0.01$。

　　模型 1：进入自变量——乡村学校地理位置，此变量对乡村学校任教同事情况解释度为 1.1%，在 0.001 显著性水平上，模型 1 回归效果显著（$F = 72.832$，$p < 0.001$）。在 0.001 显著性水平上，融入乡村生活速度不同的师范生间愿意同乡村教师合作有显著差异（$\beta = -0.105$，$p < 0.001$）。

　　模型 2：进一步进入自变量——乡村学校地理位置，工作条件，所有变量对乡村学校任教同事情况解释度 1.9%，其中对乡村学校了解程度的解释度为 1.3%。在 0.001 显著性水平上，模型 2 回归效果显著（$F = 63.498$，$p < 0.001$）。在 0.001 显著性水平上，乡村学校地理位置与愿意同乡村教师合作显著差异（$\beta = -0.017$，$p < 0.001$）；工作条件间愿意同乡村教师合作有显著差异（$\beta = -0.125$，$p < 0.001$）。

　　模型 3：进一步进入自变量——乡村学校地理位置，乡村学校工作条件，福利待遇，所有变量对乡村学校任教同事情况解释度 2.2%，模型 3 回归效果显著（$F = 49.007$，$p < 0.001$）。在 0.001 显著性水平上，乡村学校地理位置与愿意同乡村教师合作有显著差异（$\beta = -0.032$，$p < 0.001$）；在 0.001 显著性水平上，乡村学校工作条件与愿意同乡村教师合作有显著差异（$\beta = -0.164$，$p < 0.001$）；在 0.001 显著性水平上，福利待遇与愿意同乡村教师合作有显著差异（$\beta = -0.074$，$p < 0.001$）。

　　模型 4：进一步进入自变量——乡村学校地理位置，乡村学校工作条件，福利待遇，文化环境，所有变量对乡村学校任教同事情况解释度 2.3%，模型 4 回归效果显著（$F = 38.979$，$p < 0.001$）。在 0.001 显著性水平上，乡村学校地理位置间与愿意同乡村教师合作有显著差异（$\beta = -0.039$，$p < 0.001$）；在 0.001 显著性水平上，乡村学校工作条件与愿意同乡村教师合作有显著差异（$\beta = -0.183$，$p < 0.001$）；在 0.001 显著性水平上，福利待遇与愿意同乡村教师合作有显著差异（$\beta = 0.053$，$p < 0.001$）；在 0.001 显著性水平上，文化环境间愿意同乡村教师合作有显著差异（$\beta = 0.055$，$p < 0.001$）。

　　模型 5：进一步进入自变量——乡村学校地理位置，乡村学校工作条件，福利待遇，文化环境，专业发展机会，所有变量对乡村学校任教同事情况解释度 3.1%。在 0.001 显著性水平上，模型 5 回归效果显著（$F = 42.705$，$p < 0.001$）。在 0.001 显著性水平上，乡村学校地理位置间愿意同乡村教师合作有显著差异（$\beta = -0.050$，$p < 0.001$）；在 0.001 显著性水平上，乡村学校工作条件间愿意同乡村教师合作有显著差异（$\beta = -0.195$，$p < 0.001$）；在 0.001 显著性水平上，福利待遇间愿意同乡村教师合作有显著差异（$\beta = 0.015$，$p < 0.001$）；在 0.001 显著性水平上，文化环境间愿意同乡村教师合作有显著差异（$\beta = 0.002$，$p < 0.001$）；在 0.01 显著性水平上，专业发展机会间愿意同乡村教师合作有显著差异（$\beta = 0.136$，$p < 0.01$）。

第八章 政府政策对地方高校师范生乡村任教意愿的影响

政府政策因其所处的时间以及背景等因素的不同表现出不同的特征，在这些政府政策实施中，地方高校师范生乡村任教意愿呈现出不同的现实样态。本章依据显示数据分析政府政策对地方高校师范生乡村任教意愿的整体情况以及组成要素的状况，以及在不同政府政策的情境下，分析整体以及各组成要素间存在的差异，期望对政府政策、对地方高校师范生乡村任教意愿有个明确的认知。

第一节 政府政策相关政策制度的现实描述

一、政府政策相关政策制度整体基本概况

政府政策相关政策制度由七个方面组成，即农村任教的"特岗"政策、提高工资政策、教师职称评聘政策、培训学习机会政策、荣誉制度政策、生活补助住房保障五险一金政策、学费补偿助学代偿政策。这些相关政策因内容不同而在实践中表现出不同的状态与水平。从政府政策相关政策制度的显示数据（表8-1）来看，政府政策相关政策制度整体水平均处于较了解的状况，均值为3.2614。

表8-1 政府政策相关政策制度整体描述统计

项目	N	极小值	极大值	均值	标准差
农村学校任教意愿	6546	1	5	3.2614	0.9262
有效的 N	6546				

二、政府政策相关政策制度组成要素基本概述

为了更好地了解政府政策相关政策制度的概况，对其进行了进一步的分析。从政府政策相关政策制度的显示数据（表8-2）来看，政府政策相关政策制度各方面的了解水平均处于较好的状况，农村任教的"特岗"政策均值为3.19，农村任教的提高工资政策均值为3.24，农村任教的教师职称评聘政策均值为3.28，农村任教的培训学习机会政策均值为3.27，农村任教的荣誉制度政策均值为

3.29，农村任教的生活补助住房保障五险一金政策均值为3.26，农村任教的学费补偿助学代偿政策均值为3.30，相比之下农村任教的学费补偿助学代偿政策处于当前最了解的状况。

表 8-2 政府政策相关政策制度组成要素描述统计

项目	N	极小值	极大值	均值	标准差
农村任教的"特岗"政策	6546	1	5	3.19	0.947
农村任教的提高工资政策	6546	1	5	3.24	0.919
农村任教的教师职称评聘政策	6546	1	5	3.28	0.925
农村任教的培训学习机会政策	6546	1	5	3.27	0.916
农村任教的荣誉制度政策	6546	1	5	3.29	0.922
农村任教的生活补助住房保障五险一金政策	6546	1	5	3.26	0.931
农村任教的学费补偿助学代偿政策	6546	1	5	3.30	0.924

（一）农村任教的"特岗"政策

表8-3呈现的是了解农村任教的"特岗"政策描述统计情况。从表8-3中可以看出，农村任教的"特岗"政策的整体情况最小值为1，最大值为5，均值为3.2614，标准差为0.9262，农村任教的"特岗"政策的整体水平较高，均处于比较了解的状况。

表 8-3 了解农村任教的"特岗"政策描述统计

项目	N	极小值	极大值	均值	标准差
了解农村任教的"特岗"政策	6546	1	5	3.2614	0.9262
有效的 N	6546				

表8-4呈现的是了解农村任教的"特岗"政策的情况。从表8-4中可以看出，非常了解的师范生被试有280人，占4.3%；比较了解的师范生被试有1114人，占17.0%；一般的师范生被试有2716人，占41.5%；不太了解的师范生被试有1957人，占29.9%；完全不了解的师范生被试有479人，占7.3%。依据统计结果可以推断21.3%的被试了解农村任教的"特岗"政策的情况，但仍有37.2%的被试不完全了解农村任教的"特岗"政策的情况。

表 8-4 了解农村任教的"特岗"政策频率统计

项目	频率/人	百分比/%	有效百分比/%	累积百分比/%
非常了解	280	4.3	4.3	4.3
比较了解	1114	17.0	17.0	21.3
一般	2716	41.5	41.5	82.8
不太了解	1957	29.9	29.9	92.7
完全不了解	479	7.3	7.3	100.0
合计	6546	100.0	100.0	

(二) 农村任教的工资政策

表 8-5 呈现的是了解农村任教的提高工资政策描述统计情况。从表 8-5 中可以看出，农村任教的工资政策的整体情况最小值为 1，最大值为 5，均值为 3.24，标准差为 0.919，农村任教的工资政策的整体水平较高，处于比较了解的状况。

表 8-5 了解农村任教的提高工资政策描述统计

项目	N	极小值	极大值	均值	标准差
了解农村任教的提高工资政策	6546	1	5	3.24	0.919
有效的 N	6546				

表 8-6 呈现的是了解农村任教的提高工资政策的情况。从表 8-6 中可以看出，非常了解的师范生被试有 255 人，占 3.9%；比较了解的师范生被试有 930 人，占 14.2%；一般的师范生被试有 2826 人，占 43.2%；不太了解的师范生被试有 2062 人，占 31.5%；完全不了解的师范生被试有 473 人，占 7.2%。依据统计结果可以推断 18.1%的被试了解农村任教的提高工资政策的情况，但仍有 38.7%的被试不完全了解农村任教的提高工资政策的情况。

表 8-6 了解农村任教的提高工资政策频率统计

项目	频率/人	百分比/%	有效百分比/%	累积百分比/%
非常了解	255	3.9	3.9	3.9
比较了解	930	14.2	14.2	18.1
一般	2826	43.2	43.2	61.3

项目	频率/人	百分比/%	有效百分比/%	累积百分比/%
不太了解	2062	31.5	31.5	92.8
完全不了解	473	7.2	7.2	100.0
合计	6546	100.0	100.0	

（三）农村任教的职称评聘政策

表8-7呈现的是了解农村任教的职称评聘政策描述统计情况。从表8-7中可以看出，农村任教的职称评聘政策的整体情况最小值为1，最大值为5，均值为3.28，标准差为0.925，农村任教的职称评聘政策的整体水平较高，处于比较了解的状况。

表8-7 了解农村任教的职称评聘政策描述统计

项目	N	极小值	极大值	均值	标准差
了解农村任教的职称评聘政策	6546	1	5	3.28	0.925
有效的 N	6546				

表8-8呈现的是了解农村任教的职称评聘政策的情况。从表8-8中可以看出，非常了解的师范生被试有246人，占3.8%；比较了解的师范生被试有860人，占13.1%；一般的师范生被试有2759人，占42.1%；不太了解的师范生被试有2147人，占32.8%；完全不了解的师范生被试有534人，占8.2%。依据统计结果可以推断16.9%的被试了解农村任教的职称评聘政策的情况，但仍有41.0%的被试不完全了解农村任教的职称评聘政策的情况。

表8-8 了解农村任教的职称评聘政策频率统计

项目	频率/人	百分比/%	有效百分比/%	累积百分比/%
非常了解	246	3.8	3.8	3.8
比较了解	860	13.1	13.1	16.9
一般	2759	42.1	42.1	59.0
不太了解	2147	32.8	32.8	91.8
完全不了解	534	8.2	8.2	100.0
合计	6546	100.0	100.0	

（四）农村任教的培训学习机会政策

表 8-9 呈现的是了解农村任教的培训学习机会政策描述统计情况。从表 8-9 中可以看出，农村任教的培训学习机会政策的整体情况最小值为 1，最大值为 5，均值为 3.27，标准差为 0.916，农村任教的培学习机会政策的整体水平较高，处于比较了解的状况。

表 8-9　了解农村任教的培训学习机会政策描述统计

项目	N	极小值	极大值	均值	标准差
您是否了解农村任教的 培训学习机会政策	6546	1	5	3.27	0.916
有效的 N	6546				

表 8-10 呈现的是了解农村任教的培训学习机会政策的情况。从表 8-10 中可以看出，非常了解的师范生被试有 236 人，占 3.6%；比较了解的师范生被试有 863 人，占 13.2%；一般的师范生被试有 2847 人，占 43.5%；不太了解的师范生被试有 2073 人，占 31.7%；完全不了解的师范生被试有 527 人，占 8.1%。依据统计结果可以推断 16.8% 的被试了解农村任教的培训学习机会的情况，但仍有 39.8% 的被试不完全了解农村任教的培训学习机会的情况。

表 8-10　了解农村任教的培训学习机会政策频率统计

项目	频率/人	百分比/%	有效百分比/%	累积百分比/%
非常了解	236	3.6	3.6	3.6
比较了解	863	13.2	13.2	16.8
一般	2847	43.5	43.5	60.3
不太了解	2073	31.7	31.7	91.9
完全不了解	527	8.1	8.1	100.0
合计	6546	100.0	100.0	

（五）农村任教的荣誉制度政策

表 8-11 呈现的是了解农村任教的荣誉制度政策描述统计情况。从表 8-11 中可以看出，农村任教的荣誉制度政策的整体情况最小值为 1，最大值为 5，均值为 3.29，标准差为 0.922，农村任教的荣誉制度政策的整体水平较高，处于比较了解的状况。

表 8-11 了解农村任教的荣誉制度政策描述统计

项目	N	极小值	极大值	均值	标准差
了解农村任教的培训学习机会政策	6546	1	5	3.29	0.922
有效的 N	6546				

表 8-12 呈现的是了解农村任教的荣誉制度政策的情况。从表 8-12 中可以看出，非常了解的师范生被试有 242 人，占 3.7%；比较了解的师范生被试有 829 人，占 12.7%；一般的师范生被试有 2815 人，占 43.0%；不太了解的师范生被试有 2107 人，占 32.2%；完全不了解的师范生被试有 553 人，占 8.4%。依据统计结果可以推断 16.4%的被试了解农村任教的荣誉制度的情况，但仍有 40.6%的被试不完全了解农村任教的荣誉制度的情况。

表 8-12 了解农村任教的荣誉制度政策频率统计

项目	频率/人	百分比/%	有效百分比/%	累积百分比/%
非常了解	242	3.7	3.7	3.7
比较了解	829	12.7	12.7	16.4
一般	2815	43.0	43.0	59.4
不太了解	2107	32.2	32.2	91.6
完全不了解	553	8.4	8.4	100.0
合计	6546	100.0	100.0	

（六）农村任教的生活补助住房保障五险一金政策

表 8-13 呈现的是了解农村任教的生活补助住房保障五险一金政策描述统计情况。从表 8-13 中可以看出，农村任教的生活补助住房保障五险一金政策的整体情况最小值为 1，最大值为 5，均值为 3.26，标准差为 0.931，农村任教的生活补助住房保障五险一金政策的整体水平较高，处于比较了解的状况。

表 8-13 了解农村任教的生活补助住房保障五险一金政策描述统计

项目	N	极小值	极大值	均值	标准差
了解农村任教的生活补助住房保障五险一金政策	6546	1	5	3.26	0.931
有效的 N	6546				

表 8-14 呈现的是了解农村任教的生活补助住房保障五险一金政策的情况。从表 8-14 中可以看出，非常了解的师范生被试有 247 人，占 3.8%；比较了解的师范生被试有 941 人，占 14.4%；一般的师范生被试有 2773 人，占 42.4%；不太了解的师范生被试有 2055 人，占 31.4%；完全不了解的师范生被试有 530 人，占 8.1%。依据统计结果可以推断 18.1%的被试了解农村任教的生活补助住房保障五险一金的情况，但仍有 39.5%的被试不完全了解农村任教的生活补助住房保障五险一金的情况。

表 8-14　了解农村任教的生活补助住房保障五险一金政策频率统计

项目	频率/人	百分比/%	有效百分比/%	累积百分比/%
非常了解	247	3.8	3.8	3.8
比较了解	941	14.4	14.4	18.1
一般	2773	42.4	42.4	60.5
不太了解	2055	31.4	31.4	91.9
完全不了解	530	8.1	8.1	100.0
合计	6546	100.0	100.0	

（七）农村任教的学费补偿助学代偿政策

表 8-15 呈现的是了解农村任教的学费补偿助学代偿政策描述统计情况。从表 8-15 中可以看出，农村任教的学费补偿助学代偿政策的整体情况最小值为 1，最大值为 5，均值为 3.30，标准差为 0.924，农村任教的学费补偿助学代偿政策的整体水平较高，处于比较了解的状况。

表 8-15　了解农村任教的学费补偿助学代偿政策描述统计

项目	N	极小值	极大值	均值	标准差
了解农村任教的学费补偿助学代偿政策	6546	1	5	3.30	0.924
有效的 N	6546				

表 8-16 呈现的是了解农村任教的学费补偿助学代偿政策的情况。从表 8-16 中可以看出，非常了解的师范生被试有 230 人，占 3.5%；比较了解的师范生被试有 834 人，占 12.7%；一般的师范生被试有 2783 人，占 42.5%；不太了解的

师范生被试有 2120 人，占 32.4%；完全不了解的师范生被试有 579 人，占 8.8%。依据统计结果可以推断 16.3% 的被试了解农村任教的学费补偿助学代偿的情况，但仍有 41.2% 的被试不完全了解农村任教的学费补偿助学代偿的情况。

表 8-16　了解农村任教的学费补偿助学代偿政策频率统计

项目	频率/人	百分比/%	有效百分比/%	累积百分比/%
非常了解	230	3.5	3.5	3.5
比较了解	834	12.7	12.7	16.3
一般	2783	42.5	42.5	58.8
不太了解	2120	32.4	32.4	91.2
完全不了解	579	8.8	8.8	100.0
合计	6546	100.0	100.0	

第二节　政府政策与地方高校师范生乡村任教意愿的相关分析

一、政府政策与地方高校师范生乡村任教意愿整体相关性

表 8-17 呈现的是政府政策与地方高校师范生任教意愿整体相关性分析情况。从表 8-17 可以看出，政府政策引导之特岗与地方高校师范生乡村任教意愿存在显著相关，相关系数为 0.290，p 值小于 0.001。进一步分析，发现地方高校师范生乡村任教意愿与政府政策引导之提高工资、教师职称评聘、培训学习机会、荣誉制度、五险一金、学费补偿助学代偿之间也存在显著相关。地方高校师范生乡村任教意愿与政府政策引导之提高工资政策相关系数为 0.291，p 值小于 0.001；地方高校师范生乡村任教意愿与政府政策引导之教师职称评聘政策相关系数为 0.299，p 值小于 0.001；地方高校师范生乡村任教意愿与政府政策引导之培训学习机会政策相关系数为 0.319，p 值小于 0.001；地方高校师范生乡村任教意愿与政府政策引导之荣誉制度政策相关系数为 0.308，p 值小于 0.001；地方高校师范生乡村任教意愿与政府政策引导之生活补助住房保障五险一金政策相关系数为 0.300，p 值小于 0.001；地方高校师范生乡村任教意愿与政府政策引导之学费补偿助学代偿政策相关系数为 0.308，p 值小于 0.001。

表 8-17 政府政策与地方高校师范生任教意愿整体相关性分析

项目	特岗	提高工资	教师职称评聘	培训学习机会	荣誉制度	五险一金	学费补偿助学代偿
农村学校任教意愿	0.290	0.291	0.299	0.319	0.308	0.300	0.308

注：p<0.001。

二、政府政策与地方高校师范生乡村任教意愿分项相关性

为了更好地分析地方高校师范生乡村任教意愿与政府政策引导之特岗、提高工资、教师职称评聘、培训学习机会、荣誉制度、五险一金、学费补偿助学代偿政策之间的相关程度，对政府政策与地方高校师范生乡村任教意愿分项进行了统计分析。

表 8-18 呈现的是政府政策与地方高校师范生任教意愿分项相关性情况。表8-18 的数据显示，政府政策引导之提高工资政策与地方高校师范生乡村任教意愿之间显著相关，政府政策引导之"特岗"政策与喜欢乡村学校环境之间显著相关，相关系数为 0.354；政府政策引导之"特岗"政策与愿意帮助乡村学生之间显著相关，相关系数为 0.165；政府政策引导之"特岗"政策与愿意同乡村教师合作之间显著相关，相关系数为 0.216。政府政策引导之提高工资政策与喜欢乡村学校环境之间显著相关，相关系数为 0.361；政府政策引导之提高工资政策与愿意帮助乡村学生之间显著相关，相关系数为 0.141；政府政策引导之提高工资政策与愿意同乡村教师合作之间显著相关，相关系数为 0.196。政府政策引导之教师工资评聘政策与喜欢乡村学校环境之间显著相关，相关系数为 0.387；政府政策引导之教师工资评聘政策与愿意帮助乡村学生之间显著相关，相关系数为 0.142；政府政策引导之教师工资评聘政策与愿意同乡村教师合作之间显著相关，相关系数为 0.196。政府政策引导之培训学习机会政策与喜欢乡村学校环境之间显著相关，相关系数为 0.402；政府政策引导之培训学习机会政策与愿意帮助乡村学生之间显著相关，相关系数为 0.147；政府政策引导之培训学习机会政策与愿意同乡村教师合作之间显著相关，相关系数为 0.208。

政府政策引导之荣誉制度政策与喜欢乡村学校环境之间显著相关，相关系数为 0.398；政府政策引导之荣誉制度政策与愿意帮助乡村学生之间显著相关，相关系数为 0.283；政府政策引导之荣誉制度政策与愿意同乡村教师合作之间显著相关，相关系数为 0.288。政府政策引导之生活补助住房保障五险一金政策与喜欢乡村学校环境之间显著相关，相关系数为 0.383；政府政策引导之生活补助住房保障五险一金政策与愿意帮助乡村学生之间显著相关，相关系数为 0.153；政府政策引导之生活补助住房保障五险一金政策与愿意同乡村教师合作之间显著相

关，相关系数为 0.210。政府政策引导之学费补偿助学代偿政策与喜欢乡村学校环境之间显著相关，相关系数为 0.388；政府政策引导之学费补偿助学代偿政策与愿意帮助乡村学生之间显著相关，相关系数为 0.144；政府政策引导之学费补偿助学代偿政策与愿意同乡村教师合作之间显著相关，相关系数为 0.211，p 值均小于 0.001。

表 8-18 政府政策与地方高校师范生任教意愿分项相关性

项目	1	2	3	4	5	6	7	8	9
"特岗"政策 1	—								
提高工资 2	0.753	—							
教师职称评聘 3	0.729	0.843	—						
培训学习机会 4	0.705	0.807	0.880	—					
荣誉制度 5	0.691	0.788	0.857	0.893	—				
生活补助住房保障五险一金 6	0.669	0.757	0.801	0.815	0.840	—			
学费补偿助学代偿 7	0.653	0.751	0.809	0.819	0.844	0.858	—		
喜欢乡村学校环境 8	0.354	0.361	0.387	0.402	0.398	0.383	0.388	—	
愿意帮助乡村学生 9	0.165	0.141	0.142	0.147	0.283	0.153	0.144	0.525	—
愿意同乡村教师合作 10	0.216	0.196	0.196	0.208	0.288	0.210	0.211	0.579	0.793

注：$p < 0.001$。

第三节 政府政策与地方高校师范生乡村任教意愿的回归分析

一、政府政策与地方高校师范生乡村任教意愿整体回归分析

（一）农村任教的"特岗"政策

结合前面所做的相关性分析结果，采用回归法对农村任教的"特岗"政策与地方高校师范生乡村任教意愿整体进行回归分析来确定其相关显著性。以农村任教的"特岗"政策作为因变量，以地方高校师范生乡村任教意愿作为自变量

进行多元回归分析，统计结果见表 8-19。模型 1 中进入自变量地方高校师范生乡村任教意愿，此变量对农村任教的"特岗"政策解释度为 8.4%，在 0.001 显著性水平上，模型 1 回归效果显著（$F = 599.529$，$p < 0.001$）。在 0.001 显著水平上，农村任教的"特岗"政策与地方高校师范生乡村任教意愿整体有显著差异（$\beta = 0.290$，$p < 0.001$）。

表 8-19　农村任教的"特岗"政策与地方高校师范生乡村任教意愿整体回归分析

模型		非标准化系数		标准系数	t	F	R 方	R 方更改
		B	标准误差	试用版				
1	（常量）	2.399	0.034		70.194[①]	599.529[①]	0.084	0.084
	农村任教的"特岗"政策	0.299	0.012	0.290	24.485[①]			

注：因变量：农村任教的"特岗"政策。

预测变量：（常量），地方高校师范生乡村任教意愿。

①$p < 0.001$。

（二）农村任教的提高工资政策

结合前面所做的相关性分析结果，采用回归法对农村任教的提高工资政策与地方高校师范生乡村任教意愿整体进行回归分析来确定其相关显著性。以农村任教的提高工资政策作为因变量，以地方高校师范生乡村任教意愿作为自变量进行多元回归分析，统计结果见表 8-20。模型 1 中进入自变量地方高校师范生乡村任教意愿，此变量对农村任教的提高工资政策解释度为 8.5%，在 0.001 显著性水平上，模型 1 回归效果显著（$F = 604.621$，$p < 0.001$）。在 0.001 显著水平上，农村任教的提高工资政策与地方高校师范生乡村任教意愿整体有显著差异（$\beta = 0.291$，$p < 0.001$）。

表 8-20　农村任教的提高工资政策与地方高校师范生乡村任教意愿整体回归分析

模型		非标准化系数		标准系数	t	F	R 方	R 方更改
		B	标准误差	试用版				
1	（常量）	2.469	0.033		74.491[①]	604.621[①]	0.085	0.084
	农村任教的提高工资政策	0.292	0.012	0.291	24.589[①]			

注：因变量：农村任教的提高工资政策。

预测变量：（常量），地方高校师范生乡村任教意愿。

①$p < 0.001$。

（三）农村任教的教师职称评聘政策

结合前面所做的相关性分析结果，采用回归法对农村任教的教师职称评聘政策与地方高校师范生乡村任教意愿整体进行回归分析来确定其相关显著性。以农村任教的教师职称评聘政策作为因变量，以地方高校师范生乡村任教意愿作为自变量进行多元回归分析，统计结果见表8-21。模型1中进入自变量地方高校师范生乡村任教意愿，此变量对农村任教的教师职称评聘政策解释度为8.9%，在0.001显著性水平上，模型1回归效果显著（$F = 642.147$，$p < 0.001$）。在0.001显著水平上，农村任教的教师职称评聘政策与地方高校师范生乡村任教意愿整体有显著差异（$\beta = 0.299$，$p < 0.001$）。

表 8-21　农村任教的教师职称评聘政策与地方高校师范生

乡村任教意愿整体回归分析

模型		非标准化系数		标准系数	t	F	R 方	R 方更改
		B	标准误差	试用版				
1	（常量）	2.488	0.033		74.792[①]	642.147[①]	0.089	0.089
	农村任教的教师职称评聘政策	0.302	0.012	0.299	25.341[①]			

注：因变量：农村任教的教师职称评聘政策。

　　预测变量：（常量），地方高校师范生乡村任教意愿。

①$p < 0.001$。

（四）农村任教的培训学习机会政策

结合前面所做的相关性分析结果，采用回归法对农村任教的培训学习机会政策与地方高校师范生乡村任教意愿整体进行回归分析来确定其相关显著性。以农村任教的培训学习机会政策作为因变量，以地方高校师范生乡村任教意愿作为自变量进行多元回归分析，统计结果见表8-22。模型1中进入自变量地方高校师范生乡村任教意愿，此变量对农村任教的培训学习机会政策解释度为10.2%，在0.001显著性水平上，模型1回归效果显著（$F = 741.318$，$p < 0.001$）。在0.001显著水平上，农村任教的培训学习机会政策与地方高校师范生乡村任教意愿整体有显著差异（$\beta = 0.319$，$p < 0.001$）。

表 8-22 农村任教的培训学习机会政策与地方高校师范生

乡村任教意愿整体回归分析

模型		非标准化系数		标准系数	t	F	R 方	R 方更改
		B	标准误差	试用版				
1	（常量）	2.431	0.033		74.251[①]	741.318[①]	0.102	0.102
	农村任教的培训学习机会政策	0.319	0.012	0.319	27.227[①]			

注：因变量：农村任教的培训学习机会政策。

预测变量：（常量），地方高校师范生乡村任教意愿。

①p<0.001。

（五）农村任教的荣誉制度政策

结合前面所做的相关性分析结果，采用回归法对农村任教的荣誉制度政策与地方高校师范生乡村任教意愿整体进行回归分析来确定其相关显著性。以农村任教的荣誉制度政策作为因变量，以地方高校师范生乡村任教意愿作为自变量进行多元回归分析，统计结果见表 8-23。模型 1 中进入自变量地方高校师范生乡村任教意愿，此变量对农村任教的荣誉制度政策解释度为 9.5%，在 0.001 显著性水平上，模型 1 回归效果显著（$F=685.753$，$p<0.001$）。在 0.001 显著水平上，农村任教的荣誉制度政策与地方高校师范生乡村任教意愿整体有显著差异（$\beta=0.308$，$p<0.001$）。

表 8-23 农村任教的荣誉制度政策与地方高校师范生乡村任教意愿整体回归分析

模型		非标准化系数		标准系数	t	F	R 方	R 方更改
		B	标准误差	试用版				
1	（常量）	2.472	0.033		74.749[①]	685.753[①]	0.095	0.095
	农村任教的荣誉制度政策	0.310	0.012	0.308	26.187[①]			

注：因变量：农村任教的荣誉制度政策。

预测变量：（常量），地方高校师范生乡村任教意愿。

①p<0.001。

（六）农村任教的生活补助住房保障五险一金政策

结合前面所做的相关性分析结果，采用回归法对农村任教的生活补助住房保障五险一金政策与地方高校师范生乡村任教意愿整体进行回归分析来确定其相关显著性。以农村任教的生活补助住房保障五险一金政策作为因变量，以地方高校师范生乡村任教意愿作为自变量进行多元回归分析，统计结果见表8-24。模型1中进入自变量地方高校师范生乡村任教意愿，此变量对农村任教的生活补助住房保障五险一金政策解释度为9.0%，在0.001显著性水平上，模型1回归效果显著（$F=648.163$，$p<0.001$）。在0.001显著水平上，农村任教的生活补助住房保障五险一金政策与地方高校师范生乡村任教意愿整体有显著差异（$\beta=0.300$，$p<0.001$）。

表 8-24　农村任教的生活补助住房保障五险一金政策与地方高校师范生
乡村任教意愿整体回归分析

模型		非标准化系数		标准系数	t	F	R 方	R 方更改
		B	标准误差	试用版				
1	（常量）	2.451	0.033		73.222①	648.163①	0.090	0.090
	农村任教的生活补助住房保障五险一金政策	0.305	0.012	0.300	25.459①			

注：因变量：农村任教的生活补助住房保障五险一金政策。
　　预测变量：（常量），地方高校师范生乡村任教意愿。
　　①$p<0.001$。

（七）农村任教的学费补偿助学代偿政策

结合前面所做的相关性分析结果，采用回归法对农村任教的学费补偿助学代偿政策与地方高校师范生乡村任教意愿整体进行回归分析来确定其相关显著性。以农村任教的学费补偿助学代偿政策作为因变量，以地方高校师范生乡村任教意愿作为自变量进行多元回归分析，统计结果见表8-25。模型1中进入自变量地方高校师范生乡村任教意愿，此变量对农村任教的学费补偿助学代偿政策解释度为9.5%，在0.001显著性水平上，模型1回归效果显著（$F=683.491$，$p<0.001$）。在0.001显著水平上，农村任教的学费补偿助学代偿政策与地方高校师范生乡村任教意愿整体有显著差异（$\beta=0.308$，$p<0.001$）。

表 8-25 农村任教的学费补偿助学代偿政策与地方高校师范生
乡村任教意愿整体回归分析

模型		非标准化系数		标准系数	t	F	R 方	R 方更改
		B	标准误差	试用版				
1	（常量）	2.484	0.033		74.946①	683.491①	0.095	0.095
	农村任教的学费补偿助学代偿政策	0.310	0.012	0.308	26.144①			

注：因变量：农村任教的学费补偿助学代偿政策。

预测变量：（常量），地方高校师范生乡村任教意愿。

①$p<0.001$。

二、政府政策与地方高校师范生乡村任教意愿各组成要素回归分析

（一）政府政策与地方高校师范生乡村任教之环境的所有分项分层回归分析

采用回归法对政府政策与地方高校师范生乡村任教之环境的所有分项进行回归分析来确定其相关显著性。以政府政策为因变量，以地方高校师范生乡村任教之环境为自变量进行多元回归分析，统计结果见表 8-26。

表 8-26 政府政策与地方高校师范生乡村任教之环境的所有分项回归分析

模型		非标准化系数		标准系数	t	F	R 方	R 方更改
		B	标准误差	试用版				
1	（常量）	2.017	0.040		50.560①	935.336①	0.125	0.125
	农村任教的"特岗"政策	0.412	0.013	0.354	30.583①			
2	（常量）	2.078	0.039		53.859①	979.292①	0.130	0.130
	农村任教的提高工资政策	0.408	0.013	0.361	31.294①			
3	（常量）	2.032	0.038		52.939①	1150.394①	0.150	0.150
	农村任教的教师职称评聘政策	0.440	0.013	0.387	33.917②			

模型		非标准化系数		标准系数	t	F	R 方	R 方更改
		B	标准误差	试用版				
4	（常量）	1.983	0.038		52.489①	1263.394①	0.162	0.162
	农村任教的培训学习机会政策	0.454	0.013	0.402	35.544②			
5	（常量）	2.006	0.038		52.672①	1229.542①	0.158	0.158
	农村任教的荣誉制度政策	0.451	0.013	0.398	35.065①			
6	（常量）	2.009	0.039		51.885③	1122.504①	0.146	0.146
	农村任教的生活补助住房保障五险一金政策	0.438	0.013	0.383	33.504②			
7	（常量）	2.046	0.038		53.37③	1163.136①	0.151	0.151
	农村任教的学费补偿助学代偿政策	0.442	0.013	0.388	34.105③			

注：预测变量：（常量），地方高校师范生乡村任教之环境。

模型 1：因变量：农村任教的"特岗"政策。

模型 2：因变量：农村任教的提高工资政策。

模型 3：因变量：农村任教的教师职称评聘政策。

模型 4：因变量：农村任教的培训学习机会政策。

模型 5：因变量：农村任教的荣誉制度政策。

模型 6：因变量：农村任教的生活补助住房保障五险一金政策。

模型 7：因变量：农村任教的学费补偿助学代偿政策。

① $p < 0.001$；② $p < 0.01$；③ $p > 0.05$。

模型 1：进入自变量——地方高校师范生乡村任教之环境，此变量对农村任教的"特岗"政策为 12.5%，在 0.001 显著性水平上，模型 1 回归效果显著（$F = 935.336$，$p < 0.001$）。在 0.001 显著性水平上，农村任教的"特岗"政策与地方高校师范生乡村任教之环境有显著差异（$\beta = 0.354$，$p < 0.001$）。

模型 2：进一步进入自变量——地方高校师范生乡村任教之环境，此变量对农村任教的提高工资政策为 13.0%，在 0.001 显著性水平上，模型 2 回归效果显著（$F = 979.292$，$p < 0.001$）。在 0.001 显著性水平上，农村任教的提高

工资政策与地方高校师范生乡村任教之环境有显著差异（$\beta = 0.361$，$p < 0.001$）。

模型3：进一步进入自变量——地方高校师范生乡村任教之环境，此变量对农村任教的教师职称评聘政策为15.0%，在0.001显著性水平上，模型3回归效果显著（$F = 1150.394$，$p < 0.001$）。在0.001显著性水平上，农村任教的教师职称评聘政策与地方高校师范生乡村任教之环境有显著差异（$\beta = 0.387$，$p < 0.001$）。

模型4：进一步进入自变量——地方高校师范生乡村任教之环境，此变量对农村任教的培训学习机会政策为16.2%，在0.001显著性水平上，模型4回归效果显著（$F = 1263.394$，$p < 0.001$）。在0.001显著性水平上，农村任教的培训学习机会政策与地方高校师范生乡村任教之环境有显著差异（$\beta = 0.402$，$p < 0.001$）。

模型5：进一步进入自变量——地方高校师范生乡村任教之环境，此变量对农村任教的荣誉制度政策为15.8%，在0.001显著性水平上，模型5回归效果显著（$F = 1229.542$，$p < 0.001$）。在0.001显著性水平上，农村任教的荣誉制度政策与地方高校师范生乡村任教之环境有显著差异（$\beta = 0.398$，$p < 0.001$）。

模型6：进一步进入自变量——地方高校师范生乡村任教之环境，此变量对农村任教的生活补助住房保障五险一金政策为14.6%，在0.001显著性水平上，模型6回归效果显著（$F = 1122.504$，$p < 0.001$）。在0.001显著性水平上，农村任教的生活补助住房保障五险一金政策与地方高校师范生乡村任教之环境有显著差异（$\beta = 0.383$，$p < 0.001$）。

模型7：进一步进入自变量——地方高校师范生乡村任教之环境，此变量对农村任教的学费补偿助学代偿政策为15.1%，在0.001显著性水平上，模型7回归效果显著（$F = 1163.136$，$p < 0.001$）。在0.001显著性水平上，农村任教的学费补偿助学代偿政策与地方高校师范生乡村任教之环境有显著差异（$\beta = 0.388$，$p < 0.001$）。

（二）政府政策与地方高校师范生乡村任教之学生的所有分项分层回归分析

采用回归法对政府政策与地方高校师范生乡村任教之学生的所有分项进行回归分析来确定其相关显著性，以政府政策为因变量，以地方高校师范生乡村任教之学生的所有分项为自变量进行多元回归分析，统计结果见表8-27。

表 8-27 政府政策与地方高校师范生乡村任教之学生的所有分项回归分析

模型		非标准化系数		标准系数	t	F	R 方	R 方更改
		B	标准误差	试用版				
1	（常量）	2.767	0.033		83.112[1]	183.403[1]	0.027	0.027
	农村任教的"特岗"政策	0.187	0.013	0.165	13.543[1]			
2	（常量）	2.888	0.032		89.075[1]	133.692[1]	0.020	0.020
	农村任教的提高工资政策	0.156	0.013	0.141	11.563[1]			
3	（常量）	2.930	0.033		89.835[1]	133.988[1]	0.020	0.020
	农村任教的教师职称评聘政策	0.157	0.013	0.142	11.575[2]			
4	（常量）	2.891	0.032		89.601[1]	159.786[1]	0.024	0.024
	农村任教的培训学习机会政策	0.169	0.013	0.154	12.641[2]			
5	（常量）	2.925	0.033		89.980[1]	143.907[1]	0.022	0.022
	农村任教的荣誉制度政策	0.162	0.013	0.147	11.996[2]			
6	（常量）	2.871	0.033		87.574[3]	157.265[1]	0.023	0.023
	农村任教的生活补助住房保障五险一金政策	0.171	0.013	0.153	12.541[2]			
7	（常量）	2.943	0.033		90.324[3]	138.612[1]	0.021	0.021
	农村任教的学费补偿助学代偿政策	0.159	0.013	0.144	11.773[3]			

注：预测变量：（常量），地方高校师范生乡村任教之学生。

模型 1：因变量：农村任教的"特岗"政策。

模型 2：因变量：农村任教的提高工资政策。

模型 3：因变量：农村任教的教师职称评聘政策。

模型 4：因变量：农村任教的培训学习机会政策。

模型 5：因变量：农村任教的荣誉制度政策。

模型 6：因变量：农村任教的生活补助住房保障五险一金政策。

模型 7：因变量：农村任教的学费补偿助学代偿政策。

[1]$p<0.001$；[2]$p<0.01$；[3]$p>0.05$。

模型 1：进入自变量——地方高校师范生乡村任教之学生，此变量对农村任教的"特岗"政策为 2.7%，在 0.001 显著性水平上，模型 1 回归效果显著（$F=183.403$，$p<0.001$）。在 0.001 显著性水平上，农村任教的"特岗"政策与地方高校师范生乡村任教之学生有显著差异（$\beta=0.165$，$p<0.001$）。

模型 2：进一步进入自变量——地方高校师范生乡村任教之学生，此变量对农村任教的提高工资政策为 2.0%，在 0.001 显著性水平上，模型 2 回归效果显著（$F=133.692$，$p<0.001$）。在 0.001 显著性水平上，农村任教的提高工资政策与地方高校师范生乡村任教之学生有显著差异（$\beta=0.141$，$p<0.001$）。

模型 3：进一步进入自变量——地方高校师范生乡村任教之学生，此变量对农村任教的教师职称评聘政策为 2.0%，在 0.001 显著性水平上，模型 3 回归效果显著（$F=133.988$，$p<0.001$）。在 0.001 显著性水平上，农村任教的教师职称评聘政策与地方高校师范生乡村任教之学生有显著差异（$\beta=0.142$，$p<0.001$）。

模型 4：进一步进入自变量——地方高校师范生乡村任教之学生，此变量对农村任教的培训学习机会政策为 2.4%，在 0.001 显著性水平上，模型 4 回归效果显著（$F=159.786$，$p<0.001$）。在 0.001 显著性水平上，农村任教的培训学习机会政策与地方高校师范生乡村任教之学生有显著差异（$\beta=0.154$，$p<0.001$）。

模型 5：进一步进入自变量——地方高校师范生乡村任教之学生，此变量对农村任教的荣誉制度政策为 2.2%，在 0.001 显著性水平上，模型 5 回归效果显著（$F=143.907$，$p<0.001$）。在 0.001 显著性水平上，农村任教的荣誉制度政策与地方高校师范生乡村任教之学生有显著差异（$\beta=0.147$，$p<0.001$）。

模型 6：进一步进入自变量——地方高校师范生乡村任教之学生，此变量对农村任教的生活补助住房保障五险一金政策为 2.3%，在 0.001 显著性水平上，模型 6 回归效果显著（$F=157.265$，$p<0.001$）。在 0.001 显著性水平上，农村任教的生活补助住房保障五险一金政策与地方高校师范生乡村任教之学生有显著差异（$\beta=0.153$，$p<0.001$）。

模型 7：进一步进入自变量——地方高校师范生乡村任教之学生，此变量对农村任教的学费补偿助学代偿政策为 2.1%，在 0.001 显著性水平上，模型 7 回归效果显著（$F=138.612$，$p<0.001$）。在 0.001 显著性水平上，农村任教的学费补偿助学代偿政策与地方高校师范生乡村任教之学生有显著差异（$\beta=0.144$，$p<0.001$）。

（三）政府政策与地方高校师范生乡村任教之同事的所有分项分层回归分析

采用回归法对政府政策与地方高校师范生乡村任教之同事的所有分项进行回归分析来确定其相关显著性。以政府政策为因变量，以地方高校师范生乡村任教之同事的所有分项为自变量进行多元回归分析，统计结果见表 8-28。

表 8-28　政府政策与地方高校师范生乡村任教之同事的所有分项回归分析

模型		非标准化系数		标准系数	t	F	R 方	R 方更改
		B	标准误差	试用版				
1	（常量）	2.605	0.035		75.420①	321.665①	0.047	0.047
	农村任教的"特岗"政策	0.244	0.014	0.216	17.935①			
2	（常量）	2.725	0.034		80.952①	262.521①	0.039	0.039
	农村任教的提高工资政策	0.215	0.013	0.196	16.203①			
3	（常量）	2.767	0.034		81.708①	261.838①	0.038	0.038
	农村任教的教师职称评聘政策	0.216	0.013	0.196	16.181②			
4	（常量）	2.707	0.033		80.999①	323.264①	0.047	0.047
	农村任教的培训学习机会政策	0.237	0.013	0.217	17.980②			
5	（常量）	2.743	0.034		81.421①	296.656①	0.043	0.043
	农村任教的荣誉制度政策	0.229	0.013	0.208	17.224②			
6	（常量）	2.700	0.034		79.409③	300.976①	0.044	0.044
	农村任教的生活补助住房保障五险一金政策	0.233	0.013	0.210	17.349②			
7	（常量）	2.746	0.034		81.405③	305.912①	0.045	0.045
	农村任教的学费补偿助学代偿政策	0.233	0.013	0.211	17.490③			

注：预测变量：（常量），地方高校师范生乡村任教之同事。

　　模型 1：因变量：农村任教的"特岗"政策。

　　模型 2：因变量：农村任教的提高工资政策。

　　模型 3：因变量：农村任教的教师职称评聘政策。

　　模型 4：因变量：农村任教的培训学习机会政策。

　　模型 5：因变量：农村任教的荣誉制度政策。

　　模型 6：因变量：农村任教的生活补助住房保障五险一金政策。

　　模型 7：因变量：农村任教的学费补偿助学代偿政策。

①$p<0.001$；②$p<0.01$；③$p>0.05$。

　　模型 1：进入自变量——地方高校师范生乡村任教之同事，此变量对农村任教的"特岗"政策为 4.7%，在 0.001 显著性水平上，模型 1 回归效果显著（$F=321.665$，$p<0.001$）。在 0.001 显著性水平上，农村任教的"特岗"政策与地方高校师范生乡村任教之同事有显著差异（$\beta=0.216$，$p<0.001$）。

　　模型 2：进一步进入自变量——地方高校师范生乡村任教之同事，此变量对农村任教的提高工资政策为 3.9%，在 0.001 显著性水平上，模型 2 回归效果显著（$F=262.521$，$p<0.001$）。在 0.001 显著性水平上，农村任教的提高工资政策与地方高校师范生乡村任教之同事有显著差异（$\beta=0.196$，$p<0.001$）。

　　模型 3：进一步进入自变量——地方高校师范生乡村任教之同事，此变量对农村任教的教师职称评聘政策为 3.8%，在 0.001 显著性水平上，模型 3 回归效果显著（$F=261.838$，$p<0.001$）。在 0.001 显著性水平上，农村任教的教师职称评聘政策与地方高校师范生乡村任教之同事有显著差异（$\beta=0.196$，$p<0.001$）。

　　模型 4：进一步进入自变量——地方高校师范生乡村任教之同事，此变量对农村任教的培训学习机会政策为 4.7%，在 0.001 显著性水平上，模型 4 回归效果显著（$F=323.264$，$p<0.001$）。在 0.001 显著性水平上，农村任教的培训学习机会政策与地方高校师范生乡村任教之同事有显著差异（$\beta=0.217$，$p<0.001$）。

　　模型 5：进一步进入自变量——地方高校师范生乡村任教之同事，此变量对农村任教的荣誉制度政策为 4.3%，在 0.001 显著性水平上，模型 5 回归效果显著（$F=296.656$，$p<0.001$）。在 0.001 显著性水平上，农村任教的荣誉制度政策与地方高校师范生乡村任教之同事有显著差异（$\beta=0.208$，$p<0.001$）。

　　模型 6：进一步进入自变量——地方高校师范生乡村任教之同事，此变量对农村任教的生活补助住房保障五险一金政策为 4.4%，在 0.001 显著性水平上，模型 6 回归效果显著（$F=300.976$，$p<0.001$）。在 0.001 显著性水平上，农村任教的生活补助住房保障五险一金政策与地方高校师范生乡村任教之同事有显著差异（$\beta=0.210$，$p<0.001$）。

　　模型 7：进一步进入自变量——地方高校师范生乡村任教之同事，此变量对农村任教的学费补偿助学代偿政策为 4.5%，在 0.001 显著性水平上，模型 7 回归效果显著（$F=305.912$，$p<0.001$）。在 0.001 显著性水平上，农村任教的学费补偿助学代偿政策与地方高校师范生乡村任教之同事有显著差异（$\beta=0.211$，$p<0.001$）。

第九章　社会就业对地方高校师范生乡村任教意愿的影响

社会就业市场环境因其所处的社会环境和经济发展状况等因素的不同表现出不同的就业形势。在这些社会就业形势特有的环境下，地方高校师范生乡村任教意愿呈现出不同的现实样态。本章依据现实数据分析社会就业市场环境的整体情况和组成要素的状况，以及在对社会就业市场环境不同判断的情境下，对地方高校师范生乡村任教意愿存在的影响，以期对地方高校师范生乡村任教意愿有一个正确的认知。

第一节　社会就业市场环境的现实描述

一、社会就业市场环境整体情况

社会就业市场环境的主要判断指标是大学生就业形势、教师岗位就业形势、城市教师岗位就业机会和城市教师岗位就业平台。大学生就业形势和教师岗位就业形势的好坏是社会就业市场环境的重要指标。城市教师岗位就业机会和城市教师岗位就业平台的多少是对社会就业市场环境判断的重要指标。这四个方面能很好地呈现目前社会就业市场环境的状态。从社会就业市场环境的现实数据（表9-1）来看，社会就业市场环境整体水平均处于较好的状况，均值为 2.8307。

表 9-1　社会就业市场环境整体描述统计

项目	N	极小值	极大值	均值	标准差
社会就业市场环境	6546	1	5	2.8307	0.78939
有效的 N	6546				

二、社会就业市场环境各组成要素情况

为了更好地了解社会就业市场环境的概况，对社会就业市场环境进行了进一步的分析。从社会就业市场环境的现实数据（表9-2）来看，社会就业市场环境各方面的水平均处于较好的状况，大学生就业整体形势均值为 3.01，教师职业岗

位就业形势均值为 2.72，城市教师岗位就业机会均值为 2.83，农村教师岗位招聘信息均值为 2.83，相比之下大学生就业整体形势处于最佳水平。

表 9-2 社会就业市场环境组成要素描述统计

项目	N	极小值	极大值	均值	标准差
大学生就业整体形势	6546	1	5	3.01	0.796
教师职业岗位就业形势	6546	1	5	2.72	0.772
城市教师岗位就业机会	6546	1	5	2.83	0.812
农村教师岗位招聘信息	6546	1	5	2.83	0.789
有效的 N	6546				

表 9-3 呈现的是大学生就业整体形势的情况。其中非常好的学生被试有 240 人，占 3.7%；比较好的学生被试有 1183 人，占 18.1%；一般的学生被试有 3563 人，占 54.4%；不太好的学生被试有 1411 人，占 21.6%；非常差的学生被试有 149 人，占 2.3%。依据统计结果可以推断 21.7% 的被试认为大学生就业整体形势较好，但仍有 23.9% 的被试认为大学生就业整体形势不佳。

表 9-3 大学生就业整体形势频率统计

项目	频率/人	百分比/%	有效百分比/%	累积百分比/%
非常好	240	3.7	3.7	3.7
比较好	1183	18.1	18.1	21.7
一般	3563	54.4	54.4	76.2
不太好	1411	21.6	21.6	97.7
非常差	149	2.3	2.3	100.0
合计	6546	100.0	100.0	

表 9-4 呈现的是教师职业岗位就业形势的情况。其中非常好的学生被试有 373 人，占 5.7%；比较好的学生被试有 1905 人，占 29.1%；一般的学生被试有 3509 人，占 53.6%；不太好的学生被试有 677 人，占 10.3%；非常差的学生被试有 82 人，占 1.3%。依据统计结果可以推断 34.8% 的被试认为教师职业岗位就业形势较好，但仍有 11.6% 的被试认为教师职业岗位就业形势不佳。

表9-4　教师职业岗位就业形势频率统计

项目	频率/人	百分比/%	有效百分比/%	累积百分比/%
非常好	373	5.7	5.7	5.7
比较好	1905	29.1	29.1	34.8
一般	3509	53.6	53.6	88.4
不太好	677	10.3	10.3	98.7
非常差	82	1.3	1.3	100.0
合计	6546	100.0	100.0	

　　表9-5呈现的是城市教师岗位就业机会的情况。其中非常多的学生被试有308人，占4.7%；比较多的学生被试有1711人，占26.1%；一般的学生被试有3456人，占52.8%；比较少的学生被试有908人，占13.9%；非常少的学生被试有163人，占2.5%。依据统计结果可以推断30.8%的被试认为城市教师岗位就业机会较多，但仍有16.4%的被试认为城市教师岗位就业机会不佳。

表9-5　城市教师岗位就业机会频率统计

项目	频率/人	百分比/%	有效百分比/%	累积百分比/%
非常多	308	4.7	4.7	4.7
比较多	1711	26.1	26.1	30.8
一般	3456	52.8	52.8	83.6
比较少	908	13.9	13.9	97.5
非常少	163	2.5	2.5	100.0
合计	6546	100.0	100.0	

　　表9-6呈现的是农村教师岗位招聘信息的情况。其中非常多的学生被试有326人，占5.0%；比较多的学生被试有1582人，占24.2%；一般的学生被试有3639人，占55.6%；比较少的学生被试有872人，占13.3%；非常少的学生被试有127人，占1.9%。依据统计结果可以推断29.1%的被试认为农村教师岗位招聘信息较多，但仍有15.2%的被试认为农村教师岗位招聘信息不佳。

表9-6 农村教师岗位招聘信息频率统计

项目	频率/人	百分比/%	有效百分比/%	累积百分比/%
非常多	326	5.0	5.0	5.0
比较多	1582	24.2	24.2	29.1
一般	3639	55.6	55.6	84.7
比较少	872	13.3	13.3	98.1
非常少	127	1.9	1.9	100.0
合计	6546	100.0	100.0	

第二节 社会就业与地方高校师范生乡村任教意愿的相关分析

一、社会就业与地方高校师范生乡村任教意愿的整体相关分析

表9-7呈现的是社会就业市场环境与师范生的乡村任教意愿整体分析情况。从表9-7可以看出，社会就业市场环境与师范生的乡村任教意愿存在显著相关，相关系数为0.329，p值小于0.01。进一步分析，发现大学生就业整体形势、教师职业岗位就业形势、城市教师岗位就业机会、农村教师岗位招聘信息与师范生的乡村任教意愿之间也存在显著相关，大学生就业整体形势与师范生的乡村任教意愿相关系数为0.283，p值小于0.01；教师职业岗位就业形势与师范生的乡村任教意愿相关系数为0.284，p值小于0.01；城市教师岗位就业机会与师范生的乡村任教意愿相关系数为0.238，p值小于0.01；农村教师岗位招聘信息与师范生的乡村任教意愿相关系数为0.256，p值小于0.01。

表9-7 社会就业市场环境与师范生的乡村任教意愿整体相关性分析

项目	社会就业市场环境	大学生就业整体形势	教师职业岗位就业形势	城市教师岗位就业机会	农村教师岗位招聘信息
师范生的乡村任教意愿	0.329	0.283	0.284	0.238	0.256

注：$p<0.01$。

二、社会就业与地方高校师范生乡村任教意愿各组成要素相关分析

为了更好地分析社会就业市场环境的各个方面对喜欢乡村学校环境、愿意帮

助乡村学生、愿意同乡村教师合作的相关程度，对社会就业市场环境分项与师范生乡村任教意愿分项进行了统计分析，统计结果见表 9-8。表 9-8 的数据显示，大学生就业整体形势与喜欢乡村学校环境之间显著相关，相关系数 0.375；大学生就业整体形势与愿意帮助乡村学生之间显著相关，相关系数 0.198；大学生就业整体形势与愿意同乡村教师合作之间显著相关，相关系数 0.231。教师职业岗位就业形势与喜欢乡村学校环境之间显著相关，相关系数 0.359；教师职业岗位就业形势与愿意帮助乡村学生之间显著相关，相关系数 0.297；教师职业岗位就业形势与愿意同乡村教师合作之间显著相关，相关系数 0.307。城市教师岗位就业机会与喜欢乡村学校环境之间显著相关，相关系数 0.327；城市教师岗位就业机会与愿意帮助乡村学生之间显著相关，相关系数 0.222；城市教师岗位就业机会与愿意同乡村教师合作之间显著相关，相关系数 0.238。农村教师岗位招聘信息与喜欢乡村学校环境之间显著相关，相关系数 0.379；农村教师岗位招聘信息与愿意帮助乡村学生之间显著相关，相关系数 0.228；农村教师岗位招聘信息与愿意同乡村教师合作之间显著相关，相关系数 0.242，p 值均小于 0.01。

表 9-8　师范生乡村任教意愿分项与社会就业市场环境分项相关性分析

项目	1	2	3	4	5	6
大学生就业整体形势 1	—					
教师职业岗位就业形势 2	0.617	—				
城市教师岗位就业机会 3	0.566	0.593	—			
农村教师岗位招聘信息 4	0.468	0.486	0.458	—		
喜欢乡村学校环境 5	0.375	0.359	0.327	0.379	—	
愿意帮助乡村学生 6	0.198	0.297	0.222	0.228	0.525	—
愿意同乡村教师合作 7	0.231	0.307	0.238	0.242	0.579	0.793

注：$p<0.01$。

第三节　社会就业与地方高校师范生乡村任教意愿的回归分析

一、社会就业与地方高校师范生乡村任教意愿整体回归分析

结合前面所做的相关性分析结果，采用回归法对社会就业市场环境与师范生的乡村任教意愿整体进行回归分析来确定其相关显著性。以师范生的乡村任教意愿整体作为因变量，将社会就业市场环境作为自变量进行多元回归分析，统计结果见表 9-9。模型 1 中进入自变量社会就业市场环境，此变量对师范生的乡村任

教意愿整体解释度为 10.8%，在 0.001 显著性水平上，模型 1 回归效果显著（$F=794.174$，$p<0.001$）。在 0.001 显著性水平上，对社会就业市场环境判断不同的师范生的乡村任教意愿整体有显著差异（$\beta=0.329$，$p<0.001$）。

表 9-9 社会就业市场环境与师范生的乡村任教意愿整体回归分析

模型		非标准化系数		标准系数	t	F	R 方	R 方更改
		B	标准误差	试用版				
1	（常量）	1.295	0.049		26.453[1]	794.174[1]	0.108	0.108
	社会就业市场环境	0.473	0.017	0.329	28.181[1]			

注：因变量：师范生的乡村任教意愿。

预测变量：社会就业市场环境。

[1]$p<0.001$。

采用回归法对大学生就业整体形势与师范生的乡村任教意愿整体进行回归分析来确定其相关显著性。以师范生的乡村任教意愿整体作为因变量，将大学生就业整体形势作为自变量进行多元回归分析，统计结果见表 9-10。模型 1 中进入自变量大学生就业整体形势，此变量对师范生的乡村任教意愿整体解释度为 8.0%，在 0.001 显著性水平上，模型 1 回归效果显著（$F=571.110$，$p<0.001$）。在 0.001 显著性水平上，对大学生就业整体形势判断不同的师范生的乡村任教意愿整体有显著差异（$\beta=0.283$，$p<0.001$）。

表 9-10 大学生就业整体形势与师范生的乡村任教意愿整体回归分析

模型		非标准化系数		标准系数	t	F	R 方	R 方更改
		B	标准误差	试用版				
1	（常量）	1.660	0.042		39.108[1]	571.110[1]	0.080	0.080
	大学生就业整体形势	0.326	0.014	0.283	23.898[1]			

注：因变量：师范生的乡村任教意愿。

预测变量：大学生就业整体形势。

[1]$p<0.001$。

采用回归法对教师职业岗位就业形势与师范生的乡村任教意愿整体进行回归分析来确定其相关显著性。以师范生的乡村任教意愿整体作为因变量，将教师职业岗位就业形势作为自变量进行多元回归分析，统计结果见表 9-11。模型 1 中进入自变量教师职业岗位就业形势，此变量对师范生的乡村任教意愿整体解释度为

8.1%，在 0.001 显著性水平上，模型 1 回归效果显著（$F = 573.078$，$p < 0.001$）。在 0.001 显著性水平上，对教师职业岗位就业形势判断不同的师范生的乡村任教意愿整体有显著差异（$\beta = 0.284$，$p < 0.001$）。

表 9-11　教师职业岗位就业形势与师范生的乡村任教意愿整体回归分析

模型		非标准化系数		标准系数	t	F	R 方	R 方更改
		B	标准误差	试用版				
1	（常量）	1.724	0.040		43.261①	573.078①	0.081	0.080
	教师职业岗位就业形势	0.337	0.014	0.284	23.939①			

注：因变量：师范生的乡村任教意愿。
　　预测变量：教师职业岗位就业形势。
　①$p < 0.001$。

采用回归法对城市教师岗位就业机会与师范生的乡村任教意愿整体进行回归分析来确定其相关显著性。以师范生的乡村任教意愿整体作为因变量，将城市教师岗位就业机会作为自变量进行多元回归分析，统计结果见表 9-12。模型 1 中进入自变量城市教师岗位就业机会，此变量对师范生的乡村任教意愿整体解释度为5.7%，在 0.001 显著性水平上，模型 1 回归效果显著（$F = 391.928$，$p < 0.001$）。在 0.001 显著性水平上，对城市教师岗位就业机会判断不同的师范生的乡村任教意愿整体有显著差异（$\beta = 0.238$，$p < 0.001$）。

表 9-12　城市教师岗位就业机会与师范生的乡村任教意愿整体回归分析

模型		非标准化系数		标准系数	t	F	R 方	R 方更改
		B	标准误差	试用版				
1	（常量）	1.881	0.040		47.118①	391.928①	0.057	0.056
	城市教师岗位就业机会	0.268	0.014	0.238	19.797①			

注：因变量：师范生的乡村任教意愿。
　　预测变量：城市教师岗位就业机会。
　①$p < 0.001$。

采用回归法对农村教师岗位招聘信息与师范生的乡村任教意愿整体进行回归分析来确定其相关显著性。以师范生的乡村任教意愿整体作为因变量，将农村教师岗位招聘信息作为自变量进行多元回归分析，统计结果见表 9-13。模型 1 中进入自变量农村教师岗位招聘信息，此变量对师范生的乡村任教意愿整体解释度为

6.5%，在 0.001 显著性水平上，模型 1 回归效果显著（$F=458.076$，$p<0.001$）。在 0.001 显著性水平上，对农村教师岗位招聘信息判断不同的师范生的乡村任教意愿整体有显著差异（$\beta=0.256$，$p<0.001$）。

表 9-13　农村教师岗位招聘信息与师范生的乡村任教意愿整体回归分析

模型		非标准化系数		标准系数	t	F	R 方	R 方更改
		B	标准误差	试用版				
1	（常量）	1.800	0.041		44.145[①]	458.076[①]	0.065	0.065
	农村教师岗位招聘信息	0.297	0.014	0.256	21.403[①]			

注：因变量：师范生的乡村任教意愿。

　　预测变量：农村教师岗位招聘信息。

①$p<0.001$。

二、社会就业与地方高校师范生乡村任教意愿各组成要素回归分析

（一）大学生就业整体形势与师范生的乡村任教意愿组成要素回归分析

1. 大学生就业整体形势与师范生的喜欢乡村学校环境回归分析

采用回归法对大学生就业整体形势与师范生的喜欢乡村学校环境进行回归分析来确定其相关显著性。以师范生的喜欢乡村学校环境作为因变量，将大学生就业整体形势作为自变量进行多元回归分析，统计结果见表 9-14。模型 1 中进入自变量大学生就业整体形势，此变量对师范生的喜欢乡村学校环境解释度为 14.1%，在 0.001 显著性水平上，模型 1 回归效果显著（$F=1071.351$，$p<0.001$）。在 0.001 显著性水平上，对大学生就业整体形势判断不同的师范生的喜欢乡村学校环境有显著差异（$\beta=0.375$，$p<0.001$）。

表 9-14　大学生就业整体形势与师范生的喜欢乡村学校环境回归分析

模型		非标准化系数		标准系数	t	F	R 方	R 方更改
		B	标准误差	试用版				
1	（常量）	1.695	0.036		46.584[①]	1071.351[①]	0.141	0.141
	大学生就业整体形势	0.383	0.012	0.375	32.732[①]			

注：因变量：师范生的喜欢乡村学校环境。

　　预测变量：大学生就业整体形势。

①$p<0.001$。

2. 大学生就业整体形势与愿意帮助乡村学生回归分析

采用回归法对大学生就业整体形势与师范生的愿意帮助乡村学生进行回归分析来确定其相关显著性。以师范生的愿意帮助乡村学生作为因变量，将大学生就业整体形势作为自变量进行多元回归分析，统计结果见表 9-15。模型 1 中进入自变量大学生就业整体形势，此变量对师范生的愿意帮助乡村学生解释度为 3.9%，在 0.001 显著性水平上，模型 1 回归效果显著（$F = 267.220$，$p < 0.001$）。在 0.001 显著性水平上，对大学生就业整体形势判断不同的师范生的愿意帮助乡村学生有显著差异（$\beta = 0.198$，$p < 0.001$）。

表 9-15　大学生就业整体形势与师范生的愿意帮助乡村学生回归分析

模型		非标准化系数		标准系数	t	F	R 方	R 方更改
		B	标准误差	试用版				
1	（常量）	1.635	0.040		41.316[①]	267.220[①]	0.039	0.039
	大学生就业整体形势	0.208	0.013	0.198	16.347[①]			

注：因变量：师范生的愿意帮助乡村学生。

　　预测变量：大学生就业整体形势。

①$p < 0.001$。

3. 大学生就业整体形势与愿意同乡村教师合作回归分析

采用回归法对大学生就业整体形势与师范生的愿意同乡村教师合作进行回归分析来确定其相关显著性。以师范生的愿意同乡村教师合作作为因变量，将大学生就业整体形势作为自变量进行多元回归分析，统计结果见表 9-16。模型 1 中进入自变量大学生就业整体形势，此变量对师范生的愿意同乡村教师合作解释度为 5.3%，在 0.001 显著性水平上，模型 1 回归效果显著（$F = 367.547$，$p < 0.001$）。在 0.001 显著性水平上，对大学生就业整体形势判断不同的师范生的愿意同乡村教师合作有显著差异（$\beta = 0.231$，$p < 0.001$）。

表 9-16　大学生就业整体形势与师范生的愿意同乡村教师合作回归分析

模型		非标准化系数		标准系数	t	F	R 方	R 方更改
		B	标准误差	试用版				
1	（常量）	1.663	0.039		42.146[①]	367.547[①]	0.053	0.053
	大学生就业整体形势	0.243	0.013	0.231	19.172[①]			

注：因变量：师范生的愿意同乡村教师合作。

　　预测变量：大学生就业整体形势。

①$p < 0.001$。

（二）教师职业岗位就业形势与师范生的乡村任教意愿组成要素回归分析

1. 教师职业岗位就业形势与师范生的喜欢乡村学校环境回归分析

采用回归法对教师职业岗位就业形势与师范生的喜欢乡村学校环境进行回归分析来确定其相关显著性。以师范生的喜欢乡村学校环境作为因变量，将教师职业岗位就业形势作为自变量进行多元回归分析，统计结果见表9-17。模型1中进入自变量教师职业岗位就业形势，此变量对师范生的喜欢乡村学校环境解释度为12.9%，在0.001显著性水平上，模型1回归效果显著（$F = 966.532$，$p < 0.001$）。在0.001显著性水平上，对教师职业岗位就业形势判断不同的师范生的喜欢乡村学校环境有显著差异（$\beta = 0.359$，$p < 0.001$）。

表9-17 教师职业岗位就业形势与师范生的喜欢乡村学校环境回归分析

模型		非标准化系数		标准系数	t	F	R方	R方更改
		B	标准误差	试用版				
1	（常量）	1.818	0.034		52.862[①]	966.532[①]	0.129	0.129
	教师职业岗位就业形势	0.378	0.012	0.359	31.089[①]			

注：因变量：师范生的喜欢乡村学校环境。
　　预测变量：教师职业岗位就业形势。
①$p < 0.001$。

2. 教师职业岗位就业形势与愿意帮助乡村学生回归分析

采用回归法对教师职业岗位就业形势与师范生的愿意帮助乡村学生进行回归分析来确定其相关显著性。以师范生的愿意帮助乡村学生作为因变量，将教师职业岗位就业形势作为自变量进行多元回归分析，统计结果见表9-18。模型1中进入自变量教师职业岗位就业形势，此变量对师范生的愿意帮助乡村学生解释度为8.8%，在0.001显著性水平上，模型1回归效果显著（$F = 632.716$，$p < 0.001$）。在0.001显著性水平上，对教师职业岗位就业形势判断不同的师范生的愿意帮助乡村学生有显著差异（$\beta = 0.297$，$p < 0.001$）。

表 9-18 教师职业岗位就业形势与师范生的愿意帮助乡村学生回归分析

模型		非标准化系数		标准系数	t	F	R 方	R 方更改
		B	标准误差	试用版				
1	（常量）	1.385	0.036		38.270①	632.716①	0.088	0.088
	教师职业岗位就业形势	0.322	0.013	0.297	25.154①			

注：因变量：师范生的愿意帮助乡村学生。

预测变量：教师职业岗位就业形势。

①$p<0.001$。

3. 教师职业岗位就业形势与愿意同乡村教师合作回归分析

采用回归法对教师职业岗位就业形势与师范生的愿意同乡村教师合作进行回归分析来确定其相关显著性。以师范生的愿意同乡村教师合作作为因变量，将教师职业岗位就业形势作为自变量进行多元回归分析，统计结果见表 9-19。模型 1 中进入自变量教师职业岗位就业形势，此变量对师范生的愿意同乡村教师合作解释度为 9.4%，在 0.001 显著性水平上，模型 1 回归效果显著（$F=680.037$，$p<0.001$）。在 0.001 显著性水平上，对教师职业岗位就业形势判断不同的师范生的愿意同乡村教师合作有显著差异（$\beta=0.307$，$p<0.001$）。

表 9-19 教师职业岗位就业形势与师范生的愿意同乡村教师合作回归分析

模型		非标准化系数		标准系数	t	F	R 方	R 方更改
		B	标准误差	试用版				
1	（常量）	1.485	0.036		41.010①	680.037①	0.094	0.094
	教师职业岗位就业形势	0.334	0.013	0.307	26.078①			

注：因变量：师范生的愿意同乡村教师合作。

预测变量：教师职业岗位就业形势。

①$p<0.001$。

（三）城市教师岗位就业机会与师范生的乡村任教意愿组成要素回归分析

1. 城市教师岗位就业机会与师范生的喜欢乡村学校环境回归分析

采用回归法对城市教师岗位就业机会与师范生的喜欢乡村学校环境进行回归分析来确定其相关显著性。以师范生的喜欢乡村学校环境作为因变量，将城市教师岗位就业机会作为自变量进行多元回归分析，统计结果见表 9-20。模型 1 中进入自变量城市教师岗位就业机会，此变量对师范生的喜欢乡村学校环境解释度为10.7%，在 0.001 显著性水平上，模型 1 回归效果显著（$F = 782.205$，$p < 0.001$）。在 0.001 显著性水平上，对城市教师岗位就业机会判断不同的师范生的喜欢乡村学校环境有显著差异（$\beta = 0.327$，$p < 0.001$）。

表 9-20　城市教师岗位就业机会与师范生的喜欢乡村学校环境回归分析

模型		非标准化系数		标准系数	t	F	R 方	R 方更改
		B	标准误差	试用版				
1	（常量）	1.921	0.034		55.746[①]	782.205[①]	0.107	0.107
	城市教师岗位就业机会	0.327	0.012	0.327	27.968[①]			

注：因变量：师范生的喜欢乡村学校环境。
　　预测变量：城市教师岗位就业机会。
[①]$p < 0.001$。

2. 城市教师岗位就业机会与愿意帮助乡村学生回归分析

采用回归法对城市教师岗位就业机会与师范生的愿意帮助乡村学生进行回归分析来确定其相关显著性。以师范生的愿意帮助乡村学生作为因变量，将城市教师岗位就业机会作为自变量进行多元回归分析，统计结果见表 9-21。模型 1 中进入自变量城市教师岗位就业机会，此变量对师范生的愿意帮助乡村学生解释度为4.9%，在 0.001 显著性水平上，模型 1 回归效果显著（$F = 340.465$，$p < 0.001$）。在 0.001 显著性水平上，对城市教师岗位就业机会判断不同的师范生的愿意帮助乡村学生有显著差异（$\beta = 0.222$，$p < 0.001$）。

表 9-21　城市教师岗位就业机会与师范生的愿意帮助乡村学生回归分析

模型		非标准化系数		标准系数	t	F	R 方	R 方更改
		B	标准误差	试用版				
1	（常量）	1.612	0.037		44.107[①]	340.465[①]	0.049	0.049
	城市教师岗位就业机会	0.229	0.012	0.222	18.452[①]			

注：因变量：师范生的愿意帮助乡村学生。
　　预测变量：城市教师岗位就业机会。
[①]$p < 0.001$。

3. 城市教师岗位就业机会与愿意同乡村教师合作回归分析

采用回归法对城市教师岗位就业机会与师范生的愿意同乡村教师合作进行回

归分析来确定其相关显著性。以师范生的愿意同乡村教师合作作为因变量，将城市教师岗位就业机会作为自变量进行多元回归分析，统计结果见表9-22。模型1中进入自变量城市教师岗位就业机会，此变量对师范生的愿意同乡村教师合作解释度为5.7%，在0.001显著性水平上，模型1回归效果显著（$F=394.371$，$p<0.001$）。在0.001显著性水平上，对城市教师岗位就业机会判断不同的师范生的愿意同乡村教师合作有显著差异（$\beta=0.238$，$p<0.001$）。

表 9-22　城市教师岗位就业机会与师范生的愿意同乡村教师合作回归分析

模型		非标准化系数		标准系数	t	F	R 方	R 方更改
		B	标准误差	试用版				
1	（常量）	1.696	0.037		46.386[①]	394.371[①]	0.057	0.057
	城市教师岗位就业机会	0.246	0.012	0.238	19.859[①]			

注：因变量：师范生的愿意同乡村教师合作。

预测变量：城市教师岗位就业机会。

①$p<0.001$。

（四）农村教师岗位招聘信息与师范生的乡村任教意愿组成要素回归分析

1. 农村教师岗位招聘信息与师范生的喜欢乡村学校环境回归分析

采用回归法对农村教师岗位招聘信息与师范生的喜欢乡村学校环境进行回归分析来确定其相关显著性。以师范生的喜欢乡村学校环境作为因变量，将农村教师岗位招聘信息作为自变量进行多元回归分析，统计结果见表9-23。模型1中进入自变量农村教师岗位招聘信息，此变量对师范生的喜欢乡村学校环境解释度为14.3%，在0.001显著性水平上，模型1回归效果显著（$F=1095.082$，$p<0.001$）。在0.001显著性水平上，对农村教师岗位招聘信息判断不同的师范生的喜欢乡村学校环境有显著差异（$\beta=0.379$，$p<0.001$）。

表 9-23　农村教师岗位招聘信息与师范生的喜欢乡村学校环境回归分析

模型		非标准化系数		标准系数	t	F	R 方	R 方更改
		B	标准误差	试用版				
1	（常量）	1.743	0.035		50.340[①]	1095.082[①]	0.143	0.143
	农村教师岗位招聘信息	0.390	0.012	0.379	33.092[①]			

注：因变量：师范生的喜欢乡村学校环境。

预测变量：农村教师岗位招聘信息。

①$p<0.001$。

2. 农村教师岗位招聘信息与愿意帮助乡村学生回归分析

采用回归法对农村教师岗位招聘信息与师范生的愿意帮助乡村学生进行回归分析来确定其相关显著性。以师范生的愿意帮助乡村学生作为因变量，将农村教师岗位招聘信息作为自变量进行多元回归分析，统计结果见表9-24。模型1中进入自变量农村教师岗位招聘信息，此变量对师范生的愿意帮助乡村学生解释度为5.2%，在0.001显著性水平上，模型1回归效果显著（$F=358.634$，$p<0.001$）。在0.001显著性水平上，对农村教师岗位招聘信息判断不同的师范生的愿意帮助乡村学生有显著差异（$\beta=0.228$，$p<0.001$）。

表 9-24　农村教师岗位招聘信息与师范生的愿意帮助乡村学生回归分析

模型		非标准化系数		标准系数	t	F	R 方	R 方更改
		B	标准误差	试用版				
1	（常量）	1.577	0.037		42.098[①]	358.634[①]	0.052	0.052
	农村教师岗位招聘信息	0.241	0.013	0.228	18.938[①]			

注：因变量：师范生的愿意帮助乡村学生。

　　预测变量：农村教师岗位招聘信息。

① $p<0.001$。

3. 农村教师岗位招聘信息与愿意同乡村教师合作回归分析

采用回归法对农村教师岗位招聘信息与师范生的愿意同乡村教师合作进行回归分析来确定其相关显著性。以师范生的愿意同乡村教师合作作为因变量，将农村教师岗位招聘信息作为自变量进行多元回归分析，统计结果见表9-25。模型1中进入自变量农村教师岗位招聘信息，此变量对师范生的愿意同乡村教师合作解释度为5.9%，在0.001显著性水平上，模型1回归效果显著（$F=407.557$，$p<0.001$）。在0.001显著性水平上，对农村教师岗位招聘信息判断不同的师范生的愿意同乡村教师合作有显著差异（$\beta=0.242$，$p<0.001$）。

表 9-25　农村教师岗位招聘信息与师范生的愿意同乡村教师合作回归分析

模型		非标准化系数		标准系数	t	F	R 方	R 方更改
		B	标准误差	试用版				
1	（常量）	1.665	0.037		44.414[①]	407.557[①]	0.059	0.058
	农村教师岗位招聘信息	0.257	0.013	0.242	20.188[①]			

注：因变量：师范生的愿意同乡村教师合作。

　　预测变量：农村教师岗位招聘信息。

① $p<0.001$。

上面的回归分析的是单独将社会就业市场环境分项作为自变量投入方程中的结果。考虑到现实中，社会就业市场环境的各个方面是同时存在的，因此，用分层回归法再次分析社会就业市场环境的所有分项内容对师范生的喜欢乡村学校环境、师范生的愿意帮助乡村学生和师范生的愿意同乡村教师合作的影响程度，分析结果见表9-26～表9-28。

表9-26 师范生的喜欢乡村学校环境与社会就业市场环境的所有分项回归分析

模型		非标准化系数		标准系数	t	F	R 方	R 方更改
		B	标准误差	试用版				
1	（常量）	1.743	0.035		50.340[①]	1095.082[①]	0.143	0.143
	农村教师岗位招聘信息	0.390	0.012	0.379	33.092[①]			
2	（常量）	1.311	0.040		32.889[①]	784.962[①]	0.194	0.193
	农村教师岗位招聘信息	0.268	0.013	0.260	20.702[①]			
	大学生就业整体形势	0.259	0.013	0.253	20.172[①]			
3	（常量）	1.231	0.041		30.336[①]	557.703[①]	0.204	0.203
	农村教师岗位招聘信息	0.233	0.013	0.226	17.384[①]			
	大学生就业整体形势	0.191	0.015	0.187	12.926[①]			
	教师职业岗位就业形势	0.141	0.015	0.134	9.133[①]			
4	（常量）	1.195	0.141		28.982[①]	424.921[①]	0.206	0.206
	农村教师岗位招聘信息	0.222	0.014	0.215	16.311[①]			
	大学生就业整体形势	0.171	0.015	0.168	11.190[①]			

模型		非标准化系数		标准系数	t	F	R 方	R 方更改
		B	标准误差	试用版				
4	教师职业岗位就业形势	0.116	0.016	0.110	7.149[①]	424.921[①]	0.206	0.206
	城市教师岗位就业机会	0.068	0.015	0.068	4.623[①]			

注：因变量：师范生的喜欢乡村学校环境。

　　模型 1：预测变量：（常量），农村教师岗位招聘信息。

　　模型 2：预测变量：（常量），农村教师岗位招聘信息，大学生就业整体形势。

　　模型 3：预测变量：（常量），农村教师岗位招聘信息，大学生就业整体形势，教师职业岗位就业形势。

　　模型 4：预测变量：（常量），农村教师岗位招聘信息，大学生就业整体形势，教师职业岗位就业形势，城市教师岗位就业机会。

①$p < 0.001$。

　　模型 1：进入自变量——农村教师岗位招聘信息，此变量对师范生的喜欢乡村学校环境解释度为 14.3%，在 0.001 显著性水平上，模型 1 回归效果显著（$F = 1095.082$，$p < 0.001$）。在 0.001 显著性水平上，对农村教师岗位招聘信息判断不同的师范生的喜欢乡村学校环境有显著差异（$\beta = 0.379$，$p < 0.001$）。

　　模型 2：进一步进入自变量——农村教师岗位招聘信息，大学生就业整体形势，所有变量对师范生的喜欢乡村学校环境解释度 19.4%，其中大学生就业整体形势的解释度为 5%。在 0.001 显著性水平上，模型 2 回归效果显著（$F = 784.962$，$p < 0.001$）。在 0.001 显著性水平上，对农村教师岗位招聘信息判断不同的师范生的喜欢乡村学校环境有显著差异（$\beta = 0.260$，$p < 0.001$）；对大学生就业整体形势判断不同的师范生的喜欢乡村学校环境有显著差异（$\beta = 0.253$，$p < 0.001$）。

　　模型 3：进一步进入自变量——农村教师岗位招聘信息，大学生就业整体形势，教师职业岗位就业形势，所有变量对师范生的喜欢乡村学校环境解释度 20.4%，其中教师职业岗位就业形势的解释度为 1%。在 0.001 显著性水平上，模型 3 回归效果显著（$F = 557.703$，$p < 0.001$）。在 0.001 显著性水平上，对农村教师岗位招聘信息判断不同的师范生的喜欢乡村学校环境有显著差异（$\beta = 0.226$，$p < 0.001$）；对大学生就业整体形势判断不同的师范生的喜欢乡村学校环境有显著差异（$\beta = 0.187$，$p < 0.001$）；对教师职业岗位就业形势判断不同的师范生的喜欢乡村学校环境有显著差异（$\beta = 0.134$，$p < 0.001$）。

　　模型 4：进一步进入自变量——农村教师岗位招聘信息，大学生就业整体形势，教师职业岗位就业形势，城市教师岗位就业机会，所有变量对师范生的喜欢乡村学校环境解释度 20.6%，其中城市教师岗位就业机会的解释度为 0.3%。在 0.001 显著性水平上，模型 4 回归效果显著（$F = 424.921$，$p < 0.001$）。在 0.001 显著性水平上，对农村教师岗位招聘信息判断不同的师范生的喜欢乡村学校环境有显著差异（$\beta = 0.215$，$p < 0.001$）；对大学生就业整体形势判断不同的师范生的喜欢乡村学校环境有显著差异（$\beta = 0.168$，$p < 0.001$）；对教师职业岗位就业形势判断不同的师范生的喜欢乡村学校环境有显著差异（$\beta = 0.110$，$p < 0.001$）；对城市教师岗位就业机会判断不同的师范生的喜欢乡村学校环境有显著差异（$\beta = 0.068$，$p < 0.001$）。

表 9-27 师范生的愿意帮助乡村学生与社会就业市场环境的所有分项回归分析

模型		非标准化系数		标准系数	t	F	R 方	R 方更改
		B	标准误差	试用版				
1	（常量）	1.385	0.036		38.270①	632.716①	0.088	0.088
	教师职业岗位就业形势	0.322	0.013	0.297	25.154①			
2	（常量）	1.213	0.042		29.102①	352.710①	0.097	0.097
	教师职业岗位就业形势	0.264	0.015	0.244	18.133①			
	农村教师岗位招聘信息	0.116	0.014	0.109	8.148①			
3	（常量）	1.176	0.043		27.068①	238.496①	0.099	0.098
	教师职业岗位就业形势	0.240	0.017	0.222	14.507①			
	农村教师岗位招聘信息	0.105	0.015	0.099	7.183①			
	城市教师岗位就业机会	0.047	0.015	0.046	3.031②			

注：因变量：师范生的愿意帮助乡村学生。

模型 1：预测变量：（常量），教师职业岗位就业形势。

模型 2：预测变量：（常量），教师职业岗位就业形势，农村教师岗位招聘信息。

模型 3：预测变量：（常量），教师职业岗位就业形势，农村教师岗位招聘信息，城市教师岗位就业机会。

①$p < 0.001$；②$p < 0.01$。

模型 1：进入自变量——教师职业岗位就业形势，此变量对师范生的愿意帮助乡村学生解释度为 8.8%，在 0.001 显著性水平上，模型 1 回归效果显著（$F=$ 632.716，$p<0.001$）。在 0.001 显著性水平上，对教师职业岗位就业形势判断不同的师范生的愿意帮助乡村学生有显著差异（$\beta=0.297$，$p<0.001$）。

模型 2：进一步进入自变量——教师职业岗位就业形势，农村教师岗位招聘信息，所有变量对师范生的愿意帮助乡村学生解释度 9.7%，其中农村教师岗位招聘信息的解释度为 0.9%。在 0.001 显著性水平上，模型 2 回归效果显著（$F=$ 352.710，$p<0.001$）。在 0.001 显著性水平上，对教师职业岗位就业形势判断不同的师范生的愿意帮助乡村学生有显著差异（$\beta=0.244$，$p<0.001$）；对农村教师岗位招聘信息判断不同的师范生的愿意帮助乡村学生有显著差异（$\beta=0.109$，$p<0.001$）。

模型 3：进一步进入自变量——教师职业岗位就业形势，农村教师岗位招聘信息，城市教师岗位就业机会，所有变量对师范生的愿意帮助乡村学生解释度 9.9%，其中城市教师岗位就业机会的解释度为 0.1%。在 0.001 显著性水平上，模型 3 回归效果显著（$F=238.496$，$p<0.001$）。在 0.001 显著性水平上，对教师职业岗位就业形势判断不同的师范生的愿意帮助乡村学生有显著差异（$\beta=0.222$，$p<0.001$）；对农村教师岗位招聘信息判断不同的师范生的愿意帮助乡村学生有显著差异（$\beta=0.099$，$p<0.001$）；在 0.01 显著性水平上，对城市教师岗位就业机会判断不同的师范生的愿意帮助乡村学生有显著差异（$\beta=0.046$，$p<0.01$）。

表 9-28　师范生的愿意同乡村教师合作与社会就业市场环境的所有分项回归分析

模型		非标准化系数		标准系数	t	F	R 方	R 方更改
		B	标准误差	试用版				
1	（常量）	1.485	0.036		41.010[①]	680.037[①]	0.094	0.094
	教师职业岗位就业形势	0.334	0.013	0.307	26.078[①]			
2	（常量）	1.294	0.042		31.041[①]	385.705[①]	0.105	0.105
	教师职业岗位就业形势	0.269	0.015	0.248	18.509[①]			
	农村教师岗位招聘信息	0.130	0.014	0.122	9.103[①]			

模型		非标准化系数		标准系数	t	F	R 方	R 方更改
		B	标准误差	试用版				
3	（常量）	1.245	0.043		28.689[①]	262.855[①]	0.108	0.107
	教师职业岗位就业形势	0.238	0.017	0.219	14.416[①]			
	农村教师岗位招聘信息	0.116	0.015	0.109	7.898[①]			
	城市教师岗位就业机会	0.061	0.015	0.059	3.931[①]			

注：因变量：师范生的愿意同乡村教师合作。

模型1：预测变量：（常量），教师职业岗位就业形势。

模型2：预测变量：（常量），教师职业岗位就业形势，农村教师岗位招聘信息。

模型3：预测变量：（常量），教师职业岗位就业形势，农村教师岗位招聘信息，城市教师岗位就业机会。

[①]$p<0.001$。

模型1：进入自变量——教师职业岗位就业形势，此变量对师范生的愿意同乡村教师合作解释度为9.4%，在0.001显著性水平上，模型1回归效果显著（$F=680.037$，$p<0.001$）。在0.001显著性水平上，对教师职业岗位就业形势判断不同的师范生的愿意同乡村教师合作有显著差异（$\beta=0.307$，$p<0.001$）。

模型2：进一步进入自变量——教师职业岗位就业形势，农村教师岗位招聘信息，所有变量对师范生的愿意同乡村教师合作解释度10.5%，其中农村教师岗位招聘信息的解释度为1.1%。在0.001显著性水平上，模型2回归效果显著（$F=385.705$，$p<0.001$）。在0.001显著性水平上，对教师职业岗位就业形势判断不同的师范生的愿意同乡村教师合作有显著差异（$\beta=0.248$，$p<0.001$）；对农村教师岗位招聘信息判断不同的师范生的愿意同乡村教师合作有显著差异（$\beta=0.122$，$p<0.001$）。

模型3：进一步进入自变量——教师职业岗位就业形势，农村教师岗位招聘信息，城市教师岗位就业机会，所有变量对师范生的愿意同乡村教师合作解释度10.8%，其中城市教师岗位就业机会的解释度为0.2%。在0.001显著性水平上，模型 3 回归效果显著（$F=262.855$，$p<0.001$）。在 0.001 显著性水平上，对教师职业岗位就业形势判断不同的师范生的愿意同乡村教师合作有显著差异（$\beta=0.219$，$p<0.001$）；对农村教师岗位招聘信息判断不同的师范生的愿意同乡村教师合作有显著差异（$\beta=0.109$，$p<0.001$）；对城市教师岗位就业机会判断不同的师范生的愿意同乡村教师合作有显著差异（$\beta=0.059$，$p<0.001$）。

第十章　地方高校师范生乡村学校任教意愿提升策略

通过前几章的论述，不难发现，影响地方高校师范生乡村学校任教的因素多种多样，师范生职业发展现状、高校因素、家庭因素、乡村学校因素、政府政策因素、社会就业因素等方方面面都作用其中。如果能够统筹协调各方因素，在地方高校师范生进行职业选择时发挥作用，那对于乡村教师队伍的建设，进而对于乡村学校，乃至于乡村教育的整体发展都将是功在当代、利在千秋。由此，本章主要从可能影响师范生乡村从教的几个方面入手，讨论激励师范生乡村学校任教的策略，旨在为推动师范生走进乡村，贡献力量。

第一节　国家政府层面——优化外部环境

一、优化落实政策，加强舆论宣传

（一）坚持顶层设计定位，融入乡村振兴战略

乡村学校在乡村，对于上层建筑的设计，要积极把握当前乡村振兴的新形势、把握机会，迎接乡村发展振兴的新机遇，对于乡村人才的建设和引进进行科学的规划与实施，既要在乡村教师的新入口抓住机会，同时在已有教师培养的基础上也要提到重要的规划上来，将其纳入乡村人才振兴计划中。在国家已有推动促进政策的基础上，不断提升乡村振兴发展的新态势，坚持国家"凝聚全社会力量，强化乡村振兴人才支撑"的顶层实际定位，细致谋划未来五年、十年、十五年的乡村教育振兴战略的具体目标和任务。继续发挥原有"特岗教师""三支一扶""西部计划"等政策的力量，积极吸引更多优秀的高职院校毕业师范生选择到乡村学校任教。

（二）建立领导责任制，落实乡村教师支持计划

任何政策的落实都离不开带头人的推进，对于与乡村教育各方面相关的政策而言，更是需要各级党政机关明确落实领导责任，可以向其他领域的领导责任制进行借鉴，分级分类对于与乡村教育发展相关的政策和计划进行领导管理。《乡村教师支持计划》虽明确的是2015—2020年五年的发展要求，但其指导思想则

是利在千秋的过程，对于上层领导而言，还是要全面落实文件中提出的主要精神，全面落实乡村教师的工资待遇和生活补贴，依法依规保障乡村教师的各类各项合法权益，努力营造乡村工作环境的优厚待遇，加强乡村薄弱学校的内外在环境水平，在上层政策的指导下，吸引更多的师范生前来任教。

（三）加强舆论宣传，营造积极正向环境

加强乡村教育振兴和乡村教师扶持等社会舆论宣传，营造尊师重教氛围。必须用社会主义核心价值观统领农民群众正确择业观、就业观、教育观。多渠道、多形式地加强高校对师范类人才吸引力和农村小学教师积极性。在乡村振兴战略的大环境下，我们一方面借助主流媒体平台传播乡村教育振兴及乡村教师培养的重要意义，并通过定向师范生计划的实施获得更多的政策资讯，提升毕业生对于乡村教育大环境的感知，了解乡村教育的前景，指导他们选择申请师范专业为乡村从教打下基础。另一方面通过多种渠道将国家关于乡村振兴、乡村教师队伍建设等方面的文件通过讲座、网络推文、走廊文化等方式进行宣传，邀请乡村学校优秀教师走进大学校园，与师范生近距离交流与接触，宣传乡村学校积极文化；推动其乡村未来教师的教育信念与责任的形成。

二、改善基层学校教学生活的软硬环境

（一）加强乡村学校硬件环境建设

在第二章中，我们论述了师范生在进行职业选择时，面对乡村学校，会有来自乡村地区的推力作用，而发挥作用的推力中，外在的乡村学校硬件环境则是其中非常重要的一个因素。如何促使"推力"变为可促进师范生乡村学校任教的"拉力"？改善乡村学校硬件环境建设、改善乡村教师的生活条件则是应有之义。各级各类教育行政主管部门应加强与乡村基础教育学校的沟通与协调，加大对于乡村学校的建设力度，提升经费投入，对于乡村学校的外在硬件环境进行标准化建设，对于乡村学校的教学楼、食堂、教师的周转房、安居房等进行合理规划，进而改善乡村教师教学办公条件、食宿条件等，从物质条件方面消除干扰师范生乡村学校从教的顾虑，变"推力"为"拉力"，吸引师范生来到乡村学校任教。

（二）切实落实乡村教师社会保障

除了外在硬件条件外，作为软性因素的教师社会保障也是影响师范生是否来乡村学校任教的非常重要的因素。因此，上级政府部门要切实做好对于乡村地区教师的各类保障工作，包括工资待遇、财政补贴、职级晋升等方面。乡村地区学校应该在上级教育主管部门的领导下，设置合理的教师队伍建设计划，完善配套政策。除了与资金相关的相关保障之外，教师专业发展方面也需要上级部门加以

制度性保障,对于教师专业相关的培训制度要进行落实和完善,并且要建立行之有效的激励制度体系,多方面维护乡村教师的各项权益。从实质待遇以及专业发展多方面吸引师范生到乡村学校从教,激发其工作积极性。

（三）加强乡村教师人文关怀

对于我国目前乡村学校的现实而言,教师的"留不住"也是一大问题,如何让师范生能够选择乡村学校任教,如何能长久地在乡村学校扎根,这也是上级部门需要思考的问题。除了为乡村教师提供外部的良好工作环境外,对于教师的人文关怀同等重要。乡村学校以及上级部门应该关注乡村教师的身心健康,如设立乡村教师专项体检制度,以在一定程度上提升乡村教师的内心满足感。另外,对于教师而言,职称晋级等方面是其关注的关键点所在,上级部门应针对乡村教师职称晋级制度进行专门优化,以调动乡村教师从教工作热情。师范生在种种利好政策的推动下,能够"走下来""扎进去"。

三、推进乡村教育高层次人才计划建设

当前我国基础教育教师招聘不管是定向培养机制,还是就业考核机制,都是在高校与人力资源与社会保障相关部门的双重筛选机制下共同完成的。由此可见,想要推动乡村教育高层次人才的建设,要从两方面着手开展。一方面,在高等教育招生方面,要健全师范生招生及定向培养机制,如公费师范生制度、优师专项招生计划等,在师范生准入层面加大力度。另外作为师范生之前培养的主要单位高师院校而言,要健全相关培养制度体系,培养更多优质的教师资源。另一方面,作为另一环的人力资源部门,要在制度层面发挥作用,健全相应机制,安排并落实乡村教育高层次人才建设计划,进而吸引更多高质量示范人才到乡村学校任教。

第二节 专业发展层面——发展"新师范"

一、强化师范教育本色,更新师范教育理念

新时代的发展使得人们对于教育的追求发生了变化,追求转变的同时,也催生着师范教育的改革与创新,由此,在新师范应运而生的当下,地方高校要积极响应国家就新师范发展的系列定位,更新师范教育理念,强化师范教育本色,重新审视师范教育的发展路径。

（一）强化师范教育本色

新师范的理念之下,带来了一种对于师范精神回归式地追寻。同样,作为师

范院校，尤其是地方师范院校，也要在新师范的大方向下，强化自身师范教育本色。当下的高等师范院校会存在这样一种现象，对于省属的师范院校，在强调高校转型的今天，他们既想完全综合化，但资源和能力有限，又不愿也不能丢掉师范的传统，但对综合的追求远大于对于师范的坚守。在综合与师范之间反复摇摆，最终的结果就是处在高不成低不就的尴尬境地。因此，对于高等师范院校而言，一定要明确自身师范的办学方向，在明确的办学方向下思考如何进行指向于质量提升的内涵式发展、如何在高等教育的大格局中彰显师范教育的特色。地方师范院校要回归师范初心，坚守师范本心，持续强化师范院校的教师教育特色，向一流师范类院校的办学目标迈进。

（二）更新师范教育理念

新师范理念的核心重点在于培养优质的教师资源，而地方高校，尤其是师范院校，则应在教师的培养上首当其冲，顺应时代社会的发展需求。地方高校应首先更新对于师范教育的培养思路，从原有的单一封闭走向多元开放。同时，地方师范院校一定要明确，新师范是指向于现代化的教育形式，因此，要强化学校现代科技的硬件软件建设，充分利用"互联网+"、大数据、人工智能、智慧教育等现代科技，改革师范教育。

二、构建特色师范体系，改革人才培养模式

就师范专业、师范院校而言，当下在全国遍地开花。以小学教育专业为例，截至 2019 年，全国本科层次高等学校共计 1265 所（未包含港、澳、台高等学校），其中开设小学教育专业的本科院校共计 211 所。这 211 所学校中，985 大学 0 所、211 大学 4 所、双一流大学 7 所，剩余开设小学教育专业的大学则分布于各个地区。这其中，地方高师院校又占据了绝大多数的比例。如何在新师范的指引下提升师范专业办学质量，最为重要的就是依托地缘等优势，构建以新师范为核心的适应自身发展的特色师范教育教学体系，全方位、多角度改革师范人才培养模式。

首先，体系模式的确定需要宏观目标的指引，在新师范整体的建设定位中，地方高校要首先明确师范人才的培养目标，以国家政策为导向，依托实际，追求卓越教师的培养。在新师范战略空间拓宽的条件下，结合地缘特点，着重强化乡村教师的培养，继而可以适当地将培养目标定位于实现培养乡村基础教育卓越教师，进而在课程设置中，设置相关具备乡村教育情怀的课程，逐步实现新师范对于师范精神的回归式追寻。

其次，在总体宏观目标的指引下，构建特色师范教育体系，可以课内教学、课外实践双轨延伸，双向发力，借助多方力量，改革人才培养模式，提升师范教

育质量。在课内教学这一发展路径层面，基于师范专业认证的相关要求、教育教学的基本特征以及 OBE 教育理念，形成主要以教师为主要驱动力的课程设置与实践训练两方面的发展方向。在课程设置层面，建设课程群组，并由高校教师以及中小学教师联动助力，形成人才培养的"双师制"。在课程群组中构建过程评价与终结性评价相结合的课程评价体系。在课外实践发展路径层面，基于师范专业认证要求、中国学生发展核心素养及教育实践的相关标准要求，形成以学生为主要驱动力的集体实训与个人锻炼两种形式的课外实践方向。在集体实训方面，形成以第二课堂、教育见习、教育实习、教育研习一条线逐步加深锻炼的四位一体集中教育实践的发展模式。通过外部基础教育实训学校、实训学校指导教师、内部高校指导教师、专业教师四方共同对学生集体实训情况进行评测。集体组织与个人行动双结合，共同助力学生在课外实践中领会"一践行、三学会"。课内教学与课外实践分别从理论积淀与实践锻炼两个层面发力，由此，以目标—标准—培养—评价—成果为主线的新师范人才培养模式发展逻辑形成。

三、多措并举协同育人，提升新师范改革成效

在新师范的发展过程中，一定强化新师范多元开放的发展理念，师范教育始终不能够是一方的"单打独斗"，需要多方"协同作战"，校际—校政—校校，多方联动协同育人，提升新师范改革成效。

（一）强化高校"校际"间合作

校际的合作主要是高校之间，可以在顶层设计的过程中进行合作性的战略定位，可以是整体全面合作，也可以形成点线式合作。这样的校际合作，既能够实现优质教育资源的互补共享，又能够指向于新师范目标理念的达成。首先，在课程建设方面，可以通过课程团队建设的形式，就教育学、心理学等学科基础类课程以及教师教育类课程进行课程团队共建。利用专家团队的力量，发挥各自优势，秉持互惠共生、优势互补的原则，组建跨校式、开放性的课程团队。其次，在人才培养层面，可以形成联合培养的模式，此种联合既可以是跨校跨学历式的联合培养，实现本科生联合培养、硕士生交换培养等形式；也可以是线上线下资源的联合利用与分享。

（二）创新"校政"间合作模式

政府在教育事业的发展中起到的是助推器的作用，在新师范的建设过程中，政府所扮演的则是智囊智库的角色。高校要紧紧依托地方政府，强化与教育行政部门的合作，尤其是涉及区域间教育均衡发展的问题。另外，高校一定要转换思维，不能仅仅将眼光局限在自身师范专业、学科的发展中，要将自身置于新师范

发展的全局中。高校既是向外部社会输送教师资源的"母机",又是为外部教师资源提供能量的"发动机",因此,高校作为教师培养培训的重要机构,要积极与政府相关部门进行合作,构建多角度、多层次的教师培训体系,服务于基础教育。这样的合作模式,才能够达成多方共赢,尤其利于地方高校的发展。

(三)形成"校校"协同联盟

"校校"间的协同联盟是指高校与基础教育学校间的合作。一方面,新师范教育的主要目的是为基础教育领域输送高质量的教师资源,高校所培养的教师如果缺乏对于普通中小学的基本了解,并不能称之为是一名合格的准教师;同时,高校教师教育类的课程也需要具有实际教育教学经验的一线教师进行补充;另一方面,新师范强调教师的长线式发展,即主张终身学习,高校又是普通中小学教师得以进行发展、提升素质的"加油站"。由此,对高校而言,要积极打造与普通中小学的系统发展联盟,以聚集、分享、创新更多的教育资源,实现职前职后联动一体化培养模式。长此以往,形成良性循环,新师范的环形发展模式也会在协同合作中逐渐产生积极效应。

第三节 地方高校层面——强化师范生农村从教能力

在国家政策的鼓励下,高等师范院校对师范生农村从业能力培养应加强以下几个方面的工作。

一、培养师范生"农村感",提高职业道德意识

农村基础教育对中国社会经济和谐发展和现代化建设起着基础性和先导性的作用,对整个国家教育发展起着"重中之重"的战略地位。《国家中长期教育规划纲要(2010—2020年)》提出了"以农村教师为重点,提高中小学教师队伍整体素质"的目标。师范院校毕业生能否成为合格的教师直接关系着未来社会主义新农村建设的成败。目前,不少地方正在开展高等师范人才培养模式的探索和实践。其中之一就是加强师范生的素质教育。然而,我国师范生由专科,本科进入研究生教育阶段,无论是课程,课堂,教材,还是见习,实习,一切教学内容和教学活动均在城市中进行,而且大部分毕业即将进入农村学校工作的师范生对中国这个农业大国国情没有根本认识,对受教育对象(农村子女)及受教育合作者(农民父母)缺乏基本的情感,对农村基础教育特点没有根本理解。因此,培养师范生"农村感"是首要的任务。

"农村感"是一种关于农村的思想和感受。它包括三个方面:一是乡土情怀;二是社会责任感;三是农村发展意识。农村感直接关系到农民素质的提高和

社会主义新农村建设的进程。师范院校是培育人才的摇篮，师范生要深入到农村去调查研究，了解农村的实际情况和农民对农村教育的看法。在高师教育过程中，要更多地关注广大乡村和农村生活方面的内容，使学生能够感受到农村教育所带来的积极情感，从而激发出农村教师潜心教育的动力，加强对师范生"农村感"培养力度。因此，培养师范毕业生具有一定的"农村感"是必要而又可行的。中小学教师的素质直接影响着农村教育质量和城乡均衡发展。反之，则会严重阻碍当地经济、社会的发展。高师院校职前教育的实施过程可切实培养师范生的"农村感"，促进其职业道德的养成。

（一）加强农村教育相关课程学习，积极宣传优惠政策

我国教师教育在课程设置中需要增加关于农村生活和农村社会经济文化的内容，让学生对农村形成理性的认知。构建"平台+模块+课程群""专业实践+教育实践+创新创业""集体实训+个人锻炼"聚焦乡村教师胜任力的课程体系。建立由学校层面到地方政府（或行业）、企业共同参与、合作共赢的多元主体协同共管模式。构建基于能力本位、突出实践导向的新型人才培养机制。加强校企深度融合，构建以专业教育平台为核心，以通识教育平台为基础，以创新实践与素质拓展平台为支撑，以课堂教学实践为主线，以教师技能训练和创新创业实践为辅的实践实训路径的课程体系。在专业教育平台上，创新实践上建立乡村教育课程模块、乡村教育实践体验模块，增加乡村教育感知的方式，促进专业胜任力与技能胜任力。

课外实践实训课程全方位、多角度地为学生提供乡村教育体验的场所。集体实训设置了深入乡村学校的第二课堂、教育见习、教育研习、教育实习。师范生参加乡村社会调查，"爱心家教""三下乡"等相关社会活动来了解与认识乡村教育，促进师范生胜任力的发展与提升。

将国家关于乡村振兴、乡村教师队伍建设等方面的文件通过讲座、网络推文、走廊文化等方式进行宣传；将学校在乡村教育方面取得的成绩等通过网络媒体等途径进行宣传报道；邀请乡村学校优秀教师走进大学校园，与师范生近距离交流与接触，宣传乡村学校积极文化；推动乡村未来教师的教育信念与责任的形成。

（二）坚持在农村中小学教育实习，提高师范生自身职业道德意识

我国目前在教师培养工作中，特别是承担免费师范生培养任务的高校要加强师范生和农村学校之间的衔接。创造条件让学生在农村中小学进行实习和支教，这不仅有利于缓解农村学校师资紧缺的状况，而且更有利于培养师范生与农村学校和农村学生之间深厚的感情。可以说大多数高校师范生并没有很好地了解我们

国家的现行政策，没有很好地理解自己、没有很好地定位自己、心态浮躁、造成一些人经常更换工作单位。所以，准确定位、恪守良好职业道德修养、强化自身责任感与使命感也是大学生成功就业之本。

二、按照农村教育需求提高教师职前培养的科学性和实效性

（一）调整课程体系

秉持协同育人理念，建立"U-G-S"三位一体的培养培训一体化协同育人模式；创新课程体系，在课内和课外的课程体系中增加乡村教育课程模块、乡村教育实践体验模块；创新"嵌入式"培养培训一体化教学体系，促进师范生专业素质与乡村学校任教需求的有效衔接，增强师范生乡村教育专业知识的积累、乡村学校教育教学技能的养成。教学改革研究与实践成果在网络媒体以及等学术期刊发表。以师范生专业发展和乡村教育需求有效衔接为切入点，建立嵌入式培养培训一体化教学体系，高校与乡村学校共同设计、共同培养、共同指导。实行双导师制，从理论与实践层面对师范生进行实践指导与职业引领。针对乡村教育需求，在职乡村教师根据自己的需求，选择"点餐式"培训，在高校课表里寻找合适的课程完成相关理论学习；在假期参加国培计划，集中接受教育教学能力提升培训。依据 OBE 理念，全方位、全角度地建构教学质量监控体系。以人才培养目标为指向，明确教学质量监控目标，选择量化和质性相结合的监控方式、制定绝对指标和相对指标相结合的监控指标体系，实施多元主体监控，打通监控反馈信息渠道，确保教学质量得以保障，乡村教师培养培训一体化目标得以实现。

（二）结合农村地区需求，加强信息技术教育

农村基础教育在我国信息化建设中起着举足轻重的作用，师范生强化信息技术的学习主要有两个目的：一是为所从事的农村基础教育服务；二是运用信息技术获得知识与技能。高职院校在安排信息技术的教学时，应根据自己学校的实际情况来选择适合自身发展需要的课程，并将其与农村基础教育相结合，使学生能够掌握信息技术的基本知识和基本技能，包括信息技术与教学应用的理论知识、对于教育教学资料进行检索、处理、制作的能力以及对于课件制作、声像处理的能力等等。在信息技术教育课程体系建设中，要根据不同专业的特点，合理选择教学内容，使学生能够掌握基本的信息技术知识；课程时间安排方面，要集中授课教学计划，力求把时间渗透到每学期间，并注意理论学习与实践结合，加强对师范生实践应用能力的培养。

三、积极推行适合高校与农村互惠的实习政策——顶岗实习

2007 年教育部发布《关于大力推进师范生实习支教工作的意见》，指出：

"高师院校应因地制宜，安排高年级师范生在中小学开展不低于一个学期的教育实习，以培养高素质教师为中心，按照基础教育改革与发展要求，顺应教师教育规律调整教师培养方案与计划、改革课程体系与教学内容、加强实践教学环节、全面提升师范生综合素质与适应能力。"对于各级各类有师范生的培养院校，师范生到了一定的年级，通过实习等形式，使其了解教师岗位的相关事宜，是当下最为普遍的提升师范生施教能力的形式。顶岗实习更是能够实现高师院校与基础教育学校双向合作共赢的非常好的形式，相对乡村学校而言，师范生到乡村学校顶岗实习，既可以实现师范院校与乡村实习学校之间的双向合作，又可以在一定程度上缓解乡村地区师资匮乏的问题，同时还能在师范生的潜意识层面对其农村意识进行培养。因此，无论从何角度出发，高师院校与乡村学校的顶岗实习政策的合作，对于师范生乡村学校从教的意义都是不言而喻的。

第四节　家庭支持层面——提升家庭支持力度

一、家庭教育：养成良好职业价值观

家庭，作为个人生命起航的第一阵地，是师范生求学和发展的原生单位，而家长则是影响师范生生命历程中最重要的人。师范生长大后，特别是其职业价值观的养成必然要受家长思想的熏陶，因此家长必须摒弃传统"重养轻教"观念，确立终身学习的观念，不断提升自身知识水平的积累和综合素质，以便更好地言传身教，实施民主教养方式。著名教育家苏霍姆林斯基也说过"教育是否有效，关键要看学校与家庭在教育影响方面是否一致"，因此，在开展家庭教育时，父母还要与学校和老师保持联系，一起帮助师范生建立正确的职业价值观，形成良好的职业生涯规划，积极激励师范生把个人的职业选择与国家和时代的需求密切联系起来。

二、合理期待：尊重子女职业选择

父母要努力创造一个良好的家庭文化环境，并与孩子保持有效交流，在给孩子充分自主权和尊重孩子职业选择的前提下，给孩子一个好的心理支持环境。还要主动了解孩子所学习师范专业的内涵、发展前景和就业形势以及国家的有关政策，并在选择就业的环节上以平等的态度向孩子们提出合理的意见，切忌强制介入。另外，对家庭物质资本相对缺乏的家庭来说，更应该重视家庭心理层面上的扶助，重视孩子感情上的需求，避免对孩子造成过大的精神压力；对家庭中物质资本相对丰富的家庭来说，则更应该帮助孩子建立正确的金钱观和价值观，并引导他们以"平常心"看待自己的利益得失，择业中不应该过于重视物质待遇问题，应该以事业潜力和未来发展机会为目标进行隐性获取。

第五节　师范生个体层面——挖掘乡村从教内生动力

一、唤醒立足乡村的教育情感

作为高级社会性情感的教育情感是由原始性情感发展而来，它是由教育伦理道德所规范，由教育内在价值所引导，由教育行动意识所推动的一种超越性情感境界，它是个人选择和坚持育人职业不可忽视的精神力量，表现为使命感、责任感和自豪感。许多研究都表明使命感和责任感是人们对于自己所学专业产生较高认同感的先决条件，使人们主动投入到这一专业中去。自豪感是个体对自身价值特性的认识和评价，而这种认识和评价又会影响到个体的行为选择。教师专业素养水平高低很大程度上取决于其教育情感状况，因此，教师必须重视自己的教育情感问题。

鉴于此，师范生要发挥主体性力量，积极参与乡村教育的实习实践，自觉学习掌握乡村场域内适切的地方知识和专业技能，从切身体验出发提升自我效能感，涵养自己的教育情感，增强乡村教师的职业认同和乡土认同，同时要自觉强化自己的心理资本，辩证地审视投入和回报之间的因果关系。同时在当前社会普遍泛滥的"向城性"导向下，师范生要确立以共生理念为基础的"城乡教育特征思维"，明确无论哪种文化，都有着自身生存的重要性与必要性，各种文化之间平等而又各自承载着独特而无法取代的价值意蕴，乡土文化因历久弥新的历史积淀而绵延不绝，直至今日亦充分显示出它的生命力。鉴于此，师范生群体应厚植乡土文化自信，唤醒乡村从教使命和骄傲，确立"为乡村从教而骄傲"的职业理想并自觉承担起繁荣乡村教育事业的职责和使命。

二、激发支援乡村的"反哺"意识

反哺首先在生物学领域兴起，后来得到广泛拓展和应用，表现为受惠向施惠过渡。一方面反哺以感恩为前提，这是一种人生态度和应恪守的道德准则。学校和社会应营造一个积极包容、人格平等的文化氛围，培育和践行社会主义核心价值观，培养师范生的感恩意识，增强师范生的感恩回应能力，使师范生群体成为心系故土、反哺桑梓的主体，从而推动我国乡村教育事业的发展。从另一个方面讲，如果任何一项行为或活动的发生，未伴随着积极的情感，那么该项行为或活动对于个体生命价值与社会进程都是毫无作用与意义的。反哺作为一种引导和指引行为，其目的在于唤起个体对自身的积极情感，而这种积极的情感正是通过反哺行为得以实现的。因此，在乡村大力倡导尊师重教的社会风尚，鼓励师范生走出校园，走进乡村，为乡村教师提供更多的帮助与关爱，增强他们的认同。

参 考 文 献

[1] 郜清攀. 乡村振兴战略背景下乡镇政府公共服务能力研究 [D]. 长春：东北师范大学, 2019.

[2] 吴雨荣. 乡村振兴战略背景下的乡村教师队伍建设研究 [J]. 连云港师范高等专科学校学报, 2019, 36 (4)：93-96.

[3] 于海英. 县域义务教育教师质量监控问题研究 [D]. 长春：东北师范大学, 2014.

[4] 姚永强. 我国义务教育均衡发展方式转变研究 [D]. 武汉：华中师范大学, 2014.

[5] 古西敏. 河南省 L 市乡村小学师资队伍建设研究 [D]. 郑州：郑州大学, 2018.

[6] 顾玉军. 乡村振兴中乡村教师助力乡村文化传承路径探析 [J]. 教育理论与实践, 2019, 39 (13)：47-50.

[7] 张军. 关于农村教师队伍建设问题的思考 [J]. 教育探索, 2006 (2)：106-108.

[8] 胡景蓉. 乡村振兴战略背景下宜昌市加强农村乡风文明建设研究 [J]. 乡村科技, 2021, 12 (34)：14-16.

[9] 卢成健, 赖业欢, 张文杰. 地方师范院校与新乡村基础教育的互动共赢 [J]. 教育教学论坛, 2014 (13)：246-248.

[10] 刘桂兰. 对地方高等师范院校服务乡村教育的思考 [J]. 淮阴工学院学报, 2011, 20 (6)：60-63.

[11] 刘玉凤. 地方高等院校师范教育 "趋乡村化" 发展思考 [J]. 教育教学论坛, 2013 (15)：100-101, 94.

[12] 杨东平. 中国教育发展报告 (2020) [M]. 北京：社会科学文献出版社, 2020：7.

[13] 王学文. 乡村振兴战略下地方师范院校人才培养模式研究——以湖州师范学院为例 [J]. 湖州师范学院学报, 2020, 42 (6)：21-25.

[14] 郝文武. 师范院校应努力为乡村教育振兴培养更多优质教师 [J]. 当代教师教育, 2022, 15 (1)：1-7.

[15] 廖列营. 地方院校师范生农村就业存在问题分析及对策研究 [J]. 南方论刊, 2018 (3)：55-57.

[16] 佛朗西斯·魁奈. 魁奈经济著作选集 [M]. 北京：商务印书馆, 1979：103.

[17] 亚当·斯密. 国民财富的性质和原因的研究 (上卷) [M]. 北京：商务印书馆, 1981：257-258.

[18] 马克思. 资本论 (第 1 卷) (中文版) [M]. 北京：人民出版社, 1975：223.

[19] 姚文捷. 经济学视角下职业选择理论的构建 [J]. 邢台学院学报, 2011, 26 (2)：133-135, 138.

[20] 赵海涵. 职业选择影响因素问题的研究探讨 [J]. 保山师专学报, 2003 (4)：18-20.

[21] 邱长生, 张成君, 刘定祥. 中国农村劳动力转移与土地规模经营——"推-拉"与反"推-拉"模型分析 [J]. 安徽农业科学, 2008 (21)：9325-9327.

[22] 邹新树. 农民工向城市流动的动因："推-拉"理论的现实解读 [J]. 农村经济, 2005 (10)：104-109.

[23] 吴贵胜. "推拉理论"在水库移民搬迁中的应用 [J]. 水利规划与设计, 2015 (7)：

8-11.

[24] 周爱萍. 推拉理论视角下大学生进入社会组织就业影响因素及对策 [J]. 西安建筑科技大学学报（社会科学版），2016，35（2）：80-84，95.

[25] 肖新成. 基于推拉理论的高校毕业生就业地域选择的实证分析 [J]. 高等农业教育，2015（7）：71-75.

[26] 陈伟，戴坤. 基于推拉理论的高校毕业生就业驱动机制研究 [J]. 高等农业教育，2008（12）：79-81.

[27] 李秀珍，马万华. 来华留学生就业流向的影响因素研究——基于推拉理论的分析视角 [J]. 教育学术月刊，2013（1）：36-39.

[28] 裴芳芳，李东花. 霍兰德职业选择理论述评 [J]. 职业技术，2012（2）：93.

[29] 宋剑祥. 大学生就业的职业选择理论与实践研究回望 [J]. 宁波职业技术学院学报，2017，21（2）：1-10.

[30] 闵维方. 人力资本理论的形成、发展及其现实意义 [J]. 北京大学教育评论，2020，18（1）：9-26，188.

[31] 张凤林. 人力资本思想的若干历史起源与发展 [J]. 辽宁大学学报（哲学社会科学版），2004（1）：122-129.

[32] 章震宇. 人力资源理论与实践 [D]. 武汉：华东师范大学，2008.

[33] 黎飒. 师范生免费教育政策对人力资本积累的影响研究——以西部地区为例 [J]. 陕西教育（高教），2016（1）：4-6.

[34] 苏靖，翟庆华，吴泗淙. 基于职业选择理论的创业前因研究 [J]. 天津大学学报（社会科学版），2013，15（6）：562-566.

[35] 刘双双. 从帕森斯的"人职匹配理论"分析大学生就业难问题 [J]. 经济研究导刊，2015（19）：203-204.

[36] 路正社. 马克思主义职业选择理论与大学生就业问题研究 [D]. 西安：陕西师范大学，2017.

[37] 陈潞潞. 推拉理论视角下社会工作硕士生职业选择过程研究 [D]. 南京：南京大学，2017.

[38] 李敏. 中小学教师"孔雀东南飞"的原因分析 [D]. 武汉：华中师范大学，2015.

[39] 戴娜. 推拉理论视角下央企青年"跳槽"的影响因素及过程研究 [D]. 北京：中国青年政治学院，2013.

[40] 竺幸波. 离去与回归：推拉理论视角下的社工职业流动 [D]. 上海：华东理工大学，2015.

[41] 李瑾瑜. 师范教育转型莫丢"师范"本根 [N]. 中国教育报，2016.

[42] 张小迎，冷小黑. 乡村教育振兴背景下师范生乡村从教意愿影响因素及其激励研究 [J]. 宜春学院学报，2020，42（1）：109-114.

[43] 杨冬梅. 农村小学全科教师乡村教育情怀的培养——以小学教育专业公费师范生为例 [J]. 西部素质教育，2022，8（13）：120-123.

[44] 张学仁. 高校师范生农村从业能力培养的困境及对策研究 [J]. 求是学刊，2013，40（2）：65-70.

［45］张松祥. 本土化：我国乡村教师队伍培养的必由之路［J］. 中国教育学刊，2016（12）：
　　　62-68.

［46］李宏光. 吸引优秀人才到农村学校从教激励机制研究［D］. 成都：四川师范大学，2010.

［47］周静. 师范生乡村从教意愿影响因素及提升策略研究［D］. 哈尔滨：哈尔滨师范大
　　　学，2022.

［48］周湘晖. 农村中小学教师补充问题研究［D］. 长沙：湖南大学，2012.

［49］李静美. 农村小学教师定向培养研究［D］. 长春：东北师范大学，2018.

［50］肖文娟. 地方政府对农村教师资源配置政策研究［D］. 开封：河南大学，2012.